超越专业投资

一位业余投资者的股市获利之道

臧 蔚◎著

中国经济出版社
CHINA ECONOMIC PUBLISHING HOUSE
·北 京·

图书在版编目（CIP）数据

超越专业投资：一位业余投资者的股市获利之道／臧蔚著．--北京：中国经济出版社，2016．6（2021．1重印）
ISBN 978-7-5136-3660-5

Ⅰ．①超… Ⅱ．①臧… Ⅲ．①股票投资-研究 Ⅳ．①F830．91

中国版本图书馆 CIP 数据核字（2016）第 141488 号

策划编辑　燕丽丽
责任编辑　王　建
责任审读　贺　静
责任印制　巢新强
封面设计　任燕飞

出版发行　中国经济出版社
印 刷 者　北京力信诚印刷有限公司
经 销 者　各地新华书店
开　　本　710mm×1000mm　1/16
印　　张　18．75
字　　数　277 千字
版　　次　2016 年 6 月第 1 版
印　　次　2021 年 1 月第10次
定　　价　48．00 元
广告经营许可证　京西工商广字第 8179 号

中国经济出版社 **网址** www．economyph．com **社址** 北京市东城区安定门外大街 58 号 **邮编** 100011
本版图书如存在印装质量问题，请与本社销售中心联系调换（联系电话：010-57512564）

前　言

绝大部分投资者都与我一样，是半路出家的非专业人士，在这个云谲波诡的市场中与专业人士同场竞技，想要顽强地生存下来并取得盈利，学习金融和财务知识来提升投资能力当然是投资者的不二选择。但是，我从证券“小白”到初步实现财务自由的自学过程中，深切感受到适合初学者的投资类书籍并不多，尤其是结合非专业投资者自身优缺点的图书就更少了。

我将目前的投资类图书分为四大类。第一类，经典型。这类书都是世界级投资大师所著，他们长期的投资成果已经证明这些方法的正确性，但普通投资者由于不具备基础的专业知识，无法完全理解其中精髓，因此更适合进阶者而不是入门者。第二类，鸡汤型。这些书是有一定知名度的专业人士所著，将投资原理解释得清清楚楚，但没有具体操作方法，投资者通读全书后在真正交易时仍然一片茫然，无从下手。第三类，幸运型。这是由在资本市场中大幅盈利的实战者所著，但这些方法只适合市场的某段周期，一旦市场风格改变，采用这些方法不但无法获利，甚至会出现亏损。第四类，忽悠型。此类方法完全不着边际，以技术型图表为主，指出呈现何种指标或形态时应该买入，结果盈利概率并不高，而且出现亏损后的处理，书中往往只有一句抽象的“及时止损”来应对。

我认为，归根结底，证券投资只涉及“择时”与“择股”两个要素，因此我的投资系统只包含两个步骤：（1）通过简单的估值动态再平衡方法，机械地确定何时买卖和仓位比例这个择时问题；（2）至于择股，入门者可选择最普通的指数基金组合，进阶者可亲自挑选具体股票来进行组合，然后在这些组合内的标的之间进行套利和配对交易，获取超额利润。

专业投资机构的强项是对行业与企业的精准分析，弱点是资金庞大导致短期内无法随心所欲调仓换股，而普通投资者则相反。就我个人而言，借助该交易系统，长期内获得了3项收益：(1) 无论指数基金还是具体股票的组合，平均收益率必然等于或高于GDP的增长率，年化为8%～10%，这样就能弥补自身对企业分析有所欠缺的短处；(2) 通过动态再平衡方式调节仓位比例，额外获得6%～8%的年化收益率，以此对抗专业投资者通过对宏观经济的判断来加减仓位所获取的收益；(3) 利用资金量小、流动性强的特点，进行套利与配对交易，稳获超过10%的年化收益率。

众所周知，全球顶尖的专业投资机构，长期年化收益率也只能达到20%左右，而在我的交易系统中，第3项技巧可以将普通投资者资金流动性强这个优势发挥得淋漓尽致，从而在长期内取得超过30%的年化收益率，实现了超越专业投资者的这个梦想。

本书的完成，要感谢方三文先生创建的雪球网这个平台，它提供了海量的投资信息与学习机会。我的交易系统的形成完全得益于@东博老股民、@唐朝和@DAVID自由之路这3位老师平日的悉心分享，感谢你们。

在我个人投资的道路上还受到@小小辛巴、@铁公鸡金融、@银行螺丝钉、@云蒙、@黄建平、@那一水的鱼、@草帽路飞、@西点老A、@持有封基……诸位良师益友的指点提示，一并表示感谢。

还要特别感谢本书的策划编辑燕丽丽博士和责任编辑王建先生，两位经常鼓励我这个默默无闻的非专业人员，并给予了许多建设性意见，两位的专业水准和敬业精神对本书的最终问世有着非凡意义。

最后将本书献给我的父母、夫人邹晴、爱女臧寒漪和外甥吴逸川，如果没有你们，我的人生旅程和任何成果将变得毫无意义！

臧　蔚

2016年5月1日于苏州莱茵花园

目录

第一章

证券投资的五种武器

由于工业化大发展，金银作为货币已经无法完全满足现代经济发展的需要，而纸币时代又面临着棘手问题——通货膨胀——银行存款的利率跑不过物价增长幅度。难道只能眼睁睁看着辛苦积累的财富被通货膨胀这个恶魔吞噬？历史已经证明，对抗通货膨胀的最佳方式是投资。

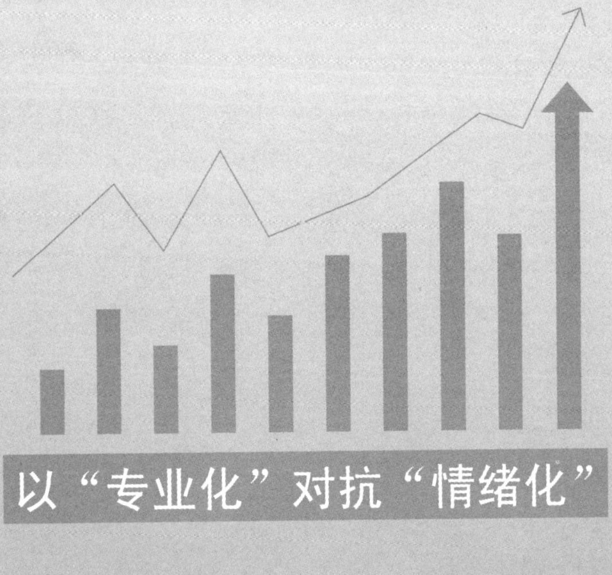

第一节　天使与魔鬼——股票和融资融券

股票的本质

上市之路

许多人都投资过股票，当然他们称为“炒股”，但绝大多数人经过一轮熊牛周期后最终亏损，因此大家一致认为股市就是赌场，即便有少数人盈利也不过是运气好。那么，股票的本质到底是什么？有没有长期盈利的办法？

话说隔壁老王2000年红运当头，买2元①彩票都能中100万元大奖。小王大学毕业赋闲在家，父子俩一合计在年底开张“王氏大酒店”，净资产100万元。5年过去了，在王氏父子苦心经营下，酒店盈利400万元，净资产变成500万元。王家有个土豪亲戚老李盘算开了：

复合增长率 $= [(500\text{万元} \div 100\text{万元})^{1/5} - 1] \times 100\% = 38\%$

就是每年在上年基础上能产生38%的净利润，羡慕嫉妒恨啊！老李说：“我出资500万元占50%股份，如何？”老王说：“我也正想扩大经营，不过酒店利润不错，大家抢着入股，你出500万元只能拥有40%股份，我占60%。”老李小算盘一打：

出资500万元，获得了 $(500\text{万元} + 500\text{万元}) \times 40\% = 400$ 万元的资产，每年利润 $= (500\text{万元} + 500\text{万元}) \times 38\% \times 40\% = 152$ 万元，利润率 $= (152\text{万元} \div 500\text{万元}) \times 100\% = 30.4\%$，成交！

① 如无特别指明，本书中的“元”均指人民币。

又过了 5 年，酒店保持良好发展势头，净资产从 1000 万元增长至 5000 万元，并且通过证监会的审核要在交易所上市了。上市前假设酒店的股票每股 1 元，则老王持有 3000 万股占 60%，老李持有 2000 万股占 40%。酒店共发行 2500 万股，发行价 2 元/股，募集资金达 5000 万元。上市后酒店净资产变成 1 亿元，老王占 40%，老李占 26.7%，广大股民占 33.3%。这个发行价 2 元/股不是谁都能买得到的，想买的投资者先汇集资金（显然超过 5000 万元），然后按比例分配，俗称“打新股”，这是股市的一级市场。那大家为什么要花 2 元钱买价值 1 元的股票？因为在绝大多数情况下，二级市场开盘后股价远高于发行价。

酒店股票开盘后交易价变成 3 元，怎么越来越贵？因为购买的投资者分两种：第一，纯粹交易者，股票就是筹码，不管到底价值多少，赌它能涨到 3.5 元，只赚 0.5 元差价，绝大多数股民没有系统的交易法则，却如此追涨杀跌，最终以亏损收场；第二，理性投资者，市场流通股共 2500 万股，现价 7500 万元全买占 33.3% 股份，企业净资产 1 亿元，明年利润率 38%，投资者的利润率 =（3800 万元 × 33.3%）÷ 7500 万元 = 16.9% 也不错，当然这种方法也有风险，酒店上市后可能无法维持如此高速增长的利润率。

通过王氏酒店的上市之路，分析各类投资者的收益和风险：第一，创始人王氏父子无疑收益率最高，但创业初期随时有倒闭风险，还需要全身心投入经营管理，普通投资者显然无法做到；第二，收益率第二高的就是半路出资的老李，也称为“股权投资者”或“风险投资者”，老李说别看他表面风光，其实也是一肚子苦水，投资时酒店规模不大，倒闭风险也不小，入股价格还比净资产略高，最后痴心等待好多年才终于上市流通；第三，一级市场打新股，风险最小但收益率不高，中签比例最高也就 1% ~ 2%，比如 100 万元打新股中签 2 万元，开盘后卖出获利 3 万元，收益率 =（3 万元 - 2 万元）÷ 100 万元 × 100% = 1%，况且也不是每天都有新股发行；第四，二级市场交易者，与前 3 类投资者相比，成本明显增高，但也有优势，流动性强可以随时卖出变现。

股票获利途径及特点

● 获利途径

通过对以上 4 类投资者的分析，要想在股市中获得稳定正收益，投资者只有两条途径：第一，打新股，风险小但收益率不高；第二，以股权投资者入股的价格（净资产）在二级市场上买入股票。由于经济周期和市场情绪的大幅波动，导致同一家企业股票的价格在上涨时势如破竹，下跌时惨不忍睹。投资者只要有足够的耐心，总能等到股价跌到净资产的价格，此时介入并中长期持有，必有高收益。

● 特点

股票是由企业签发用以证明股东所持股份的凭证，代表投资者对企业的部分资产拥有所有权。目前，我国股票的发行和交易都借助计算机进行，实现了无纸化交易，股票仅仅是系统内的一串符号，特点如下：

（1）出资凭据。股票是无期限的法律凭证，证明股东与企业之间的稳定关系，持有股票就拥有股东身份和权益，任何股东都无法退股，想要改变股东身份，要么将股票转售给第三者，要么企业破产清盘；

（2）参与性。股票持有者是企业股东，有权出席股东大会，参加董事机构选举及制订经营决策，按比例领取股息和红利；

（3）风险性。企业每年产生的利润无法预测，股息和红利根据盈利情况确定，盈利好股息红利就多，反之就少，甚至无利可分，万一企业破产则血本无归，股价不但受制于企业经营业绩，还受到资本市场波动性的影响；

（4）流通性。持有流通股的投资者，任何交易日都能在二级市场上按交易价将其转让给第三者，等于将股东身份及各项权益出让。

证券市场简介

证券机构

证券市场中共有 3 类机构。

● 管理机构

证监会是政府授权依法对全国证券市场统一监督管理的最高权力机关。

● 交易机构

证券交易所是法定集中进行证券交易的场所，吸收各类证券在场内自由买卖并集中交割，收取证券发行者的上市费和抽取证券成交的手续费，并对交易双方违约产生的损失承担赔偿责任，但本身不能参与交易。买卖双方以交易所会员为限，其他投资者要在二级市场交易，必须通过会员进行，目前国内只有上海证券交易所（以下简称“上交所”）和深圳证券交易所（以下简称“深交所”）两个股票交易所。

● 经营机构

指券商或证券公司，它们是证券市场的中介机构，专门经营证券业务并从中获利。它们也是交易所会员，主要作用一是帮助企业在一级市场发行股票，二是在二级市场中充当证券交易中介。

交易程序

● 开户

开户指开设证券和资金账户。证券账户相当于证券的存折，记录持有证券的种类和数量；资金账户就是在券商处开设的专用账户，用来存放买入证券所需和卖出证券所得的资金。通过银行可以将借记卡与资金账户联通，这样就完成了开户。

● 委托和成交

所有交易必须通过券商进行，也就是委托，委托的最小单位是 1 手，等于 100 股。券商在接受委托后，通过交易所的自动撮合系统，根据价格和时间优先原则，对符合条件的委托予以成交，就是撮合成交。

● 交割和过户

若委托在当日未能成交，收盘后就自动失效；如委托成交就要交割和过户，交割是交易双方成交后将股票和资金的变动情况记录在账户上，过户是指办理变更股东姓名的手续，交割和过户均由计算机系统自动完成。

股票指数

股票指数也称“大盘”，是指一组股票的加权平均价格。由于各家上市公司体量不一样，大企业占的权重大，比如“中国石油”（601857）的权重一度占据整个上证指数的20%。因此，股票指数实质上是一组股票的市值，当股价变化导致这组股票市值上升时，股票指数就上涨，反之就下跌，它反映的是这一整组股票的涨跌情况。股票指数也有分类：（1）综合指数，比如上证指数包括所有在上交所上市的股票样本；（2）行业指数，比如金融行业指数包括所有金融行业的股票样本。

基本规则

- 交易规则

（1）股票交易委托的最小单位是100股，有时由于送股等原因会出现小于100股的情况，因此可以卖出非100整数股，但不能买入非100整数股；（2）目前我国实行“T+1”交割制度，就是资金收付和证券交割只能在收盘后进行，意味着当日买入的证券只能在下个交易日卖出，而当日卖出证券所得的资金可以再买入证券，但无法从资金账户划转至银行提现。（3）涨跌停板制度，股票当日的涨跌幅度不能超过（低于）上个交易日收盘价的10%，ST股的幅度为5%，否则委托无效。

- 交易成本

（1）国家对股票征收的税称为“印花税”，目前征收标准为卖出时成交金额的0.1%，买入不收；（2）佣金，投资者可以和券商讨价还价，通常为0.03%，不足5元的按5元收；（3）交易所收费很少基本可以忽略。交易时千万别忘将这些费用计入成本。

- 除权除息

每个股票代码背后都是一家真正的企业，股东有权享受上市公司的分红派息。分红有送股或转增股本，比如每10股送或者转增2股，其实就是数字游戏，每10股虽然增加2股，但每股含金量也按相应比例减少；派息就是将赚到的部分利润直接用现金分掉。有时某个股票前冠有“XR”“XD”“DR”等字样，比如“民生银行”（600016）变成“XR民生”。XR是Ex－Right的缩写，意为已除权，此时购买此股票将不享有分红权利；XD是Ex－Divident的缩写，意为已除息，此时购买不享有派息权利；DR则代表除权又除息。

● ST和＊ST

有些股票名称前冠以“ST”（特别处理），代表该企业出现“财务状况异常”：（1）连续两年净利润为负；（2）连续两年股东权益低于注册资本；（3）注册会计师对财务报表无法认同；（4）经交易所或证监会认定为财务状况异常。ST就是警告投资者该股票存在投资风险，如果加上“＊”变为“＊ST”，那更是连续3年亏损有退市风险。总而言之，这ST或＊ST冠名的企业要么亏损严重，要么财务造假，理性投资者应该避而远之。

投资原则

价值投资和趋势交易

如果调查周围亲戚朋友的投资成果，交易时间在5年以上的有多少投资者盈利？扣除交易成本后，“七亏二平一盈”是常态。那怎样才是成功的投资？低买高卖。但多少是低，多少是高？没有绝对标准只有相对标准，有史以来可复制的长期稳定盈利的方法只有两种：价值投资和趋势交易。

● 价值投资

价值投资就是先将企业价值确定在一定范围内，比如通过各种估值方法大体确定民生银行价值为10元/股，由于价格围绕价值波动，股价在10元以下时就分批买入，涨至10元以上再卖出。当然10元以下买入后，也可能市场价格一直不修复，但企业本身的经营会不断产生利润，一年后价值就增长为 11 元/股（具体情况要根据利润估算），只要企业经营情况良好，可一直持有等待股价超过价值时再卖出。价值投资的核心是确定投资目标的价值和耐心持有。

• 趋势交易

趋势交易者则没有“价值”这个概念，他们认为所有证券都只是筹码，在某只证券上涨一段时间或一定幅度后，就认为上涨趋势开始，买入持有直到下跌一段时间或一定幅度后，判断上涨趋势结束而下跌趋势开始，此时无论是否盈利都会卖出。趋势交易不是投资而是投机，需要有明确的入场点、出场点、资金管理（每笔交易投入的资金比例）、铁血的执行力和强大的心理承受力，即便在为数不多的成功者中趋势交易者也是小众的。市场上绝大部分亏损者其实都在不自觉地使用趋势交易，但他们和真正具备以上素质的趋势交易者有云泥之别。

市盈率

市盈率（PE）也称“市价盈利比率”，是用来评估股价是否合理的最常用指标之一，市盈率 = 股价 ÷ 年度每股盈利。股价就是市场交易价，年度每股盈利（EPS）也叫“每股收益”，是指每股净利润。假设某股票市场价 24 元，去年 EPS 为 3 元，则 PE ＝24 ÷ 3 ＝8 倍，8 倍 PE 折合平均年回报率为 12.5%（1/8）。这是衡量企业股价与价值的比例指标，即按当时的市场价买入 8 年后才可以收回投资成本。PE 越高，股价与价值背离程度就越高，投资价值也越低；反之则投资价值就越高。

• 分类

PE 分 3 种：（1）静态市盈率（LYR）＝股价 ÷ 上一年度每股收益；（2）滚动市盈率（TTM）＝股价 ÷ 最近四个季度每股收益合计；（3）动态市盈率 = 股价 ÷ 预估的未来每股收益。上市企业的财务报表每个季度公告一次，比如 2015 年 4 月底，A 企业的股价为 24 元，EPS：2014 年 1 季度为 0.5 元、2 季度为 0.8 元、3 季度为 1.0 元、4 季度为 1.2 元，2015 年 1 季度为 0.6 元。根据上述公式，可以计算得出：静态 PE＝24 元 ÷（0.5 元 +0.8 元 +

1.0 元 +1.2 元) =6.86 倍，滚动 PE = 24 元 ÷ (0.8 元 + 1.0 元 + 1.2 元 + 0.6 元) =6.67 倍，动态 PE =24 元 ÷ (0.6 元 ×4) =10 倍。因此，动态 PE 最不靠谱，静态 PE 和滚动 PE 比较准确，尤其是滚动 PE。

- 参数

决定 PE 高低的参数只有两个：股价和 EPS。股价就是市场价没啥好说的，EPS 有讲究：(1) 如果某企业去年运气好，在股市上大赚一笔，或将自己某项增值的资产变卖，EPS 必然大幅度增长，这种由一次性非经营性收益增长导致的低 PE 显然不真实，不具有可持续性，投资时要通过财务报表排除这种低 PE 企业；(2) 不同行业的 EPS 波动不一样，像医药、乳业等有刚性需求的行业，EPS 波动小，PE 比较稳定，被称为"非周期型行业"，反之像航运、钢铁等行业受宏观经济周期影响较大，EPS 波动也大，收成好时大赚特赚，不好时则亏损累累，被称为"周期型行业"，显然周期型行业的上市企业不适合用 PE 来衡量是否值得投资。

那 PE 多少算高，多少算低？现阶段我国的 5 年期国债或银行保本型理财产品的年化收益率在 5% 左右，这就是市场无风险利率，PE = 1 ÷ 5% =20 倍。注意这是基本无风险收益，而企业即便是非周期型行业，经营业绩多少还是有些波动，不可能像国债和银行一样旱涝保收，笔者个人定义大于 20 倍 PE 为高估，低于 10 倍 PE 为低估。但不同行业市场给出 PE 的高低标准不一样，因此比较 PE 的高低更多是在同行企业中。

既然 10 倍 PE 才是买入标准，为什么有些远大于 20 倍 PE 的企业会被市场疯狂追捧？比如 A 企业去年 EPS 为 1 元，股价 50 元，PE =50 倍，那市价买入该企业股票的投资者是什么逻辑？因为去年 EPS 比前年增长 50%，而今年看来还能在去年基础上再增长 50%，投资者对这类成长型企业的未来预期非常乐观，愿意付出更高的价格，那事实呢？通过数据来验证：假设 A 企业利润率保持 50% 的年复合增长率，EPS 从 1 元增长到 5 元，$1\times(1+50\%)^{X}=5$，需要 X =4 年，也就是说，50 元股价的 A 企业要 4 年后估值才能达到 10 倍 PE，与常规买入标准持平。能上市的企业体量都不小，连续每年 30% 的增长率就顶天了，更别说 50%，事实上绝大部分企业不可能持续高增长。不要和我说当年微软的 PE 也很高，长期持有者都赚得盆满钵满，谁有能力从几百甚至上千家企业中挑出第二个微软并长期持有？假如 A 企业 EPS 增长到 2 元后增长率只能维持在 10%，那么股价支撑不了 50 ÷ 2 =25 倍 PE，只能通过股价下跌至 20 元来维持 10 倍的 PE。

除非您是企业所在行业的大行家，否则很难给企业的成长性定量，因此投资高 PE 成长型企业只是空中楼阁，普通投资者就不要去趟这浑水了。即便那些低增长的非周期型企业，也很难精确预测其未来的 EPS，只能说比成长型企业误差要小些。而整个市场所有上市公司基本上代表了全国业绩最好的 3000 家企业，总体 EPS 可以较准确预测，必然大于或等于全国 GDP 的增长率。因此整个大盘的加权平均 PE 最有参考价值，用来判断整体股价的高低一目了然。

市净率

市净率（PB）是股价与每股净资产的比率，即市净率 = 股价 ÷ 每股净资产，比如 PB =2 意味着花 2 元钱买 1 元的账面净资产。净资产是企业用成本计算的账面价值，与 PE 一样，PB 越低意味着风险越小，投资价值越高，万一企业倒闭清算能收回更多成本，反之 PB 越高投资价值就越小。

PB 是比 PE 更保守的指标，尤其那些周期型企业“3 年不开张，开张吃 3 年”，EPS 会随着行业景气度大幅波动，在行业高峰期 PE 可能只有数倍，而低迷时却有上百倍，甚至企业出现亏损时 PE 更是无从谈起。这类企业用 PE 估值毫无意义，此时就轮到 PB 大显身手，无论行业景气与否，企业净资产不会大幅度波动，利润高净资产就多增加些，利润少净资产就少增加些，即便亏损净资产也不过略有下降。

比如 A 企业股价 10 元，每股净资产 5 元，EPS 为 1 元，PE =10 倍，PB =2 倍。即便是非周期型企业经营总有波动吧，第二年 EPS 降至 0.5 元，股价非常有可能跌至 5 元，这样 PE 还是 10 倍。B 企业除了每股净资产是 10 元，其余情况和 A 企业一模一样，则股价还能维持在 10 元左右，不可能由于 EPS 减半而跌至净资产的对折价。因此，只要不是整个行业被时代所淘汰，1 倍 PB 在估值上比 10 倍 PE 具有更高的安全边际和投资价值，原因在于净资产的稳定性强于 EPS。

牛市中大家都信心膨胀，无限制推崇 PE，静态不行就用动态，现在不行就用将来，将想象力发挥到极致，千方百计寻找当时高 PE 的心理安慰。熊市中投资者信心全无，股价跌的面目全非，PB 就成为底部标准，因为该指标体现出的安全边际更高，即便最极端情况出现——企业解散，投资者还能按净资产清收，因此同行业中 PB 低的企业下跌空间要小些，PB 越低安全系数就越高。

当然纯粹用 PB 作为估值标准也有隐患，并非所有股价跌破净资产的企业都有足够高的安全边际，关键在于净资产是否货真价实：（1）固定资产都有一定使用期限，根据会计准则每年都要减去折旧费用或报损，有些企业不折旧或只减去少量折旧费用，这样的净资产明显水分太大；（2）有些企业倒是完全按照规定折旧或报损，但实际上这些资产根本没有残余价值，比如过时的生产线，淘汰的品牌价值，纯粹是破铜烂铁，至于如何分辨这些资产，在本书财务报表章节中会详细介绍，总之投资前计算 PB 时应将这些滥竽充数的资产剔除。

买入标准简单概括就是：10 倍 PE 和 1 倍 PB。PE 作为估值讲究盈利的增长，偏向于进攻；而 PB 讲究安全边际，偏重于防守。如何在这两个指标之间兼顾，取决于企业所在的行业特征与投资者的个人风格。

融资融券

基本规则

融资融券又称“信用交易”或“保证金交易”，分为融资和融券两部分，指投资者向具有融资融券资格的证券公司提供担保物，借来资金买入证券或借入证券卖出的交易。融资就是投资者以资金或证券作为质押，向券商借入资金买股，并在约定期限内连本带利偿还；融券是投资者以资金或证券作为质押，向券商借入证券卖出，在约定期限内，归还相同品种和数量的证券并支付相应利息。

- 门槛与条款

并不是每个投资者都能融资融券，有以下准入门槛：开户期限满 6 个月，资金或证券市值达到 50 万元。满足条件后开通信用账户并与原来的普通账户连接，融资融券只能在信用账户中交易。由于券商将资金或股票借出，因此为了确保它的资金或股票安全，您必须遵守以下条款：

（1）融资借来的资金只能投资股票，而且这些股票还必须是得到交易所认可的，实际上就是融资不能买那些风险较大的垃圾股，并且 6 个月内必须还钱，当然还完以后马上就能再借。

（2）券商会根据“担保品”的市值来确定“信用额度”，担保品就是您自己的股票或资金，信用额度就是券商能出借股票或资金的最大额度。

（3）比如投资者自有 400 万元市值的股票，再融资买入 100 万元市值的股票，担保比例 =（400 万元 +100 万元）÷100 万元 ×100% =500%。如果总市值由 500 万元跌至 130 万元以下，担保比例小于 130%，券商有权强行平仓，担保比例大于 300% 的那部分现金或股票，如本例中有 500 万元 -（100 万元 ×300%）=200 万元可以划转至投资者的普通账户。

（4）如果信用账户中有 A 和 B 两只股票，其中一部分 B 是融资买入，那么卖出 A 得到的资金可以自由支配，卖出 B 得到的资金就不归您做主，系统会自动默认先归还融资。

（5）融资融券要支付利息，本来规定利息是“法定半年期基准贷款利率 +3%”。虽然现在基准贷款利率降了不少，但融资融券的利息纹丝不动，融资利率年化在 8% 左右，融券更高在 10% 左右，借几天就算几天利息。

● 融资交易流程

投资者至券商处开设信用账户，确定信用额度后，打开信用账户，如图 1 -1 所示，点击“担保品交易”这项中的“担保品划转”，将担保品从普通账户划入信用账户，想借多少就按照 300% 的信用比例划入，当然多了更好。

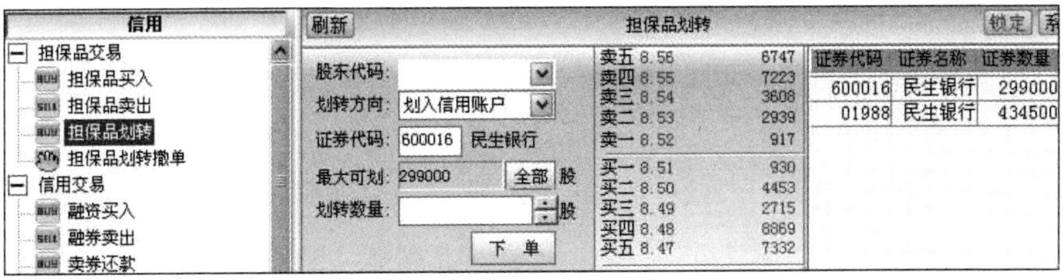

图 1 -1　信用账户担保品划转示意图

这样第二天就有抵押物了，如图1-2所示，点击“信用交易”这项中的“融资买入”，注意该功能有最大可融的限制。归还融资可以用“现金还款”“担保品卖出”和“卖券还款”3种方法。信用交易的费用与普通交易（也就是担保品交易）基本相同，其中券商佣金稍高些，投资者应该尽可能用担保品交易以便减少佣金支出。

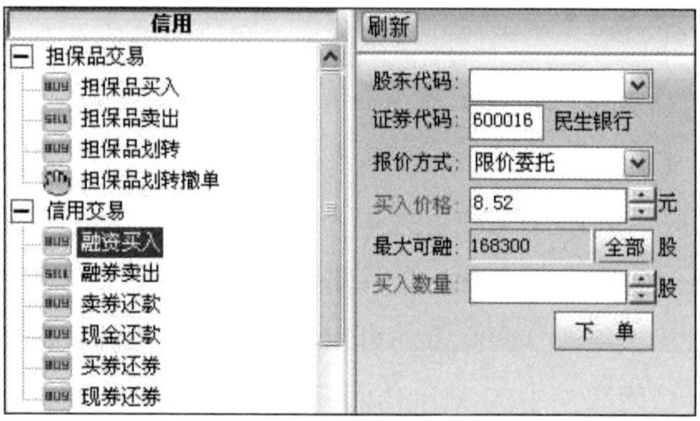

图1-2　信用账户融资交易示意图

融资交易

融资就是借钱买股票，只有股票上涨才能赚钱，因此只能“做多”。但融资显然是把“双刃剑”：一方面可以扩大收益；另一方面则要支付利息甚至还有被强平的风险。下面介绍如何低风险使用融资的方法：

- 套利周转（短期应急）

比如，投资者长期持有民生银行，2015年9月7日开盘后民生银行的A股（国内上市）价格是9.08元，民生银行的H股（香港上市）价格是6.95元港币，当时的汇率是人民币∶港币=1∶0.82，则A股∶H股=9.08元÷(6.95元×0.82)=1.59，即1股民生银行A股可以换成1.59股港股。由于同一企业A股和H股同股同权，而且民生银行A股∶H股的长期比价维持在1.25~1.30，现在比价为1.59，显然A股相对于H股高估，因此在普通账户中卖出10万股A股，资金马上到账，立刻买入15.9万股H股，先忽略交易费用。

9月17日，A股价格为8.80元，H股价格为7.70元港币，则A股∶H股=8.80元÷(7.70元×0.82)=1.39，显然A股相对于H股的高估程度下降，此时卖出13.9万股H股就可以买回10万股A股，通过套利多赚2万股H股。但是问题来了：沪港通的交易规则是卖出H股后T+2日交收制度，T+2日就是第3日才能得到资金买入A股，这显然不行，2个交易日后天知道A股价格变成啥样，因此就要事先准备好拥有足够数量担保品的信用账户，先融资买入10万股A股，普通账户T+3日收到卖出H股的资金后，再通过借记卡转入信用账户还掉融资款，这样做要多支付3个交易日的利息费用。这种无风险套利有许多玩法后面会慢慢介绍，有时由于规则限制，需要信用账户来融资周转。

• 流动性备用

比如，长期持有民生银行100万元市值的股票，今年分配方案为分红3万元，现在股价低迷，这3万元准备继续投资民生银行，但真正分红款到账要3个月后，到时说不定股价已经上涨，因此先融资3万元买入，分红到账后再归还融资。再比如，急需2万元现金应急，但是又不想卖出股票，可以先将2万元市值的股票划入普通账户，卖出应急，同时利用信用账户融资买入2万元股票，等到应急资金回来后再还掉融资款，当然别忘了计算支付的利息是否划算。

• 长期持有

绝大多数投资者使用融资都是出于这种目的：融资之前自己本金肯定已经满仓，如果融资买入，只要以后利润大于利息就是多赚。但130%的强制平仓线是长期融资的要害之处，笔者的标准是在估值较低的前提下融资比例不超过本金的20%。比如，准备长期持有民生银行，股价对应10倍PE和1倍PB时，全仓买入100万元后继续融资20万元，担保比例=(100万元+20万元)÷20万元×100%=600%。由于市场短期走势就像是发神经病，安全边际也可能再跌一半，这样还有300%的担保比例。强平线为20万元×130%=26万元，需要下跌(120万元-26万元)÷120万元×100%=78.3%才触及强平线，对应1倍PB来说就是净资产再下跌

78.3%，当然每年分红也能还掉部分融资。

长期融资持有禁忌：（1）必须分散买入分属3个行业以上的5只个股，因为上面的民生银行万一出现黑天鹅事件，真有可能下跌78.3%被强平。（2）股价上涨脱离10倍PE和1倍PB底部区域后绝对不允许再融资，高估值时不要说跌78.3%，就是跌95%都有可能。（3）本金在500万元以上不建议长期融资持有，慢慢投资同样能实现财务自由，何必再冒风险，当然套利和流动性备用除外；本金在500万元以下时，最多融资100万元，万一融资部分有亏损，每年10万~20万元的家庭收入也可以用来弥补亏损。

20%融资也有两种使用方法：（1）在10倍PE和1倍PB底部区域一次性融满20%，以后无论上涨还是下跌都不再融资；（2）分批融资，先融5%，股价再下跌再融5%，直到融满20%，这种方法有可能融不满20%股价就反身向上，但安全性更高也更保守。

融券交易

融券就是股价高估后，向券商借入股票高价卖出，等股价下跌后再低价买入归还的行为。当然利息还是要付的，只有股价下跌才能赚到其中的差价，因此融券是“做空”。目前，国内融券业务量非常小，不到融资业务量的10%，因为当前的融券交易有两个先天性缺陷。

- 融券标的证券数量太少

融券的前提是券商本身持有的股票才能作为标的证券出借，券商又不傻不会持有高估值股票，退一万步讲即便券商犯傻长期持有高估值股票，数量也很有限，早被手快的一抢而光也轮不到咱。因此，如果想融券交易一定要选择大型券商，这样融券标的证券的数量会相对多些。

- 融券做空风险无穷大

股票背后是活生生的企业，总有一定价值，股价如果跌至比重建这样一家企业还要便宜，就会有做实业的产业资本来抄底，因此做多有底线保障。做空则不同，某个股票100倍PE和10倍PB够高估了吧？融券做空试试看？向券商借 100 万元市值股票卖出，市场疯狂起来有可能到 300 倍 PE，要买回这些股票要花 300 万元，倒赔 200 万元，那万一到 400 倍 PE 呢……

既然融券做空风险如此巨大，就没必要了解了吧？如果以后“转融通”出现，也就是各家券商可融的券源可以共享，就能做大量无风险套利交易，本书后面会详细介绍。

第二节　证券中的“灰姑娘”——债券和正回购

企业债

认识企业债

如果您是风险厌恶者，对股票投资一定不太感冒，因为无法定量风险的大小。那有没有风险极低、收益还行且流动性又好的投资品种？答案是肯定的，那就是债券。债券是由政府、金融机构或工商企业直接向投资者发行，并承诺按约定偿还本金和支付利息的金融契约凭证。债券发行者与投资者之间是有法律效应的债权债务关系，发行者即债务人，投资者即债权人，债券是有价证券，可以上市流通。

以上是对债券的书面解释，译成大白话就是：发行方在约定时间内，以约定利息向投资者借钱，每年支付约定的利息，最后到期日连本钱一并偿还。显而易见，发行方的实力决定了债券风险的大小：（1）国债的发行方是中央银行，风险最低，相对利率也低；（2）公司债的发行方是上市公司，风险肯定要大于国债；（3）企业债的发行方是非上市公司，风险比上市公司又要大一些。有别于国债，公司债和企业债通常被统称为“企业债”。

目前为止，国内企业债出现违约的案例寥寥无几，但谁也无法保证以后不会大规模出现。企业债的违约风险比国债要大，当然要有高收益作为补偿，因此企业债的票面利率通常要比国债高，有不少能达到 6%，有的甚至高达8%。绝大多数企业债的票面利率固定，在债券发行公告中可以查到。

比如，以100元/张的价格投资10张6年期票面利率为5%的企业债，企业派送5%利息，还要扣除20%的利息税（国债利息免税），每年派息日账户会收到40元利息。6年后到期，如果不出现违约，企业会将10张债券的本金1000元还给您。也就是说投资该债券每年收益率为4%。

债券的久期也称“待续期”，用来衡量债券的利率风险。精确的久期计算比较复杂，实际上久期与剩余年限差不多，我们就直接用剩余年限代替久期。

企业债交易特点

（1）可以通过证券账户进行交易；（2）T+0交易，买入后当天就能卖出；（3）一张债券的面值为100元，最小交易单位1手等于10张债券；（4）没有印花税，默认交易手续费为0.02%，还能与券商讨价还价。

在交易时间内，如图1-3所示，在证券账户中点击“买入”，在“证券代码”栏中输入债券代码，比如“112196”（13苏宁债），在图中右下角看到：净价104.000元，全价107.770元，利息3.770元。债券的交易特点：净价交易，全价结算。全价=净价+利息。债券每年只有在派息日才派1次利息，非派息日买债券，利息怎么办？记在账上。这个净价104.000元就是面值100元的债券交易价，利息3.77元就是每天都在增长的利息，这个“利息”不断长大，直到派息日派送后，“利息”归零并重新开始每天增长。因此按净价买入债券，必须同时买入“利息”，真正的交易价是“净价+利息”。持有债券期间，“利息”每天都按票面利率增长；卖出债券时，接手的下家也同样要按“全价”支付。投资收益=净价差+持有期间利息。

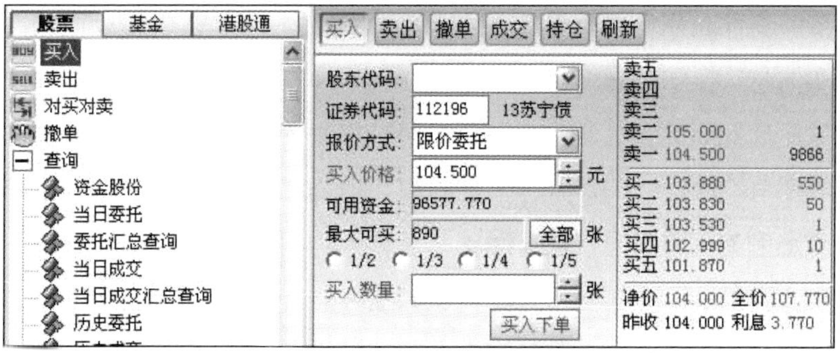

图1－3　企业债交易示意图

企业债的利息收益要交20%的利息税，这笔税在派息日当天就扣除，投资者实际收到的利息是票面利率的80%，但买入时支付的却是100%利息价格。临近派息日时为了避税，持有者会卖出债券从而导致其净价下跌，派完息后再买入又使净价上涨。所以在派息日前一个月就可以未雨绸缪，选择净价较高时抛售债券，派息后再买回。

企业债收益和风险

到期税后收益（YTM）

企业债有定时价值回归的特性，只要不出现违约，到期必定还本付息，因此企业债的确定性比股票高得多，是低风险投资。即便债券净价下跌，暂时“被套”，但每天有利息，完全可以等待其净价反弹，实在不行，持有到期至少本钱不会亏损。

企业债的最终收益率如何计算？笔者就以图1－3中“13苏宁债”为例简要说明。该债券的票面利率为5.95%，按面值100元投资，1年后能得到100元×5.95%×80%＝4.76元利息（扣税20%），但这只是税后票面利息。苏宁债2019年11月13日到期，假设还能持有4.63年，真正买入价是当时的全价107.77元，最后能得到：100元本金＋5次利息＝100元＋100元×5.95%×80%×5＝123.8元，利润＝123.8元－107.77元＝16.03元，年化税后收益率＝16.03元÷107.77元÷4.63年×100%＝

3.21%，这才是现价投资苏宁债的真正收益率。为什么会比票面利率低？因为买入价大于100元面值。

这个实际年化税后收益率有个专门名称叫“到期税后收益”（YTM），只要债券不违约，YTM就是铁定的税后收益率。**YTM＝（100元＋100元×票面利率×待派息次数×80%－全价）÷全价÷剩余年数×100%**。注意待派息次数和剩余年数不一样，比如债券还有4年6个月到期，剩余年数为4.5年，但待派息次数还有5次。

收益率分为单利和复利，复利的计算非常烦琐，且债券每年产生的利息本来就不多，利息再产生的收益就更少了，况且利息是每年支付，不是到最后算总账，因此本书后面所有的债券收益率都是指单利，派发的利息就不再滚入本金。

YTM是挑选债券的重要标准。投资YTM较高的债券，如果短期内价格下跌导致被套，反正每天都有利息增长，可以弥补净价的下跌损失，投资者完全可以等待全价超过买入价时再抛售。即便一直被套，至少还能每年收息，到期后还可以还本，债券的定时价值回归这个特性在保本功能上发挥得淋漓尽致。考虑到投资者肯定都偏爱YTM高的债券，买入者众多该债券的净价上涨的可能性就大，这样不仅可以赚利息还有净价差收益，如果运气好短期内就能兑现利润，再转战下一只债券。

企业债风险

● 违约风险

也称“信用风险”，是指债券发行者由于无法履行合约，致使债券因无法按期支付利息和偿还本金而产生的风险。债券投资最大的风险就是违约！企业经营状况不佳时无法还本付息只能违约，投资者血本无归，而国债信用等级最高，基本没有违约风险。虽然目前国内的企业债很少违约，但国际市场上企业债违约的案例层出不穷。企业债一旦出现违约风险，有时价格会迅速跌至六七十元以下，有些投资者会抵御不住低价的诱惑而买入，笔者的建议是坚决不碰这种债券，因为投资债券的初衷是低风险低收益，想要追求高风险高收益，完全可以选择更合适的品种。

专门的金融机构会对每只债券评级，以此来提示违约风险的大小。债券的信用评级越高，安全性也相对会越高。债券的具体评级标准和定义见表1－1。

表1－1　债券信用等级划分

信用等级	含义
AAA	还本付息能力极强，信用风险极小。债券发行人现金流量充足，对债务的保障程度极高
AA	还本付息能力很强，信用风险很小。债券发行人现金流量充足，对债务的保障程度很高
A	还本付息能力较强，信用风险较小。债券发行人现金流量比较充足，在正常情况下能够保障到期债务的偿还
BBB	还本付息能力一般，偿还债务的能力一般。债券发行人现金流量充足性会受到一些不确定因素的影响，存在一定的违约风险
BB	还本付息能力不足，债券发行人现金流量充足性受不确定性因素的影响较大，含有投机因素
B	还本付息能力差，债券发行人现金流量不足，违约可能性和损失的严重程度较大
CCC	还本付息能力很差，债券发行人现金流量严重不足，违约可能性和损失的严重程度很高
CC	还本付息能力极差，违约可能性和损失的严重程度极高
C	几乎不能按期还本付息，基本无信用

● 流动性风险

指投资者出售债券获取现金时，无法立刻按当前市场价成交而形成的风险，又称“变现能力风险”。市场上有不少债券成交量非常小，买入时要支付比市场价更高的价格，卖出时则要接受比市场价更低的价格。如果能迅速按市场价大量交易，说明该债券流动性强，反之则流动性差，投资者因此会遭受由流动性差所造成的损失。

● 政策风险

指由于国家政策变化导致的风险。比如购买债券时政府不征收利息税，而持有后政府又突然规定征收利息税，这会使预期投资收益率下降。

• 通货膨胀风险

指发生通货膨胀时货币会贬值，而债券承诺支付的利息是事先约定的固定金额，由此导致持有债券到期后得到的货币实际购买力会大打折扣。

• 利率风险

指市场利率变动导致债券价格发生变动的风险，利率风险还与债券剩余期限的长短密切相关，期限越长风险就越大，本书后面会专门阐述。

企业债特点

利率与 YTM

投资债券要盈利只有两种方法：一是持有债券到期连本带利收回；二是在净价上做差价。持有到期的债券只要没有违约风险，YTM 高必定投资收益率大，在净价上做差价就有难度了，净价的涨跌与哪些因素有关?

打开债券行情走势图，发现通常情况下债券的波动性非常小，与股票无法同日而语，特殊情况会有脉冲式波动，这个特殊情况就是利率变动期。比如，目前市场的无风险利率是 3%，笔者以中长期的 5 年期国债收益率为标准，那企业债的 YTM 必然要稍高于 3%，否则没人买啊。

假设国家改变货币政策，将 5 年期国债利率下调至 2%（也就是降息），企业债的 YTM 也会下跌至 3% 左右，但企业债的票面利率开始时就固定了。再看 YTM 的公式：YTM =（100 元 + 100 元 × 票面利率 × 待派息次数 × 80% － 全价）÷ 全价 ÷ 剩余年数 × 100%。公式涉及的元素中只有全价可以变动，全价 = 净价 + 利息，利息由票面利率决定也无法变动，所以基准利率下降，导致企业债 YTM 下跌，最后债券净价上涨。具体计算过程：6 年期票面利率为 5% 的企业债全价 100 元（净价为 100，利息为 0 元），则 YTM 为 4%，假如现在 YTM 降为 3%，代入 YTM 公式，计算出全价为 106 元，利息为 0 元，净价为 106 元。反之，如果基准利率上升则净价下跌，还有债券的剩余年数越长净价波动幅度就越大，因篇幅有限麻烦您自己计算。

其实不用具体计算，按逻辑推理也能得出结论。绝大多数债券有固定票面利率，当基准利率上升并超过票面利率时，投资者就不愿意购买，导致债券需求下降从而引起价格下跌。反之，当基准利率跌至低于票面利率，投资者会争相购买，致使债券需求量上升从而引起价格上涨。债券净价的涨跌起到平衡作用，将债券的 YTM 维持在比市场无风险利率略高的水平上。如果投资债券想赚净价差，在基准利率高时买入剩余年数较长、YTM 较高的企业债，这样盈利的天平就向您倾斜了，当然啥时候基准利率高笔者会在本书后面分析宏观经济的章节中讨论。

利息避税

假设企业债票面利率是 5%，派息日收盘后每张债券会收到 4 元利息，系统会自动扣除 1 元利息税，第二天除息日“利息”从 5 元变成 0.014 元①，派息后全价就白白损失 1 元。投资企业债的收益率本来就可怜巴巴的还要交 20% 的税，因此投资者必须想方设法合理避税。前面提到过简单的避税方法，即派息日前提前卖出，除息日再买回，资金量不大的投资者可以用这种方法合理避税，至于提前的时间点，胆小的可以提前一两个月卖，胆大的可以提前一两天卖。

但是，真正使用“派息日前卖出，除息日后买回”的方法避税时，就会痛苦地发现买回的债券的净价通常会高于卖出价几毛钱。既然大家都准备在派息日前开溜，只有抛盘没有接盘，那净价岂不是直线下跌？放心！机构投资者会接盘，当然他们也不是雷锋同志，因为机构不用交利息税。如果资金量较大，可以利用大宗交易通过机构代持方式来避税。代持就是在派息日前将债券卖给机构，机构代您持有债券，派息日后再卖还给您。交易通过大宗交易平台进行，有最低交易量的门槛，沪市单笔 10000 张起，深市单笔 5000 张起，机构提供服务当然要收取一定费用。

代持过程：（1）派息日前个人要与机构签订债券交易协议，约定这笔

---

① 因前一年的利息派发给投资者后已经结清，之后重新开始每天计息了。

大宗交易的日期、品种、数量和价格；（2）在派息日前约定的卖出日，收市前必须保证债券的可用数量要大于或等于签约数量，否则无法交易，收市后就会发现签约数量的债券不见了，但卖出获得的资金要在第二天才能到账；（3）在派息日过后的约定买回日，收市前账户中必须有足够资金买回债券，注意要把交易佣金和机构代持费考虑进来，否则资金不够交易也会失败，收市后会看到债券又回来了，当然钱也就没有了。

整个交易过程其实不需要投资者亲自操作，只要在约定时间保证有足够债券或资金在账户中就行。再计算大宗交易的成本：一买一卖佣金共0.02%，机构收取0.1～0.2元/张的代持费用，还有每天增长的利息——0.014元/张，因此每张债券的总交易成本在0.15～0.25元/张。机构收益包括代持费用和持有期的利息，哪里去找代持机构？有些券商本身就是，或者找别的机构，有些个人投资者为避税专门开通机构账户，顺便做代持赚点外快。

回售选择权

只要没有违约风险，计算出债券的YTM就能确定持有到期收益率。如果还想赚得更多，只能在净价差上动脑筋，影响净价波动最主要的因素是市场无风险利率变动与久期长短。市场利率大幅变化时，债券久期越长净价波动越大。最理想的投资当然是持有降息过程中久期较长的债券，可以提前获得更高的净价差收益；反过来，万一加息期投资久期短的债券，则净价下跌幅度必然最小。关键又变成如何判断市场利率的走势，这是上帝干的活，咱不费那脑筋。

如果有自己可以决定久期长短的债券该多好，其实那些企业管理者真是蛮拼的，为迎合投资者需求，愣是整出个“回售选择权”，就是债券还没到期，但到了某个约定时间点投资者有权将债券以100元的价格卖还给企业。久期为“X+Y”的债券，“X”是回售时间，“Y”是到期时间。如果利率上升，债券净价跌破100元，可以在X时间点就将债券卖还给企业，提前收回资金；如果利率下降，债券净价涨过100元，可以放弃回售权继续持有，享受净价上涨带来的收益，带回售权的X+Y型债券是攻守兼备的投资好品种。债券发行公告中可查询是否带有回售权，有些企业债为避免投资者到期回售，在回售时间点之前宣布上调剩余 Y 时间段的票面利率，希望持有者放弃回售权。

比如，“15 鄂能 01”（112252）票面利率为 4.25%，发行日是 2015 年 7 月 6 日，回售日为 2018 年 7 月 6 日（X），到期日为 2020 年 7 月 6 日（Y），目前距回售日还有 2.76 年。目前净价 102.798 元 + 利息 1.01 元 = 全价 103.808 元，按公式计算出回售日的 YTM 是 2.23%，持有到期的 YTM 是 2.67%。选择带回售权的债券，其实就是多了一个在久期过半就能还本付息收回现金的机会。如果到回售日债券的 YTM 等于或者低于当时市场利率，就选择回售，即债券的净价低于 100 元就回售给企业，而债券的净价高于 100 元就直接按市场价卖出。如果到回售日债券的 YTM 高于当时市场利率，可以继续持有。

企业债投资方法

选择企业债

挑选企业债前要做些准备工作，笔者常用的债券行情网站是集思录（http：//www.jisilu.cn/），想了解每只债券的详细情况可以查看发行公告。企业债的 YTM 越高当然投资收益率越好，因此关键就是如何排除违约风险这颗地雷。

- 评级和折算率

债券评级越高相对就越安全，笔者只选择信用等级为 AA 及以上的债券。注意，债券的评级结果是动态的，企业经营不佳债券的评级会下调，债券价格就会暴跌，投资者要坚决回避评级下调的债券。还有，国内机构对债券评级都偏高，不能太迷信，相对而言国际机构的评级更客观些。

- 折算率

正回购就是将债券抵押出去，在资本市场上借钱。但不是所有债券都可以抵押，拥有正回购资格的债券“折算”后能借来的资金量也不一样，显然债券折算率越高，质地就越好，至于连正回购资格都没有的债券当然就更次。国债安全性最高折算率都在 90% 以上，企业债折算率要低于国债。

- 业绩保证

企业连续 2 年亏损，交易所会将债券停牌，并在 7 个交易日（深交所是 15 个交易日）内决定是否暂停其上市交易。债券丧失流动性太可怕，往大了说违约风险加大，往小了说无法交易就不能避税，YTM 就要打折。一旦某只债券公告将暂停交易，价格马上就会暴跌，这是投资债券最大的风险。笔者的标准要么投资超大型国企的债券，要么企业过去 5 年平均净利润大于每年债券利息支出额的 3 倍以上。

- 抵押担保

首先，有抵押的债券安全边际更高，万一破产清算也不至于血本无归，但要注意抵押物的质量，有些抵押物根本不值钱，甚至还有两只债券互相担保抵押的；其次，是上市公司发行的担保债券，最好由银行等金融机构提供担保；最后，是地方政府的债券。再次的债券就不要费神了。

- 流动性

千万不能投资交易量非常小的“僵尸债”。否则就会想买，买不到；想卖，卖不了。尤其对需要在不同债券之间切换的投资者来说，流动性更是生命线。

排除违约和流动性风险后，所有债券就在同一条起跑线上了，只要看哪只的 YTM 最高就行，但在正儿八经投资债券之前必须亲自计算 YTM，不能完全相信各个网站上提供的数据。在保证流动性和 YTM 的前提下尽可能选择投资带回售选择权的债券。为了避免黑天鹅事件，必须分散投资 3～5只（或 5 只以上）的债券。

企业债的交易技巧

严格按照以上原则投资企业债的风险很低，但收益率也不高。通常市场无风险利率为 3%～6%，那么投资企业债相应的 YTM 也就 5%～8%。投资者有 YTM 保底，还可以通过骑乘效应博取净价差，或利用杠杆争取获得10%以上的年化收益率。

企业债久期通常为5、6年，大部分债券投资者都带有定期存款的思维定式，比如准备投资两年，就只选择久期在两年内的企业债，由于大家都抢购久期较短的债券，导致其净价上涨，结果久期越短的债券YTM越低。比如，两年内到期债券的YTM仅3%左右，而不少久期较长债券的YTM超过5%，可是闲置资金只有两年时间可供投资，怎么办?

持有债券期间久期会逐渐缩短，其YTM沿着收益率曲线下滑而带来的收益被称为“骑乘效应”。因此，充分利用骑乘效应，可投资久期3～4年的债券，获取利润最丰厚的一段，然后抛给那些偏好久期短的债券投资者，获取相对稳定和较高的收益率，并规避可能存在的债券违约风险。

比如，债券A还有4年到期，目前YTM为5%，持有两年后久期还剩两年，市场都喜欢买入久期短的债券，则净价上涨，YTM变成3%，我们就卖出再换入久期为3～4年的债券B。计算债券A的收益率：持有两年的收益率为5%×2=10%，还剩余两年(5%−3%)×2=4%，则年化收益率=(10%+4%)÷2=7%。这就是骑乘效应的实战应用，而且债券不持有到期还能规避违约风险，当然也有相对风险就是加息，但如果持有到期也同样无法避免加息风险。

小资金的避税方法除了“派息日前卖出，除息日买回”外，还能通过骑乘效应在两只相似债券之间切换来合理避税，列出债券清单，将备选债券都放入其中：(1) 债券A快接近派息日时卖出，然后买入清单中的债券B，实现完全避税；(2) 持有债券A期间，有YTM更高的新债B上市，抛售债券A买入新债B；(3) 笔者最喜欢的方法，即持有债券A，等待债券B除息后，将A换成除息后的B，因为刚除息的债券YTM更高，大约等于“票面利率÷全价”，此时全价没有利息几乎等于净价，基本是全年的最低价。

债券型基金

债券型基金是专门投资于国债、金融债和企业债的基金，通过集中众多投资者的资金，对债券进行组合投资，寻求稳定收益。国内债券型基金根据投资范围的限定分为纯债基金、一级债基金和二级债基金。纯债基金只能投资国债、高等级企业信用债等固定收益类金融产品，虽然收益率偏低，但本金亏损概率极低，安全边际非常高；一级债基金 80% 的资金的投资范围与纯债基金相同，剩余的 20% 可参与一级市场打新股；二级债基金 20% 的资金除了打新股外，还能适当参与二级市场中可转债与股票的交易。

二级债基金因为有 20% 的资金可以投资股票，预期收益率可能略高，但风险也会相应增加，投资债券本来就是低收益居然还有风险，投资者可以直接忽略。显然纯债基金和一级债基金更适合追求稳定收益的保守型投资者，但笔者本人对所有的债券型基金都不考虑，原因很简单：债券基金透明度不够，自己计算 YTM 挑选几只质地较好的企业债分散投资，最终收益率更明确，风险也更可控。

正回购

认识正回购

增加债券收益率的另外一种方法就是上杠杆，全部本金买入债券后借钱再买，由于债券到期要还本付息，只要借钱买的那部分债券的利息收益大于支付的利息，就是多赚的。投资者可以通过正回购将手中的债券抵押借入资金。

● 条件

正回购与逆回购相对应，逆回购是资金借出方，正回购是资金借入方。投资者开通正回购要满足以下两个条件：（1）开户资产 50 万元，开通正回购后便可以转出；（2）有 10 笔债券交易记录，如果以前没有，做 10 笔交易就行。目前又有新规：开户资产在 300 万元以上才能开通正回购，以及投资 AAA 级以下债券。

● 与融资的区别

那正回购不就是融资吗？当然有区别：（1）通过正回购借入资金成本很低，平均年利率 1% ~3%，具体取决于市场资金的宽松程度，而融资则要 8% 左右；（2）正回购借入资金用途不限甚至可以提取现金，融资只能买入规定范围内的股票或交易所交易基金（ETF）①；（3）只有信用等级较高的债券才能作为正回购抵押品，而不是所有债券都能抵押借钱，融资则是任何证券都能充当抵押品；（4）正回购最多可以借入本金3倍以上的资金，融资通常只能借本金的50%左右。

• 资金用途

正回购借入资金的用途：（1）打新股，本金持有债券，正回购借入资金打新股，光景好时纯打新股年化收益率也有10%，减去正回购的成本2%，再加上债券的YTM收益，能获得年化收益率12%～15%，打新间歇期资金可以归还；（2）上杠杆投资债券，比如本金买入YTM为5%的债券，正回购借入3倍资金再买该债券，正回购成本2%，年化收益率=5%+(5%-2%)×3=14%；（3）资金周转，急需用钱不必卖掉债券，只要做正回购，借来资金可以转出；（4）赚取利差，如果您计算能力超强，可以借钱买货币基金、理财产品等，利息高于正回购成本就行。总之，原则是借来的资金赚到的钱能超过正回购的利息就OK。

正回购流程

• 交易代码

正回购分沪市和深市两个市场，两市债券入库后换得的标准券不能通用：沪市债券入库，只能在沪市正回购；深市债券入库，只能在深市正回购。沪市正回购可借金额为10万元的整数倍，具体情况如表1-2所示。深市正回购可借金额为1000元的整数倍，其余与沪市相同，标准交易佣金是收取上限值，找券商谈谈还能再打折。

表1-2　上交所正回购品种简介

代码	简称	借用时间	标准交易佣金
204001	GC001	1天	1元/10万元
204002	GC002	2天	2元/10万元

① 有关该基金的详细内容见第一章第三节。

续表

代码	简称	借用时间	标准交易佣金
204003	GC003	3 天	3 元/10 万元
204004	GC004	4 天	4 元/10 万元
204007	GC007	7 天	5 元/10 万元
204014	GC014	14 天	10 元/10 万元
204028	GC028	28 天	20 元/10 万元
204091	GC091	91 天	30 元/10 万元
204182	GC182	182 天	30 元/10 万元

- 操作流程

正回购账户中要有可以抵押的债券，国债都可以作抵押，企业债、分离债和可转债只有一部分可以，债券公告中可以查到能否抵押及折算率是多少。

（1）质押入库。如图 1－4 所示，在账户中点击“卖出”，输入质押代码，“电气转债”对应的是“上汽质”。什么是质押代码？比如“电气转债”（113008），要入库就输入“105008”，质押代码前缀以“090”（国债）、“104”（公司债）、“105”（分离债纯债、企业债）、“106”（地方债）开头，后 3 位和债券代码相同。输入后，“入库价格”和“最大可入”不用管，“入库数量”自己填，最低 1 手 10 张起，然后点击“入库下单”。完成后可看到持仓中增加的入库标准券，系统会根据最新折算率自动换成标准券，比如入库 1 万张电气转债，折算率是 0.91，标准券数量就是 9100

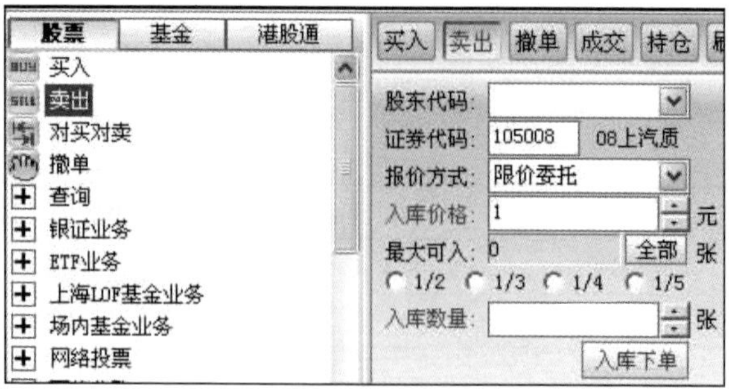

图 1－4　正回购质押入库示意图

张。质押债券必须是1000张标准券的整数倍，9100张标准券，只能质押9000张标准券，多余债券可以出库。

（2）正回购借钱。如图1-5所示，点击“买入”，输入正回购代码，比如需要借入10万元1天，就买入204001，“可用资金”“最大可融”不管它，在“融资价格”栏填入您愿意支付的利率，图中现价1.485表示该天借的钱年化利率为1.485%，“融资数量”填1000张标准券，点击“融资下单”，账户中就会有借入的现金，同时标准券数量就减少了。借入资金随便用，根据需要借的天数选择正回购品种，沪市正回购10万元起借，或10万元的倍数，不少券商规定最多能借用标准券的90%，就是1万张标准券入库只能借9000张，还剩至少1000张标准券在库内，否则就会形成欠库要收利息。

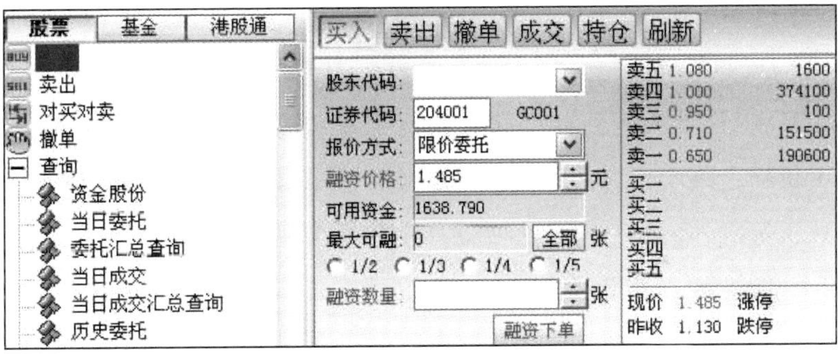

图1-5　正回购借钱示意图

（3）结算（还钱）。还钱是自动操作，比如当天做1日正回购，当晚10点以后抵押的标准券就会回到库内，但同时可用资金显示为负数，第二天要么直接还钱，要么用解除质押后的标准券再续作正回购借钱，反正下午3点收市前必须将借款及利息还掉。万一记不清应该哪天还钱，只要看可用资金，如果是负数当天就要还钱。正回购还可以套作，就是借入资金新买的债券再去质押借钱，反复循环，但套作极限是总借入资金最好不要高于本金3倍。

（4）质押出库（解除质押）。标准券回到库内就可以申请出库。交易界面选择“买入”，其余操作与入库相同，“最大可出”可能是错的不管它，在“出库数量”里填写出库债券的手数（不是标准券数量），点击“出库下单”，持仓中标准券会减少对应数量。需要马上卖出才出库，否则没必要，下次正回购还方便些。

现在有些券商的交易系统升级，债券出入库有专门菜单，可以不用质押代码。入库：点击“债券回购”中的“质押券入库”，持仓中有可质押未入库债券，双击需要入库的债券，在“入库数量”中填上实际数量，点击“确定”就能入库。质押在库明细中就有已入库债券的数量及对应的标准券数量。出库：点击“债券回购”中的“质押券出库”，其余步骤同上。

- 注意要点

（1）数量记账。入库后各只债券持有数量在系统中无法看到，记录好每笔债券交易，否则需要卖出某只债券时，根本不知道自己有多少张债券。

（2）成本最低。每天续借成本最低，GC001 价格在 1% ~3%，周五做 GC001 到下周一还钱，每周支付 5 天利息就行。通常下午两点半后 GC001 价格会跳水，为节约成本可在最后半小时内做正回购，万一遇到停电、死机等意外情况，则无法挽救。投资者出现欠资、欠库的情况麻烦就大了，一次被警告罚款比例为 0.1%，再次被警告则会失去正回购资格，甚至累及投资者所在的整个营业部被取消资格。

（3）灵活交易。为什么不直接做 GC182？半年还一次钱，省得天天做 GC001。原因：一是 GC182 年化利率要比 GC001 高 1% 左右；二是由于避税等原因调仓交易债券时，被质押债券无法出库交易；三是做 GC182 半年内无法调整借款数额。

- 举例

（1）100 万元本金买入全价 100 元的债券 A，得到 1 万张，YTM 为 5%。假设债券 A 回购折算率为 0.9，1 万张债券 A 质押入库后可得到 9000 张标准券，券商规定只能使用 85% 的标准券，则第一轮正回购能借入 9000 张 ×100 元 ×85% =76.5 万元，只能借 10 万元的整数倍 70 万元买入 7000 张债券 A。

（2）将新买的7000张债券A，按照上面计算过程，质押入库后再借到50万元买入5000张债券A。

（3）将新买的5000张债券A，再质押入库后再借到30万元买入3000张债券A。

（4）将新买的3000张债券A，再质押入库后再借到20万元买入2000张债券A。

综上，共借入资金170万元，正回购的成本年化后为2%，则持有一年的总收益：100万元×5%+170万元×（5%-2%）=10.1万元，通过正回购将收益率提升至10.1%，如果再辅以避税和骑乘效应，债券投资年化收益率达15%不是梦。在这个例子中使用2.7倍杠杆并不高，杠杆超过4倍风险就大了。

正回购的杠杆上限受到折算率和标准券使用率这两个因素的制约，不同债券的折算率差别很大，低的小于0.5，高的大于1，而且每只债券的折算率每天还会微调，券商规定85%~90%的标准券使用率通常不会变化。正回购千万不能用足杠杆，万一质押债券的折算率下调或债券净价下跌，杠杆上限也要被迫降低，只能挥泪大甩卖，即低位割肉卖债来降杠杆。

第三节　黄世仁与杨白劳——分级基金A与B

证券投资基金

认识基金

证券投资基金简称“基金”，是通过汇集众多投资者的资金，由职业经理人统一管理，投资于债券、股票等证券，实现资金的保值增值、利益共享和风险共担。说白了就是各位投资者把钱交给基金公司去买股票或债券，那为什么我们不自己投资而要交给他们？因为职业经理人一般比普通投资者的投资水平高，这也是基金公司做广告时最有诱惑力的口号。想想也对，基金公司有专业的人员、庞大的资金，作为机构还可以买到许多不向普通投资者开放的证券，客观上投资收益率应该不错。

• 净值

为了方便交易，基金与股票一样会分成若干个单位，每个基金单位的初始净值都是1元，基金单位净值＝基金净资产÷基金总份额。基金单位累计净值＝基金单位净值＋历史累计单位派息金额（历史所有分红派息总额/基金总份额），是反映该基金自成立以来所有收益的指标。比如A基金发行后初始单位肯定是1元/份，假设两年后的今天基金单位净值为1.05元/份，其间共分红两次分别是0.1元/份和0.2元份，那么每份A基金的单位累计净值＝1.05元＋0.1元＋0.2元＝1.35元。

• 交易成本

基金的交易成本如何？任何基金的交易都不收取印花税，在交易所直接与其他投资者交易按一定比例收取佣金，如果直接向基金公司买卖开放式基金则就要收取认购费、申购费和赎回费。认购费是指投资者在基金发行募集期（筹集资金还没开始干活）购买基金单位时所交纳的手续费，目前是认购金额的1%左右，并随认购金额的大小有相应减让；申购费是募集期结束后购买基金时收取的手续费，也为认购金额的1%左右；赎回费是指在基金存续期间，投资者向基金管理人卖出基金份额时需支付的手续费，为认购金额的0.5%左右，赎回费计入基金资产，通常持有期限在3年以上则免收赎回费。

• 赎回

基金募集完资金成立后，会有段时间不接受赎回申请，称为“封闭期”，规定基金封闭期不得超过3个月，让基金经理将募集的资金根据证券市场的状况完成初步投资布局。如果在某个基金开放日，基金净赎回申请（指赎回申请与申购申请总数之差）超过上一日基金总份数的10%，即认为发生巨额赎回，意味着基金必须卖出大量证券变现以应对赎回要求，这样可能会导致基金产生巨大损失，因此处理巨额赎回时基金可以视情况选择：（1）正常赎回，若认为完全有能力应付，按正常赎回程序执行，投资者利益不受影响；（2）部分顺延赎回，若基金经理认为一天内卖出大量证券对基金非常不利，可以对净赎回超过10%以外的申请延期办理，由于顺延赎回对基金名誉损失太大，不到万不得已基金公司不会动用这个终极手段。

• 开支

基金运作肯定有些必要开支，其中管理费和托管费是主要费用。管理费是支付给基金管理人的报酬，是其主要收入来源，目前股票型基金大部分都按照基金净资产的1.5%从基金资产中提取管理费，债券型基金通常低于1%，货币基金为0.33%。托管费是指基金托管人为保管和处置基金资产而向基金收取的费用。比如银行为保管、处置基金信托财产而提取的费用，托管费通常按照基金资产净值的0.25%提取。管理费和托管费不是一次性收取，而是每天都在计提，然后每月底从基金总资产中扣除，不另向投资者收取。

开放式基金

基金的分类很多，按投资目标不同可分为货币基金、债券基金和股票基金。按基金规模能否随时变化又分为开放式和封闭式，它们共同构成基金的两种基本运作方式。开放式基金分为3种类型：场外开放式基金、LOF和ETF。

• 场外开放式基金

场外开放式基金在每天股市收盘后，计算出当日净值，投资者直接向基金公司申购或赎回，都按照这个唯一的净值价格进行，没有折、溢价①情况，不需要通过交易所，基金规模随投资者的买卖而增减，基金公司可随时向投资者发售新的基金单位，也需要随时应投资者要求买回其持有的基金单位。

• LOF

2004年后，管理部门允许部分开放式基金可到交易所进行买卖，称为

---

① 折价：交易价格低于净值；溢价：交易价格高于净值。

“上市型开放式基金”（LOF），就是基金发行结束后，投资者既可以在指定网点申购与赎回基金份额，也可以在交易所买卖该基金。

- ETF

目前，市场上虽然开放式基金数量最多，绝大多数基民也都投资开放式基金，但笔者除了 ETF 外，对其余开放式基金一概不予考虑。原因很简单：基金经理按照基金净资产值 1.5% 的比例从基金资产中提取管理费作为报酬，从自身利益出发当然会想方设法提高基金净资产，可能会联合别的基金公司大量买入流通量较小的企业股票，以抬高其股价。这样基金的净资产会飙升，会吸引更多投资者来申购，扩大基金管理的资产规模，从而给基金公司带来更多管理费收入，当然在股价下跌之前，基金经理名利双收快速闪人——跳槽也是必然。作为基民也只能从道德层面上来约束这些基金管理人，因此笔者一票否决。

封闭式基金

初识封闭式基金

封闭式基金简称“封基”，发行份额固定，资金募集成功后交易流程与股票相同，所有买卖必须在交易所撮合，价格由市场供需决定，交易双方都是投资者，不像开放式基金那样是在基金公司与投资者之间交易。因此，封基每天有两种报价：一种是市场价，另一种则是每日净值。

- 特点

封基的 3 个特点：（1）设立基金时限定基金单位的发行总额，不再接受新的投资；（2）基金单位的流通是投资者之间在二级市场上以市场价进行交易，无法按净值申购和赎回；（3）有存续期限，通常封基的期限是 15 年，到期之后转为开放式基金，即常说的“封转开”。

- 折价率

折价率是指封基净值和市价之差与净值的比率：比如封基 A 净值为 0.90 元，市场交易价格仅为 0.71 元，折价率 =（0.90 元 − 0.71 元）÷0.90

元×100% =21.1%，相当于8折就能买到，封基的平均折价率在2005年的熊市中甚至达到50%。封基为什么会折价？大型基金公司下面既有封闭式基金也有开放式基金，由于封基发行份额固定，无法扩大规模，只能享受“庶出”待遇，所有资源比如市场宣传、明星经理配置等都向开放式基金倾斜。

• 收益率

那么投资封基的收益率如何？选取代表深交所封基的指数“基金指数”（399305）和质量最好的沪深300指数进行比较，有据可查的数据只有从2006年1月4日到2016年1月4日，取10整年，399305指数从779点涨到7974点，涨幅为924%，年复合收益率为26.2%，沪深300指数从941点涨到3469点，涨幅为269%，年复合收益率为13.9%。并且在2008年金融危机中，399305指数也大幅跑赢沪深300指数，至于和同期的开放式基金比较，封基更是秒杀95%的同行。

封基的优势与投资原则

• 优势

（1）折价缩小。比如，假设封基A目前净值为2.00元，交易价只有1.40元，就是折价率达30%，还有5年存续期，到期后“封转开”。投资者按照交易价1.40元买入1万份并持有到期，假设5年后基金净值不增长，就按照净值2.00元赎回，收益率(2.00元-1.40元)÷1.40元×100% =42.9%，如果同样净值的开基（开放式基金）收益率就是零。再假设5年后净值增长50%为3.00元，收益率=(3.00元-1.40元)÷1.40元×100% =114.3%，而同样净值的开基收益率只有50%。只要买入折价的封基，无论市场如何疯狂波动，一旦持有到期“封转开”，就可以按照净值赎回吃到折价，因此封基越临近到期，折价率越低。

（2）分红效应。封基对于现金分红不太“感冒”，因为这样会导致基金净资产减少，相应的管理费也会下降。所幸基金法提供了法律保护：1个年度内封基已实现净收益的90%以上必须用于分红。什么叫已实现净收益？比如基金买入某股票10元，涨到30元，必须把这只股票卖掉后才算已实现净收益。1年下来，已实现收益和亏损相抵之后的就是已实现净收益。当然每次分红后要保证剩余的基金净值不低于1元，另外在满足分红能力的条件下，每年分红不少于1次。

继续前面的例子：1.40元的价格买入1万份净值为2.00元的封基，随后基金分红每份0.50元，资产变成5000元现金加1万份基金。净值分红0.50元后降至1.50元，如果还是30%折价率，市场价应该是1.05元，再用5000元分红继续以1.05元的价格可买入基金4700份，合计持有14700份。5年后到期赎回净值增长了50%到2.25元，收益率=[(2.25元×14700份)÷14000元-1]×100%=136.3%，比前面不分红时收益率要高出22%。其实，有折价的封基分红相当于打折买入，不打折分红，再打折买入，为投资者提供了基金净资产打折的第二次机会，如果5年里多次分红呢？

（3）净值增长。由于封基无法扩大规模，基金公司会将所有资源尽可能向开基倾斜，但统计结果表明封基的长期净值增长率明显高于开基，原因如下：第一，按照契约，封基的股票仓位最多只能到80%，至少有20%的资金必须投资债券，而大部分开基的股票仓位可以达到95%，因此牛市中封基的净值增长落后，但在熊市或震荡市中，仓位适中的封基的业绩就普遍优于开基；第二，由于封基规模不能变，操作时不受申购赎回的干扰，能够从容应对资本市场的波动，不像开基随时可以申购赎回，有时基金被迫打乱部署，必然会对业绩产生负面影响。

• 投资原则

（1）注重基金公司的品牌和基金经理的历史战绩；（2）基金公司持有自家封基的比例越高越好；（3）市场整体市盈率10倍左右买入，否则好不容易吃到了持有到期的折价率，但最后弥补不了市场的整体下跌幅度，还不哭死。

分级基金A和B

分级基金

分级基金指的是将两份相同的母基金C，分成1份基金A（以下简称“A”）和1份基金B（以下简称“B”），A和B这两个份额承担的风险和享受的收益完全不同。举个例子：黄世仁A家财万贯只想每年有固定收益率就心满意足，杨白劳B家徒四壁只能富贵险中求，双方各出一份钱，黄世仁A的那部分借给杨白劳B，由掌柜C成立基金来“炒股”。黄世仁A每年只收取“银行一年定期存款利率+3%”的利息，掌柜C每年要收取1%的基金管理费和0.25%的托管费，其余盈亏都归杨白劳B。

其实母基金C就是普通股票型基金，1元(一份基金A)+1元(一份基金B)=1元×2(两份母基金C)，A不干活把钱借给B收利息，B等于融资炒股。显然低风险爱好者不会投资B，初始阶段按1∶1融资，杠杆率为2倍。假如B赚钱后净值涨至2元，杠杆率=(1元+2元)÷2元=1.5倍，杠杆率在下降；如果B亏损后净值跌至0.5元，杠杆率=(1元+0.5元)÷0.5元=3倍，杠杆率在上升。就是B净值上涨时等于在降杠杆，涨速变慢；下跌时在加杠杆，跌速变快。B自己无法控制融资比例，市场估值高时无法降杠杆，最终必送命。A收取固定利息就是一张债券，但市场价格波动比普通债券幅度大得多，适合低风险投资者。

目前，分级基金以深交所的为主流①，基金A和B的交易代码以“150”开头，对应的母基金以“16”开头，上交所基金A和B和母基金都以“502”开头。基金A与B交易时最小单位是100份，交易费用只有佣金，通常是0.03%，没有印花税。

低风险的分级A

A净值=1.00元+每日累计利息，利息每天增加并体现在A的净值

① 本书后面如果没有特别注明，都是指深交所的分级基金。

上，就像企业债的利息，但市场交易价却与封基一样，与净值不匹配，有折价或溢价。B 净值 = 母基金 C 净值 ×2 - A 的净值。万一 C 亏损幅度在 50% 以上，不但把 B 的本金全折进去还会威胁到 A，因此为了确保 A 的绝对安全，分级基金会设置下列条款：

（1）ABC 三方协议，如果 B 的净值亏损到 0.25 元以下，就把 A 和 B 缩小份额重新按每份 1 元和 1∶1 比例配比，结果就是 A 和 B 的总份额要减少 75% 以上，把利息和多余的 A 资金还给 A 类投资者，再重新开始玩游戏，这个过程叫“下折”。

（2）母基金在每年约定的时间段折算叫“定期折算”，简称“定折”，就是把 1 年来 A 的利息或者 B 赚的利润兑现，定折的具体时间由各家母基金自行约定。B 类投资者等于借钱炒股，而且自己还无法决定杠杆的大小，因此让母基金挂钩某指数或者某行业指数，这样 B 类投资者至少对自己在什么范围内融资“赌博”心里还有些底。

（3）基金公司按照母基金规模收取管理费，因此支付利息或下折归还资金的标准都按母基金次日收盘的净值，折算成母基金支付，您还要多交 0.5% 的赎回费才能真正把基金变成现金。

（4）假如母基金盈利后净值达到 2 元以上，当然利润除了支付利息和管理费外全部归 B，A 和 B 也要重新按每份 1 元和 1∶1 比例配比，结果是 A 和 B 总份额不变，A 的利息分给 A，B 的盈利也分给 B，同样都用母基金支付，再重新玩游戏，这个过程叫“上折”。很明显上折对 A 无影响，母基金净值达到 2 元后，A = 1 元和 B = 3 元，此时 B 的杠杆就变成（3 元 + 1 元）÷3 元 = 1.33 倍，上折后就恢复 2 倍杠杆，不上折 B 净值越高杠杆越小，对投机者们的吸引力也就越小。

（5）为了增加流动性和吸引更多投资者，分级基金还增加了“合并”和“分拆”的游戏。合并是如果市场价 A + B < 2C 净值，可以分别买入 1 份 A 和 1 份 B，合并后申请按 2 份母基金的净值赎回；反之，如果市场价 A + B > 2C 净值，可以按照净值申购 2 份母基金，然后分拆成 1 份 A 和 1 份 B，分别在市场中卖出。

（6）目前，分级基金中 A∶B 的资金比例有 10 只为 4∶6，6 只为 7∶3，1

只为8∶2，1只为2∶8，这18只分级基金约定的下折标准也在0.15～0.45元不等。除了这18只分级基金外，其他的都是1∶1的资金比例①和0.25元的下折线。目前市场上除了9只有期限的分级基金外，其余都是永续型。

影响A价格的因素

目前，国内分级数据最齐全的网站是集思录，点击"实时投资数据→股票分级"，就能看到全部分级基金的详细资料，还有分级基金网（http://www.abcfund.cn）。影响A价格的因素：

（1）风险，A由于有下折保护，风险忽略不计，信用度等同于国债。为防范流动性风险，A必须有足够的成交量保护。市场上有9只A是有期限的，其特点复杂，流动性差，建议剔除；还有两只A（150175和150022）没有下折保护，母基金净值跌幅>50%后要亏损A的本金，同样删除。

（2）将A看成债券，大部分采用一年定存利率+3%或+3.5%的浮动利率，也有少数+4%和+5%，甚至还有采用约定固定利息为5%、6%或7%的A。作为债券的A，交易价格主要受市场无风险利率的影响，市场无风险利率升高，A的价格就会下降，反之价格就会上涨。

（3）B上了杠杆，高风险高收益，价格波动大。牛市中B涨幅巨大，易受追捧，因此交易价格大于净值出现溢价，为了保持A+B=2C净值，A必然折价，否则A+B>2C，大量套利者申购母基金分拆成A和B，分别卖出，直到A+B的价格跌至2C；同理，熊市中A可能溢价，因此A的价格还受到B的折、溢价影响。

假设A与B的分级基金为1∶1配比，目前A市场价为0.8元（折价率为20%），一年定存利率为2%，约定利率就是2%+3%=5%，每年收到的利息是同等价值的母基金，赎回费收取0.5%。如果长期持有，A的年化收益率=1.00×5%×（1－0.5%）÷0.8元=6.22%。这个收益率称为"修正收益率"，就是按市场价买入基金后每年的真正收益率，相当于企业

① 本书后面如果没有特别注明，分级基金都是指1∶1类型。

债的YTM。其实，真正的修正收益率 = 下期利率 ÷ [A交易价格 -（A净值 -1）+ 定折剩余年限 ×（下期利率 - 本期利率）] ×100%，看晕了吧，还是笔者自创的简单明了。

"最大的肉"——吃下折

下折流程与本质

• 流程

（1）T日，收盘B的净值（不是市场价）跌至0.25元以下，那么当日称为"下折触发日"。当晚就会公告该分级基金要下折。

（2）T+1日，称为"下折基准日"，停牌1小时后10:30开始交易，收盘后假设A净值为1.037元，B净值为0.223元。持有1万份A净值为10370元，对应的1万份B净值为2230元，下折后新A、B和母基金净值都变成1元/份，1万份旧B变成2230份净值为1元的新B，那么相应有2230份净值为1元的新A，1万份旧A就变成了2230份新A+8140元现金，这8140元现金要以8140份新母基金的形式兑现。注意，即便T+1日收盘后B净值回升至0.25元以上，还是要进行下折。

（3）T+2日，A与B停牌。这一天持仓已经变成2230份新A+8140份新母基金，市值会因为母基金净值的变化而增加或减少。

（4）T+3日，停牌1小时后10:30开始交易，那8140份新母基金就可以按照当日收盘的净值赎回，扣除0.5%赎回费后，1~4天内银子就会到账上。如果市场价出现A+B>2C净值，那就将母基金分拆成A与B，在市场中分别卖出更划算，而且A与B的交易佣金只有0.03%，比赎回费0.5%便宜得多。

做数学题看看吃下折的收益率：总成本1万份0.8元的A，加上买入佣金0.03%，共8003元；下折后收益为2230份新A + 8140份新母基金 = 0.8×2230+8140×（1-0.5%）=9883.3元，收益率 =（9883.3元-8003元）÷8003元×100% =23.5%。基本无风险的前提下这收益率您满意吗？当然这并不精确，因为T+1日母基金净值是1.00元，而赎回母基金的价格是 T+3 日的收盘净值，中间这两天母基金的净值涨跌无法预测。

- 本质

吃下折的本质：（1）下折后新 A 净值归 1.00 元，但价格还是会连续跌停直到原来不受下折影响的旧 A 价格；（2）下折后，打折买入的 A 大部分要变成母基金，而母基金不打折按净值赎回，也就是大部分 A 可以按净值卖出，因此 A 折价率越大，吃下折的收益率也越高；（3）下折等于将多余的 A 以净值归还，因此市场价大于净值的 A（也就是溢价）在下折中要亏损；（4）T+1 日收盘 B 的净值就是下折标准，当日 B 的跌幅越大净值越小，A 剩下和 B 配对的资金就越少，更多资金变成母基金全额返还。

万一持有的 A 就是不下折，难道永远只能每年拿固定利息？继续做数学题：B 要支付给 A 的利息为 5%，双方的管理费和托管费为 (1% + 0.25%) ×2 = 2.5%，每份 B 每年固定支出 0.075 元，B 净值 1 元不涨不跌 10 年也要变成 0.25 元下折，前面计算下折 1 次收益率为 23.5%，平均到每年是 2.35%，再加“修正收益率”6.22%，每年保底收益率达到 8.57%。

吃下折的原则

（1）A 的交易价会随着 B 越来越接近下折线而逐渐走高，B 的净值接近 0.25 元时 A 的交易价也会升到 0.95 元左右，笔者的选择是 A 低于 0.95 元就吃下折，高于 0.95 元就直接卖出 A，继续寻找更好的目标，因为吃下折要承受两天的母基金净值涨跌和 0.5% 的赎回费，而发生下折时通常都是大盘连续下跌。

（2）最佳方法是持有打折的 A 等下折，等待期间有修正收益率保底，但吃下折的收益率显然比修正收益率要大得多，因此最值得关注的是 A 的折价率，其次才考虑修正收益率。

（3）折价率差不多的 A，吃下折收益率相同，关键看谁更容易发生下折，显然是整体 PE 高的母基金。母基金投资某指数或者某行业指数，先确定该指数的整体 PE，将母基金某天的涨跌幅和挂钩的指数涨跌幅对比，就能大致判断母基金的仓位，退一万步讲即便判断错误也没啥损失。

（4）决定 A 价格的因素主要是市场无风险利率和 B 的折、溢价程度。由于大部分 A 的票面利率是一年定存利率 +3% 或 3.5%，会随着市场利率而波动，这个因素对 A 的价格不起主要作用。当然有少数 A 票面利率固定（比如 7%），比如市场上大部分 A 的修正收益率为 6% 左右，计算该 A 的价格理论上会涨至 1.17 元。至于折、溢价，由于套利大军会帮忙维持 A + B = 2C 这个等式：熊市中 B 的价格就在净值附近，对应的 A 也会待在净值左右；牛市中 B 带杠杆会大幅溢价，A 只能委曲求全折价，因此 A 的最佳投资时机是牛市中发生大幅度折价时。

（5）每年约定时间给 A 发利息叫“定期折算”（定折）。假如 B 盈利则净值大于 1 元，定折就是把 A 的利息和 B 高于 1 元以上的净值分配掉，当然还是用母基金支付。假如 B 亏损则净值小余 1 元，有少数分级基金定折时要求 A 与 B 净值都归 1 元，就会产生与下折相同的效果，只是 B 净值高于 0.25 元定折程度较小，目前绝大多数分级定折不要求 B 净值归 1。

最简单的方法：选择有定期折算、低点折算条款、相对于净值折价率高、修正收益率高和离低点折算近的分级基金 A 进行投资。

溢价分拆套利

溢价分拆套利流程

分级基金产生套利的原因是 A 与 B 的交易价出现扭曲，使 A + B = 2C 不成立，母基金 C 永远按净值申购和赎回，当 A + B > 2C 时就产生溢价分拆套利空间。比如 A 为 0.85 元，B 为 1.25 元，母基金净值为 1.00 元，就按 1 元净值申购母基金，然后拆成 0.85 元的 A 和 1.25 元的 B 卖出。溢价率计算公式：[（A + B）÷2C − 1] ×100% = [（0.85 元 + 1.25 元）÷2 元 − 1] ×100% = 5%，低于 100 万元的母基金申购费为 1.2%，卖出基金 A 与 B 的手续费为 0.03%，套利收益率 = 5% − 1.2% − 0.03% = 3.77%，主要成本是母基金申购费。目前深交所分级母基金的申购起点是 5 万元（包括申购费），不是 5 万份，低于 5 万元就无法溢价套利。而上交所分级母基金的申购起点是 5 万份，不是 5 万元。

（1）T 日。快收盘时 A + B > 2C，申购母基金，母基金 C 的当日净值只能根据前日的净值和仓位预估，申购价就是收盘后母基金的净值，由于A和B当天的价格是波动的，快收盘时A+B与母基金的溢价才能基本确定。如图1-6所示，“股票”→“场内基金业务”→“场内基金申赎”，在右边的“选择操作”栏中选“基金申购”，注意“申购金额”起点为5万元，否则无效。千万不要在“股票”右边的“基金”栏里操作，否则申购到的是场外份额，无法在交易所直接交易。

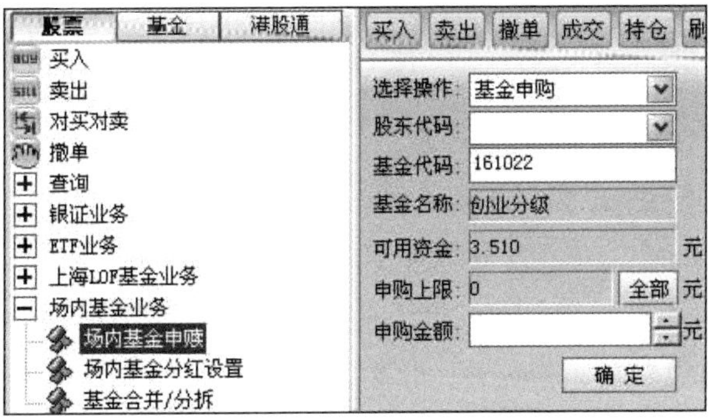

图1-6　母基金申购示意图

（2）T+1日。在交易时间将母基金盲拆分成A与B子基金，盲拆就是在T+1日母基金未到账时下达分拆指令，当晚母基金到账时就自动分拆。如图1-7所示，“股票”→“场内基金业务”→“基金合并/分拆”，在右边的“选择操作”栏中选“基金分拆”，进行盲拆。

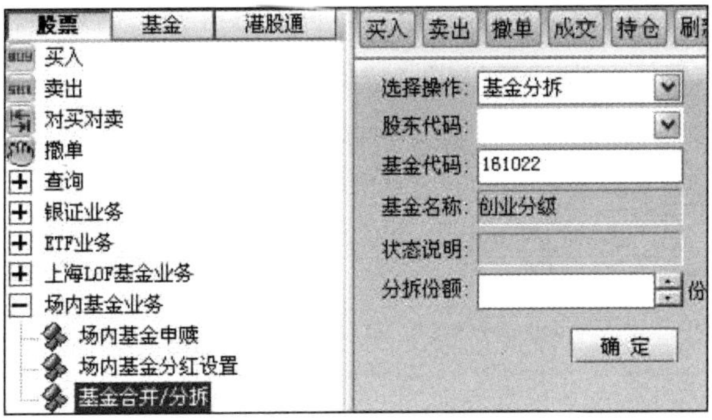

图1-7　母基金分拆示意图

注意，实际持仓中“可用数量”为48438，有时是0，这个数字不包括申购费。一定要自己算份额，盲拆下单超过真实数量的报单是废单。比如申购金额为5万元，申购费率为1.2%，假设T日晚母基金净值为1.02元，盲拆最大数量=申购资金÷T日收盘后净值÷(1+申购费率)=50000元÷1.02元÷(1+1.012)=48438.34份，“分拆份额”的尾数必须是偶数，因为要拆成A和B嘛。

但是各个母基金规定有不同的最低拆分数量，1000、100、10份的都有，低于最低拆分数量的报单也是废单，为保险起见，笔者将48438份母基分次下单，第一单40000份，第二单8000份，第三单400份，这样起码保证大部队不会成为废单。

（3）T+2日。开盘就卖出A和B，必须先卖B再卖A，因为套利大军都在卖出B，说不定很快就跌停导致无法继续卖出，A波动小跌停的可能性几乎为零。那B跌停如何卖出？首先，计算出最接近跌幅10%的跌停价，报单低于跌停价也是废单；其次，T+1日晚上结算后，就可以预挂跌停单，如果开盘价只跌5%，最终成交价就是开盘价。如果T+2日跌停没成交，务必在收盘前撤单，否则可用份额一直是0，当晚无法预埋单，只能再下一日开盘前排队下单。

溢价分拆套利特点

• 预估母基金净值

在基金公司网站上，每晚公布当日母基金净值。通过母基金净值的涨跌幅对应指数的涨跌幅，简单相除就能估算出母基金仓位。集思录上有一栏“预估仓位”，收盘前通过指数涨幅×仓位，即可估算出当晚的净值。

• 盲拆和盲并

如果您的券商不支持盲拆和盲并，套利过程要多用1天时间，那还是别玩这游戏了，否则真就要欲哭无泪了。目前有20多家券商支持盲拆和盲并，套利者戏称为“文艺券商”。

• 分拆套利

这种在T日收盘前申购母基金的溢价分拆套利，需要承担T+1日的整日，T+2日开盘的价格波动风险，并不是无风险套利。因此，在股市上涨的趋势中胜算大些，如果是下跌趋势则必须有足够溢价率才考虑操作。注意“三不套”：（1）溢价率低的不套；（2）下跌趋势不套；（3）基金规模小（流动性差）的不套。

• 母基金申购费

基本都是100万元以下为1.2%，100万元到500万元为0.6%，500万元以上则1000元封顶（相当于0.02%），因此溢价分拆套利时大资金明显占优势。上交所的分级基金溢价套利是T日申购，母基金T+2日到账，当日交易时间可以分拆卖出。

折价合并套利流程

（1）T日。在收盘前如果A+B<2C，A与B是交易价，母基金C是预估当日收盘净值+赎回费率，按比例买入对应的A与B，同样先买B再买A，然后发送合并指令，如图1-8所示，当晚自动合并成功，与盲拆一样盲并也需要文艺券商支持。与申购不同，赎回母基金没有5万元起点的门槛，但要求数量是100份的整数倍，因此只要满足最低合并数量就行。千万注意填入“基金代码”的是母基金代码，数量是合并后的母基金份额。

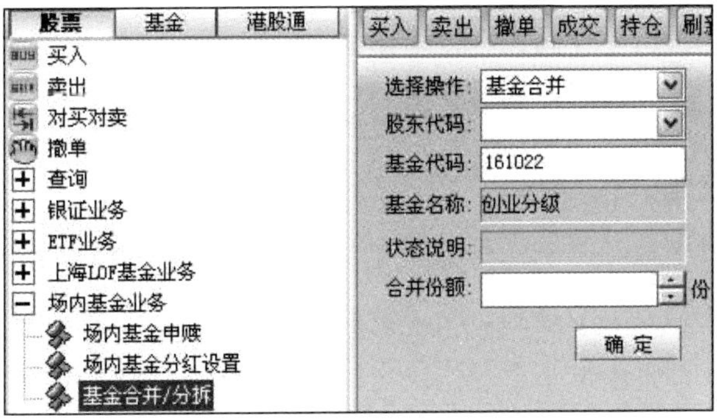

图1-8　分级基金A与B合并成母基金示意图

（2）T+1日。在交易时间下单赎回，如图1-9所示，赎回价以当晚母基金净值为准，赎回费无论资金大小都是0.5%，合并套利完成。套利者需要承担的风险是 T+1 日母基金的净值波动，还有如果当日赎回量占基金总份额 10% 以上时，基金可以用“顺延赎回”条款暂时拒赎。

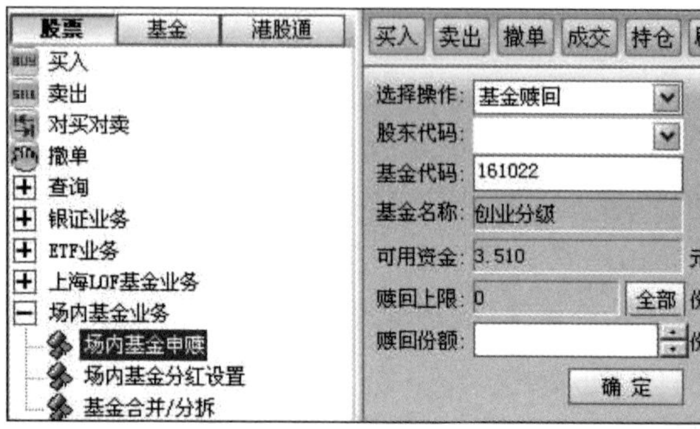

图 1-9　母基金赎回示意图

折价合并套利特点

● 减少母基金规模，降低使用效率

折价套利最后要赎回基金，会减少母基金规模，因此基金公司肯定不支持，母基金赎回后通常要 T+4 日资金才能到账，明显降低使用效率。

● 利润不高

不必等到折价率变高，B 的持有者就会先买入 A 然后再合并赎回，这就使折价套利在扣除赎回费后，能有 1% 的利润空间就到顶了。

● 下跌趋势中不适合

下跌趋势中最好不要做折价套利，因为有 T+1 日的持仓风险，否则好不容易准备赚点蝇头小利，结果全被当日净值的下跌所吞噬。T+1 日母基金的净值波动是由母基金仓位决定的，极端情况是如果母基金空仓净值就不会波动。因此不管是溢价还是折价套利，母基金仓位越低，T+1 日母基金的净值波动就越小。

● 上交所折价套利空间难以捕捉

上交所折价套利：上交所 T 日买入 A 与 B 当天可以立刻合并，而且母基金可以像 A 和 B 一样上市交易，合并后的母基金除了申请赎回外，还能在当日卖出完成套利。因此，上交所只要有一点折价套利空间，立刻被计算机套利抹平，咱手工单就别自讨没趣了。

底仓套利与分级 A 轮动

底仓溢价套利

不管是折价还是溢价套利，最大的不确定就是 T+1 日母基金的净值波动，那能不能再快 1 天把这个“定时炸弹”拆除？底仓溢价套利。底仓溢价套利的前提是在 T 日之前账户拥有对应比例的 A 和 B 基金，T 日收盘前预估当日母基金净值，如果 A+B>2C，计算溢价率确定有套利空间。先卖出底仓中的 B 再卖 A 得到资金，用该资金申购母基金，T+1 日交易时间内盲拆申购到的母基金，T+2 日早盘就变成 A 和 B，又可以准备进行下一轮底仓溢价套利，整个过程瞬间锁定利润并且不需要备用资金。

底仓套利的前提是长期持有基金 A 和 B 或者母基金，但有时套利吃的那点小肉还不够持有期间基金的跌幅。由于母基金是挂钩某个指数或某个行业指数，除非长期看好该指数并愿意承担母基金净值波动的风险，才能长期持有底仓进行套利。指数基金合同规定：建仓完毕后使净值跟踪指数的偏差不超过 5%，底仓必须是建仓完毕的基金。套利其实就是要获得比指数基金更高的收益率，如果每月有 1 次收益率 1% 的套利，1 年就有比指数高 12% 的收益率。

底仓折价套利

底仓折价套利的前提是在 T 日之前账户拥有母基金和备用资金，在 T 日收盘前预估当日母基金净值，发现 A+B<2C，计算折价率确定有套利空间。立刻用备用资金买入 B 和对应的 A，并发送合并指令，当晚自动合并成功，同时赎回底仓中的母基金锁定利润。只是赎回资金通常要 T+4 日才能到账，因此底仓折价套利必须有备用资金先买入 A 和 B。

问题是底仓溢价套利平时要持有基金 A 与 B，底仓折价套利则要持有场内母基金 C，天知道未来到底出现溢价还是折价，因此笔者将底仓分成 50%是 A 与 B，50%是场内母基金 C，这样不管价格向哪个方向扭曲都能套利。

分级 A 轮动

分级 A 轮动策略是风险更低的投资方法，由于下折保护没有本金亏损的风险，所有 A 的信用度等同于国债，作为单纯收租的投资品种，A 的修正收益率应该差不多。因此在折价率偏高的基础上，选择买入修正收益率最高的 A，一旦回归市场平均修正收益率就轮动到另一只当时修正收益率最高的 A。当然在修正收益率都差不多时也可以考虑投资折价率大、容易下折的 A，但要避免轮动到价格 0.95 元尤其是 1.00 元以上的 A，否则来个下折反而偷鸡不成蚀把米。轮动策略由于本身风险低，年收益率只有 10%左右，比理财产品略强，市场上很少有投资者纯粹轮动，都是盯着下折这块大肉的“狼”。

第四节　皇冠上的钻石——可转债

可转债

认识可转债

股票和债券这两种投资武器，各有优缺点：股票风险大但收益高；债券风险小但收益低。那有没有既收益高又风险小的投资武器？当然是可转换公司债券，简称“可转债”，它在国内资本市场中就像皇冠上的钻石一样璀璨夺目。

可转债是债券的一种，票面利率较低，但是允许投资者在规定时间内将债券转换成该企业的股票，就是可以转换成股票的债券。转换前它是债券，可以获得比纯企业债低的票面利率，转换后就兑换成该企业股票。因此股市下跌时，可转债有债券属性的保障底线，股市上涨时，可转债价格几乎能与股票同等幅度上涨，万一企业破产清算，可转债比股票有优先偿还权，可谓进可攻退可守。

看完这段解释投资者可能还没感性认识，那用例子来说明好了，比如2013年3月民生银行发布了可转债公告。（1）证券类型：可转换为民生银行A股股票的可转换公司债券，该可转债及未来转换的民生银行A股股票将在上交所上市；（2）发行总额：本次拟发行可转债的总额为人民币200亿元；（3）票面金额和发行价格：100元/张，按面值发行；（4）债券期限：本次可转债期限为发行之日起6年，即自2013年3月15日至2019年3月15日；（5）票面利率：第一年0.6%、第二年0.6%、第三年0.6%、第四年1.5%、第五年1.5%、第六年1.5%；（6）债券到期偿还：可转债期满后5个交易日内，以本次发行可转债面值的106%（含最后1年利息）向投资者兑付全部未转股的可转债；（7）付息方式：可转债每年付息1次，计息起始日为发行首日，即2013年3月15日；（8）初始转股价格：10.23元/股；（9）转股起止日期：自可转债发行结束之日满6个月后的第一个交易日起至可转债到期日止（即2013年9月16日至2019年3月15日）。

将民生银行可转债发行公告提炼一下：（1）可转债面值和企业债相同，都是100元，期限为6年，半年后才能转股，这也是可转债的通用规则；（2）每年都发放很低的利息，还要拿出20%用来交税；（3）初始转股价10.23元/股，就是1张债券可以转成100÷10.23=9.775股民生银行。

可转债具体交易与转股过程：（1）民生银行股票，相对可转债来说称为“正股”，代码600016；（2）民生可转债代码为“110023”，交易方式和股票相同，但是可以T+0交易，可转债交易最小单位1手=10张；（3）债券转股的操作代码为“190023”，转股过程如图1-10所示，在交易软件中点开“其他业务”栏，再点“转股回售”，出现图1-10的界面，只要填“转股代码”和“转股数量”，然后点“确定”即可，但是转成的股票要收盘交割后才能到账，以上代码在可转债发行公告上均能查到。

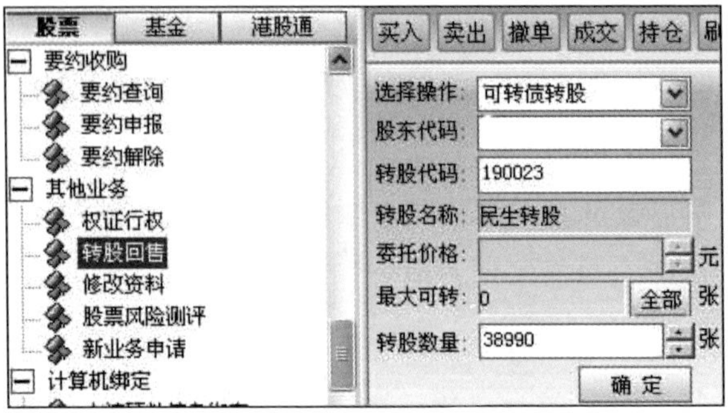

图1－10　可转债转股流程示意图

大股东的心思

如果投资者以100元的价格投资可转债，可股市始终是熊市，股价一直低于转股价，没人转股，6年到期后还本付息，相当于上市公司以超低利息借了6年的资金。投资者虽然在熊市中保住了本金，可怎么还是觉得被占了便宜而不爽？上市公司好不容易发可转债就为了赚点利息，太小瞧他们了。

继续举例，“王氏大酒店”上市后净资产1亿元，后来再发行纯企业债1亿元用于扩大经营，酒店发展很不错。王氏父子还想扩张，但是考虑到再发1亿元债券，总负债率＝(1亿元＋1亿元)÷(1亿元＋1亿元＋1亿元)×100%＝66.7%，老王比较保守，觉得负债率为66.7%风险太大。小王一肚子坏水：“有个玩意儿能以债券名义借钱，然后就不用还了。”“还有这好事？”“发行可转债！”

上市公司发行可转债时压根儿就没想还钱，企业继续扩大规模需要资本支持。而可转债募集的资金只能投资事先约定的项目，如果顺利转股就变成企业的净资产，企业就可以随意支配。因此，上市公司不但不想还钱，还恨不得一到转股期投资者马上转股，这样连那低得可怜的利息都省了。上市公司如果发行可转债最后没转股，就和“拜了天地，没入洞房”一样要遗憾终身。因此在转股这个问题上投资者完全可以当甩手掌柜，企业自个儿会为此操碎心的，那上市公司有啥好办法能让投资者心甘情愿转股呢？

可转债的三大关键条款

上市公司可转债发行公告书洋洋洒洒几十页，其实绝大部分都是套话，需要仔细琢磨的就3点：

转股价

这是可转债最重要的元素。作为可转债投资者当然希望转股价越低越好，同样100元的债券就能转成更多股票；相反，发行方肯定希望转股价越高越好，这样转股数量较少，摊薄老股东的比例也少。因此，确定转股价有统一标准：《募集说明书》公告日前20个交易日发行企业A股股票的交易均价和前一个交易日A股股票交易均价的高者，就是这两个价格哪个高就选哪个。

这样够公平吧？但上市公司可以如此操作：在发行可转债前20日联合场外资金拼命打压股价，把转股价尽量定低；发行完成后，立刻发布重大利好消息刺激股价大涨，使正股价格飙升超过转股价30%，宣布强赎，等于迫使可转债投资者强行转股。这么一圈下来上市公司把大家玩得团团转，还发行什么可转债，直接发股票不就得了。

幸亏证监会早就考虑到这个问题了，“你有瞒天计，我有过墙梯”，设立转股期：自发行结束之日满6个月后的第一个交易日起至到期日止。就是发债6个月之后才能转股，6个月内不能转股，也不能强制赎回，有些甚至还规定不能下调转股价。

转股价也不是一成不变，可转债正式发行后，当上市公司因送红股、转增股本、增发新股或配股等情况（不包括因可转债转股增加的股份）使企业股本发生变化时，企业按照既定规则同时调整转股价格，刊登董事会决议公告，阐明转股价格调整日、调整办法及暂停转股时期（需要的话），因此出现上述情况时可转债投资者的权益并没有损失。

前面说到股市始终熊市，正股价远低于转股价，6年期限又快到了，眼看就要将吃到嘴的肥肉又吐出来，这回轮到上市公司发大招——下调转股价。转股价格向下修正的条款为：在可转债存续期间，当A股股票在任意连续30个交易日内有15个交易日的收盘价低于当期转股价格的80%时，董事会有权于上述事实发生之日起10个工作日内提出转股价格向下修正方案并提交股东大会审议表决。上述方案须经参加表决的全体股东所持表决权的2/3以上通过方可实施，表决时持有可转债的股东应当回避。修正后的转股价格应不低于前项规定的股东大会召开日前20个交易日发行人A股股票的交易均价和前一交易日发行人A股股票的交易均价，还要不低于最近一期经审计的每股净资产和股票面值。

上述条款看得头晕吧，直截了当举例：民生银行可转债的转股价为10.23元，80%就是8.184元，当民生银行正股股价在连续30个交易日内有15个交易日的收盘价低于8.184元时，那么企业“有权提出转股价格向下修正方案”，注意是有权提出，也可以不使用这个权利。而且方案须经参加表决的全体股东所持表决权的2/3以上通过方可实施，民生转债2014年下调转股价的方案就被股东大会给否决了。即便顺利通过以上关隘，下调转股价也有限制：

修正后的转股价格应不低于股东大会召开日前20个交易日股票的交易均价和前一交易日的均价，以及最近一期的每股净资产和股票面值。

比如，正股A对应的可转债B的转股价为20元，正股A的交易价格在10元左右，每股净资产为9.5元，由于正股价大幅低于转股价，因此可转债现价也只有95元。可转债投资者如果打算转股：1张可转债100元转成100÷20=5股，卖出10元×5=50元，还不如直接卖出转债95元。于是上市公司启动“向下修正转股价条款”，转股价下调至10.2元>正股交易价格10元>每股净资产9.5元，这样正股价只要拉升到10.2元×130%=13.26元，就能强赎转股。

综上所述，由于“向下修正转股价条款”的运用，上市公司可以通过适时下调转股价，来合法降低转股门槛，促使可转债投资者转股。但上市公司也要留心向下修正转股价条款中的许多附加限制条件，不是每次都能下调成功。

强制赎回条款

正股价远低于转股价时，发行方可以通过下调转股价来促使可转债投资者转股。那如果正股价远高于转股价，而投资者觉得正股也有投资价值，想继续持有可转债，既有债券保底，又能享受正股的上涨幅度。此时如果发行方急需转股，是不是就没办法了？当然不是，发行方再放一大招：强制赎回条款。

名称有强制两字，通常都不会是啥好事，但这次错了，这是可转债投资者收获的季节到了，笔者每次看到“强制赎回条款”这几个字，就仿佛听到点钞机“哗哗哗”作响的美妙声音。因为一旦出现强制赎回，投资者和发行方一方兑现30%以上的利润，另一方也不用还钱，真正的双赢实现了。

没整明白？直接来现成的，看看民生银行可转债的有条件赎回条款：在可转债转股期内，如果A股股票连续30个交易日中至少有15个交易日的收盘价格不低于当期转股价格的130%（含130%），发行人有权按照债券面值加当期应计利息的价格赎回全部或部分未转股的可转债。任一计息年度发行人在赎回条件首次满足后可以进行赎同，首次不实施赎回的，该计息年度不应再行使赎回权。当本次发行的可转债未转股余额不足3000万元时，董事会有权决定按面值加当期应计利息的价格赎回全部未转股的可转债。

再通俗一点，股价在一定周期内已经远远超过约定转股价的130%，可转债价格也在130元以上了，要么赶快转股或者卖出可转债，要么被强制以100元加点利息卖还给企业，二选一！

如果可转债价格在130元以上，注意上市公司随时可能发布强制赎回公告，当然也不必过分紧张，通常从发布公告到政府批准再到明确强制赎回的具体日期，前前后后要耗时1个月左右，投资者有足够的时间从容操作。可惜的是，过去在可转债强制赎回发生后，总有极少数可转债投资者到期后被自动强制赎回。明明可以130元以上的市场价卖出，结果却只拿到101元左右，只能哭晕在厕所，怨不得别人！

最后强调：强制赎回条件满足后，不需要开股东大会投票表决，只要政府职能部门象征性批准就行，发行方就能直接发布公告实施强制赎回。而“下调转股价条款”那可是要“过五关、斩六将”才能通过，由此可见发行方对“强制赎回条款”这个“亲生儿子”那是真爱，对待“下调转股价条款”这个“干儿子”就要看心情了。特别提醒：这两个条款发行方有权行使，也可以选择不行使。

回售保护条款

如果投资可转债偏偏遇到大熊市，正股价始终没有超越转股价，而发行方当然希望转股价越高越好，这样支付的股数就少得多，比如发行10亿元可转债，原转股价10元能转成1亿股，转股价下调至5元就要转成2亿股。反正低息借款，每年利息只有1%左右，万一来个牛市就不用下调转股价。实在不行到最后1年，直接把转股价调整到比正股价低些，然后发布利好消息拉升正股至转股价的130%并维持一段时间，能触发强制赎回条款促成转股就OK了，然而，证监会这位“包青天”实在看不下去，帮投资者亮出了撒手锏——回售保护条款。

回售保护条款是指在可转债存续的一定时间内，如果公司股票收盘价在N个交易日低于当期转股价格的一个阈值（这个阈值一般要低于向下修正转股价）时，持有者有权将全部或部分可转债按面值的103%或面值100元+当期计息年度利息回售给企业。任一计息年度可转债持有人在回售条件首次满足后可以进行回售，但若首次不实施回售的，则在该计息年度不应再行使回售权。

比如，“上海电气”（601727）发行电气转债的回售保护条款为：自本可转债最后两个计息年度起，如果公司股票收盘价连续30个交易日低于当期转股价格的70%时，持有者有权将全部或部分可转债按面值的103%（含当期计息年度利息）回售给公司。就是从可转债发行后的第5年开始，如果正股价低于转股价的70%，并连续维持30个交易日，投资者有权直接拿走103元和发行方说拜拜，不需要任何部门审批。如果出现这种情况，上市公司就要将好不容易“坑蒙拐骗”圈来的钱，连本带利一次性还给投资者，债主变股东计划提前终止，发行方最多就占了四年超低利息的便宜。这岂不是挖他的心头肉？因此发行方都会在回售保护条款触发之前采取行动，要么拉抬正股价，要么主动下调转股价，无论如何也不能回售。本来 100 元已经是可转债的安全底线，而回售又把它提高到 103 元（或 100 元 + 当期利息）。

特别提醒：不是每个发行方都有回售保护条款，有些上市公司质地好，转股价也不高，绝对有信心让持债人在 6 年内转股，就不设置回售保护条款，例如民生银行可转债就没有这个条款。还有每个可转债三大条款的具体规定参数会有所差别，投资之前一定要看仔细。

可转债三大条款有些复杂让人看得云里雾里，其实浓缩一下很简单。比如，上海电气可转债的回售保护条款为：转股价 10.72 元，正股价在连续 20 个交易日中至少有 10 个交易日低于转股价格 85% 时可下调转股价；在连续 30 个交易日中至少有 15 个交易日收盘价不低于转股价的 130% 可强行赎回；最后两个年度，当正股价连续 30 个交易日低于转股价的 70% 时，持债人可回售。

还有，如果投资者想要投资国际市场的可转债，千万注意游戏规则和国内差别很大：（1）我国正股的现金分红同时按比例相应下调转股价，美国一般不纳入转股价格调整范围；（2）我国可转债的票面利率虽然低，好歹每年还有 1% 左右，美国的许多可转债零利息，而且期限长达一二十年；（3）我国可转债的转股价与正股价相比，溢价率低，最高也不超过 10%，但美国可转债的转股价溢价幅度都在 20% ~30%；（4）美国许多可转债没有下调转股价条款，即便发行方大发慈悲申请下调，幅度也很小。因此，在国际市场上，经常会出现可转债暴跌甚至“腰斩”现象，不了解情况时投资者千万不能随便抄底。

可转债的投资方法

正股与可转债

熟悉了可转债的游戏规则，但在投资可转债之前，还要先了解正股 A

和相对应可转债B的价格关系，分两种情况：

（1）正股A的价格低于转股价，可转债B转股没意义，只能当债券用，比如可转债6年到期，还本付息共106元，那么100元面值的可转债最少有90元价值，年化收益率=（106元－90元）÷90元÷6年×100%＝2.96%，约等于1年定期存款利率。历史上可转债的最低价由“南山转债”（110002）保持，其在2008年金融危机时曾跌至83元，还有少数几只可转债的最低价曾到过90元左右。因此，当正股价低于转股价时，可转债的价格与正股完全没有关系，可以当作企业债保底使用。

（2）正股价高于转股价，可转债的价格就会与正股联动。比如，转股价为10元，正股A的价格为11元，高于转股价，则可转债B的价格必须在110元以上，支付110元买入转债B，转股100元÷10元/股＝10股，按市场价11元卖掉，还是110元。如果可转债B价格低于110元，套利者就能不停买转债然后转股卖出赚钱。因此，正股A的价格高于转股价时，可转债的价格和正股几乎同幅度涨跌。但由于可转债毕竟有作为债券的保底功能，通常可转债价格要比相应正股价高些，比如刚才正股A的价格为11元时，可转债B的价格极有可能是112元，这称为“正溢价”。如果出现极端情况，可转债价格要比相应正股价低，比如刚才可转债B的价格为108元，就称为“负溢价”，当负溢价减去交易费用后还有利润时，就可以不停“买转债→转股→卖股”进行套利，用不了多久套利大军就会把负溢价抹平。

可转债无本无风险套利大法

无风险当然有可能，还不要本钱？别惊讶，千万把下巴托住了。还是前面的例子：转股价为10元，正股A价格为11元，可转债B价格应该在110元以上，但由于市场中投资者的预期不同，分别交易着正股A和可转债B，两者之间就有可能出现短期价格不匹配的现象。说时迟那时快，可转债B价格突然跌到109元，立刻融券卖出正股A，再立刻买入可转债B，两个立刻的意思是天塌下来也先不要管，有多快就多快，而且卖的价格要低，买的价格要高，务必确保成交。买好可转债B就能气定神闲喘口气了，以后不管是正股还是转债，价格仍然会有涨有跌，但这与套利结果已经没有关系了。

巡视战果：融券卖出1万股正股A得到11万元，再买入109元的转债B后，手中有1000张B和1000元现金（最小交易单位1手=10张，需要1090元），1000张转债可转股1万股，收盘后才能到账，只能T+1日归还融券，毛利润1000元。再计算成本：卖股要交印花税0.1%，卖股佣金0.03%，买转债佣金0.02%，融券1天利息为10%÷365=0.0274%，再加过户费啥的算0.01%吧，则全部成本所占比率共0.1%+0.03%+0.02%+0.0274%+0.01%=0.19%，就是11万元×0.19%=209元。净利润为毛利润1000元-成本209元=791元。如果融券10万股呢？呵呵！溢价率=(109元÷110元-1)×100%=-0.91%，负值越大越好，当然安全套利溢价率最好在-1%以上，减去交易成本0.2%，还有真正成交时价格的滑点就有利润。当然一卖一买后千万别忘了当天转股第二天还券。

套利结束了？不！由于可转债可以T+0操作，因此可能还有利润。当天继续等待转债正溢价，假如正股A的价格还是11元，可转债B的价格涨至112元，还能反向套利，即立刻卖掉可转债B，再立刻买入正股A。毛利润：卖掉1000张转债得11.2万元，买入1万股正股11万元，11.2万元-11万元=2000元。成本：可转债交易没有印花税，买股佣金0.03%，卖转债佣金0.02%，再加过户费啥的算0.01%，共11.2万元×0.06%=67.2元，而且还能当天还券，把融券1天的利息也省了。净利润为毛利润2000元-成本67.2元=1932.8元。溢价率=(112元÷110元-1)×100%=+1.8%，正值越大越好，因此可转债反向套利的安全溢价率最好在+0.8%以上，减去交易成本0.06%，以及真正成交时价格的滑点，就有足够套利空间。当然一卖一买后别忘了当天还券。这样1天可以套利两次，称为“一鱼两吃”。

总之，发行方没发布强制赎回条款前，可转债基本是正溢价状态，无法套利；发布强制赎回条款后，可转债基本是负溢价状态，几乎能天天套利。还有一个前提：融券套利的正股必须是融券的标的证券，否则融不到券都是空谈。溢价率=(可转债现价÷正股对应的转债标准价格-1)×100%，可转债溢价率等各种详细情况在集思录网站上可以查到。

简化步骤：（1）看见溢价率大于 -1%，融券卖出正股；（2）立刻（速度最好超过刘翔）用卖正股获得的资金买入转债；（3）接着可以慢条斯理地进入交易软件“转股回售→输入转股代码→数量全部→确认”，套利结束收割累累硕果；（4）如果运气实在好，收盘前有机会溢价率变成 +0.8% 以上，卖掉全部可转债，立刻买回正股，又顺手撸走些散碎银两。

长期投资正股的可转债套利法

假如您长期投资的正股正好有相应的可转债发行，在可转债出现负溢价时，也有两种利用无风险套利增加正股数量的方法：

（1）与前面融券套利的步骤几乎相同，只是本来就持有正股不需要融券，步骤还是先要有足够的负溢价，“卖正股→买转债→转股”，如果当天有机会就“一鱼两吃”，再反向套利一次，第二天重复以上步骤。笔者长期持有民生银行正股，在 2014 年底该股出现套利机会两天，2015 年 6 月在公司发布强制赎回条款后连续套利两周，共增加民生银行正股数 7%。别小看这 7%，原来持有民生银行股票的收益率为 300%，但是多了 7% 以后收益率就变成了 107% ×300% -1 =321%，又增加了将近 20% 的收益率。

（2）发行方没有发布强制赎回条款时，偶尔会出现负溢价，这是千载难逢的机会，立刻将正股换成可转债，特别注意，换成可转债后不要转股，就持有可转债，如果股市下跌则会出现大幅度的正溢价，卖了可转债，买入正股，不是转股而是买卖。

2014 年底民生银行没有发布强制赎回条款，却昙花一现出现负溢价，笔者当时选择套利就完全错误。如果换成可转债后继续持有，半个月后正股大幅度下跌，正溢价 20%，卖出可转债买入正股就能多 20% 筹码，60 万股民生银行能多 12 万股啊。而我利欲熏心直接套利两天，多赚了 1 万股民生银行的蝇头小利，还乐得屁颠屁颠的，不说了，说多了都是泪，先去哭一会儿。

最后还有两点：第一，套利交易时千万注意流动性，操作之前盯着行情软件，卖正股时要有足够的买盘在下面托单，买可转债时要有足够的卖盘在上面挂单，否则套利可能变成陷阱，流动性不足反噬利润，为了化解价格波动风险，笔者采取拆单多次交易的方式，避免一次失手全盘皆输的局面出现，套利时把民生银行每次分成 10 万股操作；第二，下单尽量要快，就是亏损也务必马上成交，否则后果不堪设想，有 1% 的负溢价并且流动性充足根本不可能亏损，像我这种艺高人胆大的熟练工有 0.5% 负溢价就操作，反向套利第二吃有 0.3% 溢价也做，目前为止成功率 100% 。

单纯可转债投资

可转债风险低，是因为熊市来临时可以充当债券保底，可即便是债券也有违约风险。先看看上市公司发行可转债需要的条件：最近 3 年连续盈利且净资产收益率平均在 10% 以上，属于能源、原材料、基础设施类的企业可以略低，但不得低于 7% ；募集资金的投向符合国家产业政策；负债率合理，可转债发行后，资产负债率不高于 70% ，累计债券余额不超过企业净资产额的 40% 。

政府对想发行可转债的上市公司设立了这么多苛刻条件，审批程序也很严格。现在上市公司有 3000 多家，企业债券也有几百个，而同时交易的可转债最多有 20 家左右。说明这些发行可转债的上市公司各方面资质都不错，还不起债破产的可能性极低，国内市场有史以来 100 多只可转债还没有一只出现违约。那可转债是不是就能闭着眼睛随便买，然后等着数钱？当然不是，如果不按照原则交易也会大幅度亏损。

（1）投资价格不能超过 105 元。比如，转股价 10 元，正股现价 20 元，可转债价格应该 200 元以上，如果不到 200 元，套利大军会把差价抹平。如果在这个价格投资可转债，万一正股价跌至 10 元，可转债价格同样跌至 100 元，投资者的亏损幅度达 50% ，作为债券保底的功能还存在吗？如果在 100 元左右价位介入，前面详细计算过跌至 90 元这张债券就有每年 3% 左右的利息，极限也就跌到 85 元，暂时浮亏 15% 。因此，投资可转债必须遵守的第一原则是：买入价应该在 100 元左右，即便极度看好这张可转债也不能超过 105 元。

（2）投资转股价较低的可转债。这里说的转股价低是指相对于正股的净资产溢价率低。比如：可转债 A 的转股价为 10 元，正股的每股净资产为 8 元；可转债 B 的转股价为 5 元，正股的每股净资产为 2 元。可转债 A 的转股价相对于正股的净资产溢价为：（10 元 - 8 元）÷8 元 ×100% = 25%，可转债 B 的转股价相对于正股的净资产溢价为：（5 元 - 2 元）÷2 元 ×100% = 150%。不考虑其他因素当然选择可转债 A 投资，为什么？还是假设大熊市来临。正股价通常会跌至每股净资产附近，也就是可转债 A 的正股价跌至 8 元左右，如果要强赎正股价要涨至 13 元，涨幅为(13 元 - 8 元）÷8 元 ×100% = 62.5%；同时，可转债 B 的正股价跌到 2 元左右，如果要强赎正股价要涨至 6.5 元，涨幅需要(6.5 元 - 2 元）÷2 元 ×100% = 225%才行。就是可转债 A 和可转债 B 要分别达到强赎价格，可转债 A 只要上涨 62.5%，可转债 B 则要上涨 225%，哪个更容易？

（3）分散投资原则。虽说有资格发行可转债的企业资质都不错，买入价也在 100 元左右，可天有不测风云，万一违约呢？因此一定要分散投资 3 只以上可转债，即便出现黑天鹅事件，总资产损失也不会太大，“留得青山在，总归有柴烧”，投资者还有东山再起的资本。

（4）同等条件下，尽量选择第三、第四年的可转债。可转债期限是 6 年，刚开始两年，无论正股跌的多么惨不忍睹，甚至远低于转股价，发行方有的是时间腾挪不着急。到了第五、六年，情况基本明朗，市场都明白这张可转债的价值，就没有多少利润留给我们了。

（5）不投资可转债基金。可转债基金是由专业的基金经理组合投资可转债，难道不比我们这些土八路强？打住，因为他不会遵守第一原则，如果在可转债价格远大于 130 元时投资，就有可能出现巨大亏损，不符合投资可转债要保底的基本原则。

（6）不建议一级市场申购可转债。可转债的申购规则与新股相同，比如申购民生转债，中签率 0.36%。100 万资金申购只能中 36 张，上市开盘 105.5 元/张，仅有 198 元利润，100 万申购资金锁定 6 天，仔细计算年化收益率只有 1.2%，还不如 1 年期银行定期存款利率。可转债打新收益率低，还有破发危险，因此不建议在一级市场申购可转债。

可转债的正回购

企业债能正回购，可转债属于债券，当然也能质押正回购借钱。但要注意：（1）不是所有可转债都可以质押正回购，只有一部分资质较高的可转债才能质押正回购；（2）买入的可转债当天就可以质押入库；（3）可转债质押入库后，不能转股和回售申报；（4）可转债自到期日前10个工作日起，停止提交进入回购质押入库操作。

可转债正回购过程：

第一步，质押入库，如图1－11所示，在证券账户中点击“卖出”，输入要质押的可转债质押代码，比如“中行转债”就输入“105806”，注意可转债代码和质押代码不同，然后填入要质押的数量，点击“卖出”即可。

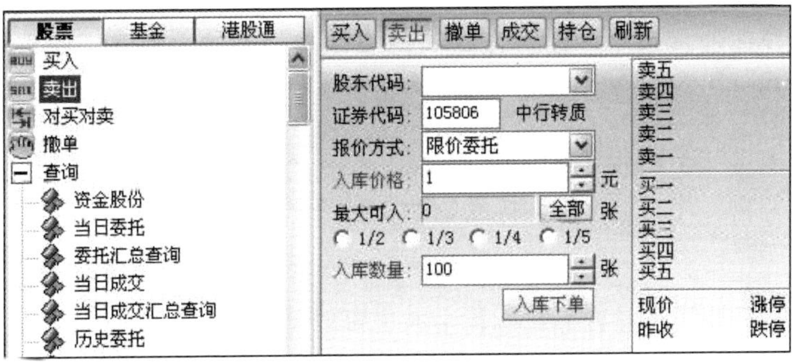

图1－11　可转债正回购质押示意图

质押入库完成后，就会得到相应的标准券，中行转债的折算率是68%，那么刚才质押入库的100手中行转债就得到了68张标准券，这个标准券和企业债质押入库的标准相同。

第二步正回购借钱和第三步质押出库都和企业债正回购的要求一样，就不再赘述了。

可转债质押正回购借入的资金通常有两种用途：（1）极度看好这只可转债，继续上杠杆买入，这样就涉及成本与收益率的问题。正回购要支付年化2%左右的利息。前面计算过可转债价格在90元左右时，即便最终无法转股，到期还本付息也有每年3%的收益率，完全可以抵消正回购成本。因此，正回购借钱投资的可转债价格最好在90元以下，如此等于零成本投资，上涨收益无限。还有建议杠杆比例不超过本金的50%，否则一旦可转债价格下跌和折算率下调，被迫在低位割肉降杠杆就亏大发了。（2）借钱打新股，做无风险收益率大于正回购利息的投资，或者急需资金周转等。

第五节　潘多拉的魔盒——期货和期权

商品期货

期货的本质

在媒体的报道中，期货往往与倾家荡产、跳楼自尽等词语联系在一起，期货真有如此高的风险？没有调查就没有发言权，我们先来详细了解期货的前世今生。期货与现货相对应，现货买卖是一手交钱一手交货，期货不是货物，而是某标准化标的物的交易合约，具体来说是由期货交易所统一制定，在将来约定的时间和地点交割一定数量和质量标的物的标准化合约，标的物可以是商品比如黄金，也可以是金融工具比如股票指数。期货的交收日期可以是1个月以后，3个月之后，甚至1年之后，但肯定不是现在，买卖期货的合同或协议叫作“期货合约”。

期货按照标的物的不同可分为商品期货和金融期货，商品期货又分为金属、能源、农产品等，金融期货又分为股票指数、利率、汇率等。目前，我国有4家期货交易所：上海期货交易所交易有黄金、铜、铝、锌、燃料油、天然橡胶、钢材等期货合约；大连商品交易所是中国最大的农产品期货交易所，有玉米、黄大豆、豆粕、豆油、棕榈油和线型低密度聚乙烯等期货合约；郑州商品交易所有小麦、棉花、白糖、苯二甲酸、菜籽油、绿豆等期货合约；中国金融期货交易所有股指期货和国债期货合约。

政府开设期货交易的初衷当然不是为了方便大家赌博，而是稳定商品的价格。比如油料生产商的成本是40元/桶，如果油价大于80元/桶航空公司就要亏损，现在油价60元/桶，双方都有利润皆大欢喜。众所周知，油价波动性很大，生产商和航空公司都想利润稳定，双方可以在签约3个月后以60元/桶交易1万桶油，航空公司向生产商预付10%的货款，即6万元作为保证金。

3个月后交割时油价变成50元/桶，航空公司打起小算盘：同样买入1万桶油，毁约成本是50万元+6万元=56万元，履行合约成本60万元。因此，为了防止期货合约无法履行，双方在每个交易日结束后按交易价结算，啥意思？双方签约等于航空公司买入了一张1万桶60元/桶的期货合约，生产商则卖出这张合约，交割期是3个月后。假如第2个交易日收盘油价跌到58元/桶，航空公司就亏损（60元/桶－58元/桶）×1万桶=2万元，因为现在市场价58万元就能买到，按合同需要60万元，生产商盈利2万元。结算制度就是当天亏损方必须把这2万元付给盈利方，在保证金不变的前提下，每个交易日结算干净，这样到交割时亏损方的损失其实已经支付，再违约就额外损失保证金。

期货的好处是交易双方只要缴纳比例非常小的保证金就能享受到标的物整体的涨跌幅度，而且还能看跌做空，中途不想再持有也可以按市场价转卖给第三者。显然，期货最大的特点就在于能以小博大，当然风险也远远大于股票。

期货交易的流程

如表1－3所示，这是郑州商品交易所白砂糖（下面简称“郑糖”）的合约：交易代码是“SR1601”，“SR”表示白砂糖，“1601”表示该合约的交割日期是2016年1月；“每日价格最大波动限制”就是涨跌停板，郑糖是±4%；“交割月份”是指郑糖履行合约的月份；“最后交易日”是合约可以进行交易的最后1天。期货交易的最小单位是“手”，郑糖是10吨/手，不同交易品种每手合约的数量不同。期货合约的交易单位、合约月份、保证金、数量、质量、等级、交货时间和地点等都由期货交易所标准化设计，唯一的变量就是价格。

表1-3 郑交所白砂糖合约

项目	内容
交易品种	白砂糖
交易单位	10吨/手
报价单位	元（人民币）/吨
最小变动价位	1元/吨
每日价格最大波动限制	不超过上一个交易日结算价±4%
合约交割月份	1、3、5、7、9、11月
交易时间	每周一至周五
最后交易日	合约交割月份的第十个交易日
交割品级	标准品：一级白糖（符合GB317-2006）。
交割地点	交易所指定仓库
最低交易保证金	合约价值的6%
交割方式	实物交割
交易代码	SR

比如，今天开仓做空1手SR1601，买入价5500元/吨，交易总金额为5.5万元，只需支付总金额6%的保证金，即3300元就可以拥有这张合约。SR1601收盘时结算价下跌3%为5335元/吨，继续持有，结算盈利（5500元/吨-5335元/吨）×10吨=1650元。期货由于独特的结算制度每日都兑现浮盈，而股票只要没卖出就无法取走浮盈。SR1601价格只波动了3%，但收益率却是50%，由于郑糖以1÷6%=16.7倍杠杆率交易，当然收益和风险也放大至16.7倍。

- 开户

商品期货开户很简单，投资者只需带身份证到期货公司开户，然后将银行借记卡与期货交易账户关联就可以了。开通股指期货账户要麻烦些：（1）开户资金50万元，开通后可以转走；（2）3年内有10笔以上商品期货交易记录；（3）通过股指期货知识测试，投资者只要认真学习规则都能通过。如果在其他期货公司开通过股指期货，可直接再开一个期指账户，期指开通后国债期货交易也默认开通。

• 开仓和平仓

期货交易中无论买还是卖，凡是新建头寸都叫“开仓”，开仓后持有头寸叫“持仓”。平仓是指平掉持仓，是针对持仓方向做相反的对冲买卖。如图1－12所示，进入期货交易软件：先选择交易品种的具体合约；再点击“开仓”，有两种选择，买开和卖开，买开就是开多仓看涨，卖开就是开空仓看跌。平仓不需要选择方向会自动反向平仓，然后选择交易数量（就是“手数”）和价格。

期货交易的手续费包括两部分：交易所的费用是固定的，像郑糖是3元/手；期货公司的佣金可以讨价还价，商品期货通常是0.5～1.0元/手。所有期货都是T＋0交易，一天内随便买卖多少次。还有，针对某个交易品种，大家都会选择其中成交量最大的合约进行交易，该合约称为“主力合约”，比如SR1601就是郑糖的主力合约①。

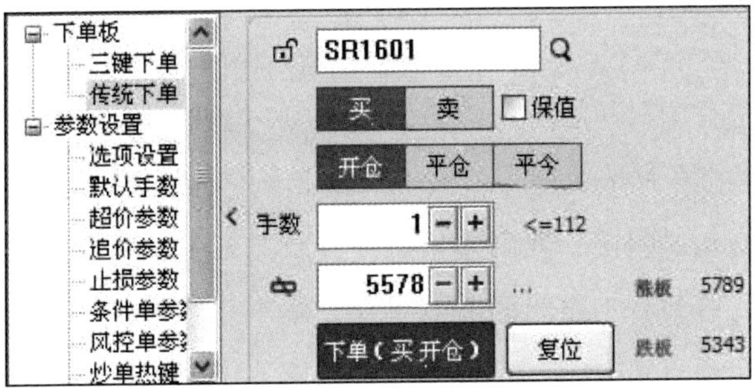

图1－12　郑交所白砂糖开仓示意图

• 结算与保证金

结算是指根据交易所公布的结算价格对交易双方盈亏状况进行资金清算。结算后如果保证金账面余额低于维持保证金时，必须在规定时间内补充保证金，余额＞结算价×持仓量×保证金比率，新补充的资金叫“追加保证金”。投资者不及时追加保证金的话，下个交易日期货公司有权强行平仓。

---

① 在笔者写作期间该合约是主力合约，随着交割日期的临近，主力合约会发生变化。

• 交割

交易双方如果将期货合约持有到期，就必须交易合约对应的标的物，当然绝大多数交易者都会在合约到期前反向平仓。交割就是在到期日交易双方根据期货合约的规则交易标的物的过程。

期货交易价不一定与现货价格同步，像封基的交易价和净值就完全不同，但到最后交易日，期货价格必然向现货价格靠拢。比如，郑糖在最后交易日的期货价是5500元/吨，现货价是5000元/吨，套利者就会买入1手10吨现货，然后期货做空1手，交割时将现货10吨交割给做多方，每吨就能净赚500元。因此，到交割日期货与现货价格必然一致，这是期货套利的基础。

股指期货

股指期货规则

金融期货分为外汇期货、利率期货和股指期货。股指期货简称“期指”，以大盘指数为标的物。双方交易的是约定期限的大盘指数，通过现金结算差价交割。目前，我国期指品种有沪深300期指、上证50期指和中证500期指，后两者上市时间不到1年，本书重点讨论沪深300期指。沪深300期指合约自2010年4月16日起正式上市交易，以沪深300指数为现货标的，该期指的合约见表1-4。

表1-4　沪深300股指期货合约

项目	内容
合约标的	沪深300指数
合约乘数	300元/点
报价单位	指数点
最小变动价位	0.2点
合约月份	当月、下月及随后两个季月
交易时间	上午：9:30~11:30，下午：13:00~15:00
每日价格最大波动限制	上一个交易日结算价的±10%

续表

项目	内容
最低交易保证金	合约价值的8%
最后交易日	合约到期月份的第三个周五，遇法定假日顺延
交割日期	同最后交易日
交割方式	现金交割
交易代码	IF

注：季月指3月、6月、9月和12月。

沪深300期指的交易代码IF，同时挂牌4个月份合约，分别是当月、下月及随后的两个季月月份合约，比如当月为7月，则下月合约为8月，季月合约为9月与12月，合约代码分别为“IF1507”“IF1508”“IF1509”和“IF1512”，期指的主力合约就是当月合约。合约面值为当时的IF价格（点位）乘以300元/点，如果IF价格为4000点，那么合约面值=4000点×300元/点=120万元。交易所收取的最低保证金为合约面值的8%，但期货公司通常会加收4%共12%，也就是14.4万元。IF的涨跌停板为前一交易日结算价的±10%，最后交割日涨跌幅度为±20%。

当日结算价是该合约最后一小时成交量的加权平均价，最后交易日为合约到期月份的第三个周五，同时也是交割日，交割价是交割日现货也就是300指数最后两小时的算术平均价，这天收盘后交易所将根据交割价进行现金结算。

IF交易手续费：中金所费用是0.0025%；佣金是0.0003%～0.0005%。注意这是整个合约面值的比例，不是保证金的比例。由于期指对应的现货是大盘指数，没有实物，因此期指以现金形式交割只计算盈亏。期货市场本身并不创造利润，其实是零和市场，如果不考虑交易费用，期货市场总资金量是不变的，您的盈利来自别人的亏损，而股市是由大量企业组成的，每年创造利润并分红。

期指虽然以大盘指数为现货标的物，但也有自身特点：（1）有交割日不能无限期持有；（2）保证金交易每天必须结算，亏损要追加保证金；（3）可以做空；（4）流动性高有足够交易量，方便较大资金进出；

（5）现金交割。

股指期货升水套利

期指交易主要分为趋势交易和套利两种。先说套利：升水就是IF价格高于沪深300指数，这种升水导致期货和现货价格偏离到一定程度，就可以用指数基金和IF做套利，也称“期现套利”。

实例：2010年4月16日为国内推出IF的第一天，主力合约“IF1005”收盘价为3415点，现货沪深300指数3356点，期指升水（3415点－3356点）÷3356点×100%＝1.6%。

从纯理论角度来套利，买入现货3356点，卖出IF1005做空3415点，到IF1005交割日5月21日期货和现货价格必然会靠拢。有3种可能：（1）价格高于3415点，比如为3500点，那么期货亏损85点，现货盈利144点，最终盈利59点；（2）价格低于3356点，比如为3200点，那么期货盈利215点，现货亏损156点，最终盈利59点；（3）价格介于3356点和3415点之间，比如为3400点，那么期货盈利15点，现货盈利44点，最终盈利59点。这种套利就是利用交割日期货和现货价格合拢的特点，赚取3415点－3356点＝59点的升水利润。

实际操作：4月16日做空IF1005，卖出开仓1手3415点，对应资金3415点×300元/点＝102.45万元，实际需要支付保证金为122940元。现货买入沪深300指数基金，选择交易量最大的嘉实300指数基金，4月16日价格为0.8537元/份，需要买入102.45万元÷0.8537元/份＝120.007万份基金，与1手期货合约的资金量相对应。

5月21日IF1005的交割价为2750点，期货盈利（3415点－2750点）×300元/点＝19.95万元，现货指数基金下跌到0.7125元/份，亏损（0.8537元/份－0.7125元/份）×120.007万份＝16.95万元，最终盈利19.95万元－16.95万元＝3万元。该例中买现货需要投入资金达102.45万元，期货虽说只要12%的保证金，为保险起见要预留足够的追加保证金共50%，就是51.225万元，4月16日到5月21日共持有0.099年，年化收益率＝3万元÷(102.45万元＋51.225万元)÷0.099年×100%＝19.72%，完全无风险套利年化收益率将近 20%，震撼！

当然，该实例遗漏了两个因素：（1）没扣除期货与基金的交易费用；（2）IF 交割价是现货指数最后 120 分钟的算术平均价，如果指数最后 120 分钟大涨或大跌，交割价与指数收盘价还是有些差别，而指数基金收盘价是与指数收盘价相匹配的。5 月 21 日交割日由于最后 120 分钟指数大涨收盘点位是 2769 点，两者相差 19 点而且是向有利方向发展的。如果加上手续费和减去额外的 19 点，实际的年化收益率为 14.5%。因此，笔者进行期指升水或贴水套利的要求是：必须交割日在 1 个月内、价格偏离度超过 1.5%。

股指期货贴水套利

贴水就是 IF 价格低于沪深 300 指数的价格，这种贴水导致期货和现货价格偏离到一定程度，可以做反向期现套利。

实例：2015 年 8 月 26 日主力合约 IF1508 收盘价为 2749 点，现货指数为 3035 点，期指贴水（3035 点 - 2749 点）÷3035 点 = 9.4%。

贴水当然要做多，IF1508 买入开仓 1 手 2749 点，对应资金 2749 点 × 300 元/点 = 82.47 万元，实际支付保证金为 98964 元，现货还是用“嘉实沪深 300 指数（LOF）”（160706）来替代，当日价格为 0.8414 元/份，需要融券卖出 82.47 万元 ÷ 0.8414 元/份 = 98.0152 万份基金，与 1 手期货合约的资金量相对应。9 月 18 日 IF1508 的交割价为 3255 点，现货指数收盘价为 3251 点，基金价格为 0.9045 元/份。

期货盈利（3255 点 - 2749 点）× 300 元/点 = 15.18 万元，指数基金亏损（0.9045 元 - 0.8414 元）× 98.0152 万份 = 6.18 万元，最终盈利 15.18 万元 - 6.18 万元 = 9 万元。需要投入资金融券卖出基金 82.47 万元，期货预留足够保证金共 50% 就是 41.23 万元，8 月 26 日到 9 月 18 日共持有 0.066 年，年化收益率 = 9 万元 ÷（82.47 万元 + 41.23 万元）÷ 0.066 年 × 100% = 110%，完全无风险套利年化 110%！没搞错吧？即便扣除交易和融券费用后收益率也很惊人，其实以上操作目前难度很大，原因是没有足够的指数基金券源可融，等以后券源充足时才能如此套利。

贴水还有一种套利方法，前提是准备长期持有沪深300指数基金。比如8月26日持有500万元指数基金，现货指数3035点，对应1手资金=3035点×300元/点=91.05万元，500万元基金对应5手现货+44.75万元的基金，将5手现货对应的基金共455.25万元卖出，买入5手IF1508，按100%保证金要求共需资金2749点×300元/点×5=412.35万元，多余455.25万元-412.35万元=42.9万元。

9月18日5手期指交割资金变成3255点×300元/点×5=488.25万元，加上多余的42.9万元共531.15万元。如果原来继续持有455.25万元基金，变成455.25万元÷0.8414元/份×0.9045元/份=489.39万元，通过套利增加（531.15万元-489.39万元）÷（500万元÷0.8414元/份×0.9045元/份）×100%=7.77%的收益率。当然没扣除交易费用，但换成期货后取出50%的保证金应该没问题吧，此处同样没算利息。

如果长期持有指数基金还有一种小套利方法：在期货合约比指数略微贴水或持平时，用期指替代基金，使用50%的保证金确保不会被强平，剩余50%资金做些货币基金等流动性强的保本投资，1年有3%的收益率相对总资金而言收益率就额外多了1.5%。

注意，不管是升水还是贴水套利，有时期指和现货指数的价格偏离不到交割日就靠拢了，所需的时间更短，套利收益率更高，交割日是保底收益，不必机械等到那天再兑现利润。

期权

期权及构成要素

- 期权

期权（Option）就是未来的权利，期权买方有权利以约定价格在约定时间购买或者出售约定数量的标的证券，买方在规定时间内拥有选择买或卖的权利，既可以实施权利，也可以放弃权利，而卖方则必须履行期权合约规定的义务。期权将权利和义务分开定价，买方为了得到合约所赋予的权利必须支付一定的对价，即权利金。

● 构成要素

（1）按期权买方的权利内容不同，期权分为认购期权（Call）和认沽期权（Put）。认购期权是买方向卖方支付权利金后，有权在规定时间内按约定的价格，买入一定数量规定的标的证券，但没有必须买进的义务，卖方有义务履行该合约。认沽期权是买方向卖方支付权利金后，有权在规定时间内按约定的价格，卖出一定数量规定的标的证券，但没有必须卖出的义务，同样卖方有义务履行该合约。

（2）期权的行权价格是合约规定的买方行使权利时买卖标的证券的价格。行权日无论标的证券的市场价格是多少，只要买方要求执行该期权，卖方就必须以行权价履行义务。

（3）按行权时间不同，期权分成欧式期权和美式期权，欧式期权只允许买方在到期日当天行使权利，美式期权允许买方在到期日或之前任何交易日行使权利。

（4）按标的证券资产的不同，期权分为个股期权、股指期权、利率期权、外汇期权和商品期权等。个股期权的标的物是单只股票，买方在交付权利金后取得在行权日按行权价买入或卖出一定数量某只股票的权利。

（5）按交割方式不同，期权的交割分实物和现金两种。实物交割时：认购期权的买方支付现金买入标的证券，卖方收入现金卖出标的证券；认沽期权的买方卖出标的证券收入现金，卖方买入标的证券支付现金。现金交割则是双方按照结算价格以现金支付价差，并不涉及标的证券的转让。

（6）按行权价与标的证券市场价的关系不同，期权可分为实值期权、虚值期权和平值期权。实值期权也叫“价内期权”，是指行权价比市场价有利的期权。如果是认购期权，行权价小于市场价为实值期权；如果是认沽期权，行权价大于市场价为实值期权。虚值期权，也叫“价外期权”，是指行权价比市场价不利的期权。如果是认购期权，行权价大于市场价为虚值期权；如果是认沽期权，行权价小于市场价为虚值期权。平值期权也叫“价平期权”，是行权价与市场价一致的期权。举例：某 ETF 认购期权的行权价是 2 元，如当时的市场价是 2.5 元就是实值期权；如市场价是 1.5 元就是虚值期权；如市场价是 2 元则为平值期权。

期权投资原理

期房认购合同相当于认购期权。假如签订认购期房合同：约定明年交房，房价 100 万元，支付定金 2 万元。买房者相当于认购期权的买方（权利方），开发商相当于卖方（义务方），100 万元的购房价就是行权价格，明年交房就相当于合约到期日，2 万元定金相当于权利金。如果不想买当然权利金不退，作为期房买方享有买与不买的权利，不用承担义务，上涨下跌两不忧，房价上涨开发商必须卖房子，房价下跌可以不买最多损失定金。期房合同和认购期权的唯一区别在于定金本身就是购房款的一部分，付款时从房款中扣除，而期权交易中权利金不包括在行权价中。

比如，“华夏上证 50ETF”（510050）（以下简称为“50ETF”）的市场价为 1.685 元，支付 0.1 元/份的权利金，买入 1 张行权价为 1.700 元、合约单位 1 万份、12 月 24 日到期的 50ETF 认购期权，意味着投资者有权在 12 月 24 日以每份 1.700 元的价格买入 1 万份 50ETF，共支付 0.1 元/份 ×1 万份 =1000 元的权利金。

到 12 月 24 日 50ETF 的价格会出现 3 种情况：（1）高于 1.80 元，行权成本为（1.70 +0.1）元/份 ×1 万份 =1.8 万元，拥有 1 万份 50ETF，市场价卖出就获利，当然此时该期权价格也会相应上涨，也可以不必行权直接卖出期权；（2）低于 1.70 元，放弃行权损失全部权利金，否则行权损失更大；（3）介于 1.70 元和 1.80 元之间，放弃行权损失全部权利金，选择行权亏损部分权利金。

卖方获得权利金，但被买方要求行权时，有义务按行权价卖出指定数量标的证券。为确保履行义务，卖方需要交纳保证金。继续上面的 50ETF 案例：（1）市场价高于 1.70 元，卖方必须准备 1 万份 ETF 现货，以 1.70 元的价格卖给买方；（2）市场价低于 1.70 元，买方行权亏损更大，卖方白拿权利金。

期权的合约交易代码比如“510050C1503M02300”，“510050”代表合约标的 50ETF 的证券代码，“C”代表认购，“P”代表认沽，“1503”代表合约到期时间 2015 年 3 月，“M”代表合约未发生过除权除息的调整，如除权除息改为“A”，再除改为“B”，“02300”代表合约行权价格为 2.30 元，这个代码代表了 50ETF 在 2015 年 3 月到期、行权价格为 2.30 元的认购期权合约。合约简称与交易代码相对应，为“50ETF 购 3 月 2300”，“50ETF”代表合约标的简称，“购”代表认购，“3 月”代表合约到期时间是 2015 年 3 月，“2300”代表合约行权价格为 2.30 元。

上证 50EFT 期权

基本规则

我国于 2015 年 2 月 9 日正式开通期权交易，目前只有 50ETF 期权合约，还没有个股期权，如表 1－5 所示，这是 50ETF 期权的合约。认沽期权的卖方有义务按行权价购买买方的 50ETF，因此像期货一样要有初始保证金和计算后的维持保证金。认购期权的卖方有义务按行权价卖给买方 50ETF，要么有保证金，要么将该数量的 50ETF 作为抵押物冻结，这种有抵押物的认购期权卖出开仓称为“备兑开仓”，备兑平仓后冻结的 50ETF 自动解锁。

表 1－5 50ETF 期权合约

项目	内容
合约标的	华夏上证 50ETF（代码 510050）
合约类型	认购期权和认沽期权
合约单位	10000 份
合约到期月份	当月、下月及随后两个季月
行权价格	5 个（1 个平值合约、2 个虚值合约、2 个实值合约）
行权价格间距	3 元或以下为 0.05 元，3 元至 5 元为 0.1 元，5 元至 10 元为 0.25 元，10 元至 20 元为 0.5 元，20 元至 50 元为 1 元，50 元至 100 元为 2.5 元，100 元以上为 5 元
行权方式	到期日行权（欧式）

续表

项目	内容
交割方式	实物交割
到期日	到期月份的第四个星期三（遇法定节假日顺延）
行权日	到期日 9:15 ~ 9:25，9:30 ~ 11:30，13:00 ~ 15:30
交收日	行权日次一交易日
交易时间	上午 9:15 ~ 9:25，9:30 ~ 11:30，下午 13:00 ~ 15:00
买卖类型	买入开仓、买入平仓、卖出开仓、卖出平仓、备兑开仓、备兑平仓
最小报价单位	0.0001 元
申报单位	1 张或其整数倍
涨跌幅限制	认购期权最大涨幅 = max {50ETF 前收盘价 × 0.5%，min [（2 × 50ETF 前收盘价 - 行权价格），50ETF 前收盘价] × 10%}；认沽期权最大涨幅 = max {行权价格 × 0.5%，min [（2 × 行权价格 - 50ETF 前收盘价），合约标的前收盘价] × 10%}；最大跌幅 = 50ETF 前收盘价 × 10%
交易手续费	每张期权中国结算公司收取 0.3 元，经手费 2 元，行权 0.6 元，暂免卖出开仓交易经手费，券商的佣金每张 3 ~ 10 元不等

由于期权投资具有高风险的特点，因此对投资者的申请开户设置了以下门槛：（1）总市值不低于人民币 50 万元；（2）模拟交易中完成规定的模拟操作；（3）具备融资融券业务资格或有 6 个月以上金融期货交易经历；（4）通过专门的期权知识测试。

期权经营机构还对个人投资者的权限进行分级：（1）一级交易权限，持有股票期权合约标的证券时，进行相应数量的备兑开仓或者相应数量的认沽期权买入开仓，以及对持有合约平仓或行权；（2）二级交易权限，在一级权限基础上，买入期权开仓；（3）三级交易权限，在二级权限基础上，交纳保证金卖出期权，成为期权义务方；（4）机构投资者具有三级交易权限。

50ETF 期权合约品种包括：认购、认沽，4 个到期月份（当月、下月及最近的两个季月），5 个行权价（1 个平值、2 个实值、2 个虚值）组合共 40 个期权合约。比如，旧合约到期开新合约，50ETF 前收盘价为 2.485 元，认购期权对应的平值行权价为 2.50 元，低于 3 元因此行权价间距为

0.05 元，再开两实值期权其行权价分别为 2.40 元、2.45 元，两虚值期权其行权价分别为 2.55 元、2.60 元。

当 50ETF 发生除权除息时，会对该合约标的证券的所有未到期合约做相应调整，以维持期权合约买卖双方的权益不变。合约调整日为合约标的证券的除权除息日，主要调整行权价格、合约单位、交易代码和简称。期权采用实物交割，必须缴纳交割手续费及现货交易费用。当日行权，第二日收盘后才获得 50ETF，第三日才能交易，滞后两天就会面临一定的价格波动风险。

在期权交易中，除备兑外其他卖方开仓要有足够的保证金，具体金额的计算比较复杂。卖方一旦陷入亏损，与期货一样要按结算价不断补充保证金，否则会被强行平仓，损失有可能无限扩大，保守投资者根本不会参与期权交易。

期权交易原则与方法

期权规则比较烦琐，但熟练掌握后则可以发挥巨大作用，下面讲解在各种情况下如何灵活投资期权：

- 认沽期权买方

假如在 10 倍 PE 以 2 元/份买入 1 万份 50ETF，目前价格涨至 6 元/份，估值变成 30 倍 PE，明显高估。纠结啊！看趋势好像还能再涨，支付权利金 0.2 元/份买入 1 张行权价为 6 元的 50ETF 认沽期权。如果 50ETF 涨至 6 元以上就放弃行权，将 50ETF 按市场价卖出；如果跌至 6 元以下就要求行权，将 50ETF 以 6 元/份的价格卖出。

支付权利金购买认沽期权就像为高估的股票买份保险：股价继续上涨，最多损失“保费”，但能完全享受泡沫；万一股价下跌，这份保险能确保以行权价抛售股票。在认沽期权的有效期内可以放心持有股票，不必担心下跌。“保护性买入认沽”也称为“保险策略”，是风险有限、潜在收益无限的保守型策略，适合持有股票但风险承受能力较弱的投资者，既防范下跌风险又保留上涨收益。

您肯定会开动小脑筋：同样购买认沽期权，当然选择期限长、行权价高的实值期权。但市场可不傻，期限越长、行权价越高的期权，权利金价格就越高。投资者应当根据自身对股价的风险偏好，选择适当行权价和到期日的认沽期权，巧妙安全地从牛市顶部撤离。

• 认沽期权卖方

假如在 10 倍 PE 以 2 元/份买入 1 万份 50ETF，显然如此估值具备长期投资价值，但为了规避市场的不理性，应该预留资金准备 50ETF 在跌至 1.8 元、1.6 元时各买入 1 万份。此时则可以卖出 1 张行权价为 2 元的 50ETF 认沽期权，获得权利金 0.2 元/份。如果 50ETF 涨至 2 元以上买方必然放弃行权，白拿权利金 0.2 元/份；如果跌至 2 元以下买方要求行权，因为有 0.2 元/份的权利金收入，等于以 1.8 元/份以下的价格买入 50ETF。

但作为认沽期权的卖方，需要缴纳初始保证金及计算亏损后还要补充的保证金，不是风险无限大吗？这种策略的前提是准备资金要继续低吸，补充保证金额度再大，也不可能超过同等数量的 50ETF 价格。至于如何合适地选择认沽期权的行权价和到期日，理由同前。认沽期权卖方的策略就是在持有的标的证券低估时卖出认沽，结果要么白拿权利金，要么继续低吸本来就要增仓的目标，该策略适合熊市末期的长线投资者操作。

• 认购期权买方

假如现在 50ETF 价格为 3 元/份，对应 15 倍 PE，如此估值说高不高，说低不低，目前空仓买还是不买？支付 0.2 元/份的权利金买入行权价为 3 元的 50ETF 认购期权。如果 50ETF 涨至 3 元以上，比如 4 元时买方要求行权，每份获利 4 元 −3 元 −0.2 元 =0.8 元；如果跌至 3 元以下，比如 2 元买方就放弃行权，以市场价买入再加上支付权利金，相当于成本为 2.2 元/份，对应 11 倍 PE。

该策略唯一的缺点就是到行权日，50ETF 价格一直波动在 3 元/份左右，有可能白白损失权利金，为了规避这种情况，可以分批开仓买入期权，50ETF 的价格波动越大，该策略就越有效。在待投资目标估值中等时，作为认购期权的买方，要么 50ETF 上涨获得同样涨幅，要么下跌能以较低估值买入 50ETF，代价是 1 份权利金。

● 认购期权卖方备兑开仓

作为认购期权的卖方，如果没持有相应数量的50ETF，理论上风险无穷大。假如卖出行权价为3元/份的50ETF认购期权，获得权利金0.2元/份，抵押保证金，到行权日50ETF上涨至6元/份，倒贴2.8元/份，万一50ETF涨到10元、15元那就亏大了，但谁能保证这种极端情况肯定不会出现？因此，作为认购期权的卖方只能备兑开仓。备兑开仓策略是指拥有50ETF的同时，卖出相应数量的认购期权，由于拥有50ETF基金作担保，用于被行权时履行交付义务，不需缴纳保证金，因而称为“备兑”。备兑开仓风险较小，是基本的期权投资入门策略。

假如持有的50ETF价格由2元/份涨至3元/份，对应15倍PE，如此中等估值涨跌都有可能，目前满仓卖还是不卖？备兑开仓卖出行权价为3元的50ETF认购期权，获得权利金0.2元/份。如果50ETF涨至3元以上，比如4元买方要求行权，等于将50ETF卖了3.2元/份；如果跌至3元以下，比如2元买方放弃行权，卖方可以心满意足地将权利金收入囊中。

以上两种结果中，对于卖方不劳而获权利金暂且不表，如果50ETF大幅上涨，卖方虽说有些权利金作为补偿但总归不爽。备兑开仓策略中卖出认购期权数量不能绝对满仓，只能卖出部分仓位，反复操作，通过向下个期限转仓来延长行权日，同时还能得到转仓的权利金差价。比如50ETF涨至4元/份，则这份认购期权的价格也上涨至1.2元/份，只能先买回平仓，再备兑开仓卖出下一个期限的认购期权获得权利金1.4元/份，赚取差价0.2元/份。

备兑开仓需要注意：（1）选取的股票或ETF必须本来就打算长期持有，否则仅赚取了少量权利金，持有的标的证券却亏损累累得不偿失。（2）深度实值的期权，到期被行权的可能性较大，备兑交易收益率不高；深度虚值期权，权利金价格低，最好选平值或轻度虚值的合约。（3）做好被行权准备，计算好能够接受的备兑开仓策略的行权收益率。（4）及时补券，当50ETF出现除权除息情况时，交易所会对相应期权合约进行调整，要留意50ETF的持仓数量是否足够，以免影响投资策略的实施。

总结：目前国内的期权交易才刚开闸，期权交易量不大的主要原因有：（1）开户要求高、限制多，导致参与者少；（2）只有 50ETF 一个标的物，上证 50 是大盘蓝筹股指数，波动不大，期权特点不能发挥得淋漓尽致。但在上面的案例中也见识了期权在抄底逃顶中的威力，希望投资者能用好这个武器，期待更加精彩的个股期权开放。

第二章

宏观经济、行业与企业该如何分析

再好的企业也无法脱离宏观经济的影响和行业的限制，因此我们必须遵循这样的思路：判断宏观经济好坏→确定可投资行业→选择龙头企业→配以合理估值→挑选到心仪的投资目标。

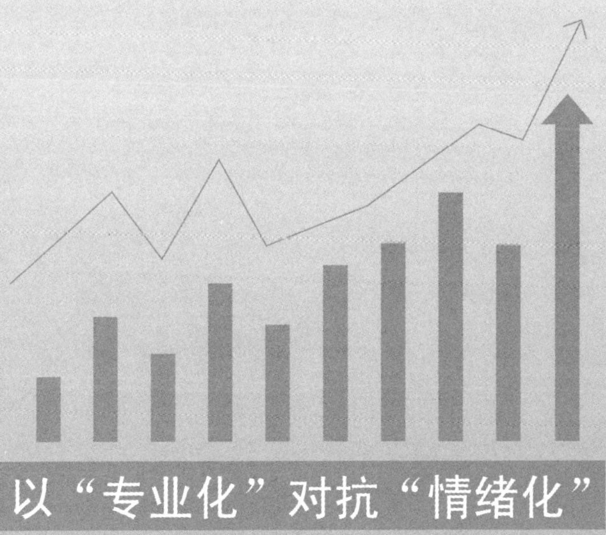

第一节　宏观经济分析重点

亚当·斯密与凯恩斯

宏观经济太复杂，经济学家都搞不太明白，更不用说非专业人士了。但证券投资者还是必须要了解宏观经济，这样才能大致判断经济的发展趋势，指明未来的投资方向。

简单介绍一下经济学的发展史：

18 世纪的英国诞生了经济学的鼻祖——亚当·斯密，他创立了经济学理论，被称为“经济学之父”，这哥们在 1776 年出版了著名的《国富论》。他在该书的扉页上写道：女王陛下，请不要干预国家经济，政府就做守夜人，夜晚看看有没有偷盗者，只要国家不干预，经济会自然发展。

斯密指出：涉及经济利益时，每个人都很自私，只想实现自身利益最大化，但当他真正这样做时，就像有只“看不见的手”在指引他，“看不见的手”指的是市场和价格机制，调节整个社会经济运转。斯密主张政府不要干预经济，每个人都会为了自己的利益努力工作，在供求关系的调节下，就会推动整体经济快速发展。在这种理论指导下，英国率先崛起，不久就成为“日不落帝国”，之后是整个西欧和美国。斯密“看不见的手”指导资本主义社会发展了一个半世纪，政府只做守夜人而不干预，让经济自由发展。

直到 1929 年世界经济危机爆发，从美国开始，股市崩盘、企业倒闭、银行挤兑、民众失业和经济陷入大萧条，随后几乎所有的发达资本主义国家都深陷其中，各国政府绞尽脑汁也无法缓解这次危机。大家陷入思考：“看不见的手”哪去了？经济不是会自我运行吗？这次为什么不能自行复苏?

危难之际大英帝国又出了个里程碑式的牛人来拯救地球，就是大名鼎鼎的凯恩斯，1936 年他出版了《就业、利息和货币通论》。通论中说，“看不见的手”无法应对这种大萧条，他有绝活——“看得见的手”，就是政府要强力干预经济，发行国债向民众借钱，大搞基建来解决就业问题，重新点燃经济的发动机。他甚至搬出个看似荒谬的挖坑理论：雇人挖坑，再雇人把坑填上，创造就业机会。雇人挖坑需要铁锹，铁锹生产企业开工，钢铁企业也开张，工人得到工资购买食品，于是食品企业也恢复生产，经济又开始良性循环。

凯恩斯认为经济大萧条时，民众由于信心不足不敢消费，靠市场自身无法创造足够需求，需要政府进行宏观调控，通过发行国债来启动某个环节从而刺激、带动整个经济有效运转起来。后来，在该理论指导下英国经济真的开始复苏，于是美国也依葫芦画瓢采用宏观调控，修建大量基础设施，经济迅速恢复，发达国家再次从衰退中站起来。各国政府尝到甜头后，争先恐后开始对经济指手画脚，使“二战”后近 30 年世界经济一片繁荣。凯恩斯的理论使经济学的研究方向从微观转向宏观，创造了宏观经济学这门学科。顺便说一句，凯恩斯是唯一在股市实战中斩获颇丰的大牌经济学家，没有之一。

20 世纪 70 年代石油输出国组织（欧佩克）大幅提高石油价格，石油是工业生产的基础和“血液”，油价上涨必然带动物价飙升和货币贬值。然而，当各国政府再一次轻车熟路地使用“看得见的手”进行刺激时，不但经济毫无起色，反而通货膨胀变得更厉害了。经济增长停滞并发生通货膨胀的现象简称为“滞胀”，于是古典经济学派瞬间满血复活：“我就说老凯的药太猛，现在后遗症来了吧?”其中比较著名的有弗里德曼货币主义派，他们的观点是货币总量要与经济总量对应匹配，政府必须控制住货币供给量，凯恩斯的赤字财政必然导致通货膨胀。

经济学流派虽然层出不穷，其实本质上也就分为两派：（1）亚当·斯密的古典经济学——“看不见的手”；（2）凯恩斯主义——“看得见的手”。哪只手更管用？吵了几十年也没定论。迄今为止，还没有哪个国家敢拍着胸脯说自己能完全控制宏观经济。资本泡沫、经济萧条、失业比例、财政赤字和通货膨胀等问题就像一张无边无际的“网”，轻易就把各国政府困在“网中央”。

宏观经济

宏观经济是研究国家经济总量之间的相互关系，通过经济增长、通货膨胀、就业率、利率和汇率等指标来判断经济发展状况，由于宏观经济太过复杂，因此先用简洁的凯恩斯模型来分析：

（1）模型首先分成两方面：个人和企业。个人在企业打工，赚钱购买产品，企业回款后才能继续生产。宏观经济要平衡，个人的钱必须全部用来购买企业的产品，这显然不现实。

（2）人总有生老病死，为了以防万一个人会将部分资金存入银行，这就是储蓄；企业扩大经营需要资金，找银行贷款就是投资。储蓄小于投资，民众都去消费产品，供不应求价格越来越高，就是通货膨胀——钱越来越不值钱；储蓄大于投资，商品积压只能降价，就是通货紧缩——钱越来越值钱。宏观经济平衡的第一个条件就是储蓄等于投资。

（3）模型中总要有个管事的，政府说他来统一调控，可没钱谁听他的？政府必须收税才能支付公务员工资。宏观经济平衡的第二个条件就是政府的财政收入等于支出，不平衡就会出现财政赤字或盈余。由于当年江湖地位高的国家都信奉凯恩斯主义，导致目前绝大多数的政府都是负资产——大量财政赤字。

（4）进出口贸易在模型中也有一席之地。中国一直出口大于进口，是贸易顺差；美国进口大于出口，是贸易逆差。无论顺差还是逆差都是经济不平衡。宏观经济平衡的第三个条件就是出口等于进口。

商品＋储蓄＋财政收入＋进口＝总供给；消费＋投资＋财政支出＋出口＝总需求。对一个国家来说，不必要求上述公式中的每个部分都相等，力求总供给等于总需求即可。可现实是两者总不相等，宏观调控就是政府千方百计要保持两者平衡，使经济平稳发展。

如果需求旺盛会出现产品供不应求、物以稀为贵和货币贬值等现象，这就是通货膨胀，民众就会产生恐慌情绪，从而去抢购商品、挤兑银行，政府就应该减少财政支出以遏制需求；反之，出现产品供给过剩、产品积压、物价下跌、就业不足和经济增长停滞等现象时，就是通货紧缩，政府就应该增加财政支出以刺激需求。总之，政府会采取各种措施尽量使总供给等于总需求。

政府宏观调控总需求游刃有余，只要制定政策刺激投资、消费和出口，效果立竿见影；而调控总供给则举步维艰，因为调控的对象主要是工业产品，无论压缩还是扩张产能，都需要较长周期才能完成，尤其是过度压缩产能还会导致工人大量失业。因此，政府可以迅速调控总需求，而总供给只能慢慢调整。

通常用国内生产总值（GDP）来衡量一个国家的经济总量，它是指所有常住单位在一定时期内生产商品和提供劳务的价值总和，就是创造了多少新的物质财富，国家的富裕程度也用 GDP 来比较。计算 GDP 最常用的方法是支出法：GDP = 总消费 + 总投资 + 净出口。净出口额是出口额减去进口额的净值，比如某国的出口额是 50 亿美元，进口额是 52 亿美元，那出口对该国 GDP 的拉动就是负 2 亿美元。因此，我国经常给出口企业退税就是鼓励这些企业多出口。世界各国经常大打贸易战，生产力越发达商品就越丰富，但出现大量过剩产能时，本国消化不了就只能转移到国际上，还能赚取外汇。2007 年爆发了世界性金融危机，不少国家为了化解流动性危机，通过狂印钞票来让货币贬值，此时出口就有了价格优势，以便通过增加净出口来拉动经济增长。

财政收入与支出

政府在经济中有 3 个职能：（1）稳定政局，政权平稳最重要，是经济发展的前提，不信您去阿富汗发展经济试试？（2）提供公共服务设施，比如纯净的空气、通畅的道路等；（3）二次分配收入，市场只会简单粗暴用价格机制解决问题，而政府通过向高收入人群多收税，可以利用二次分配方式帮助暂时丧失工作能力的人士渡过难关。总之，政府作为裁判要制定出公平公正的规则，让全社会照章办事，经济才能有效发展。

但政府也要有足够多的收入才能维持正常运转，财政收入的主要来源有：（1）税收，目前我国税收占财政收入的85%以上；（2）债务收入，政府钱不够可以通过发行国债来借钱，但必须遵循自愿的原则，而且到期后要还本付息；（3）其他收入，比如转让土地资源使用权等。税收是政府赖以生存的经济基础，具有强制性，否则政府无法运转。我国现行的税制分国家税和地方税，国税归中央，地税归地方。企业和个人收入是税收的基础，财政收入依赖于GDP的增长。财政的主要支出方式有：（1）经常性支出，比如公务员的薪酬，目前我国绝大部分财政收入都花费于此；（2）建设性支出，比如大型基础设施的建设。

财政收入大于支出是财政盈余，反之就是赤字，衡量财政赤字有两个国际标准：（1）不能超过GDP的3%；（2）不能超出财政支出的15%。政府每年都要审议财政收入和支出的预算，和家庭一样如果经常入不敷出，长此以往政府无法维持正常的运转，财政赤字的解决办法有两种。

透支

向银行透支将民众的储蓄拿走，当然最后必然开印钞机还回来，货币增发后就不值钱了。比如，原来全社会的货币总量为1亿元，对应1亿元商品。政府打开印钞机使货币总量变成2亿元，但商品总量不变，意味着现在的2亿元货币只能买到原来的1亿元商品，货币就贬值了。虽然政府没有明目张胆从大家手里抢钱，但其实也差不多，民众虽有一百个不情愿却也无计可施，只好用脚投票，到银行取钱抢购商品。因此，透支这个办法对经济的长期发展有巨大伤害，不到生死存亡关头政府不会使出这种两败俱伤的杀招。

发行国债

目前，发国债是各国政府比较娴熟的借钱手法。国债是政府借民众暂时不用的钱，这样不会增加货币总量，比透支的方式要好，自愿购买不强迫，况且国债利息比银行高。政府将借来的资金投入基础建设，通过加大财政支出刺激经济启动，只有经济增长才能有更多税收，使政府有能力赎回到期的国债。这样政府不开印钞机，就不会造成恶性通货膨胀，因此现在各国政府都靠发国债来解决财政赤字。

国债分内债和外债，内债是向本国民众借的钱，外债是向“国际友人”借的钱；国债还分短期、中期和长期。目前我国的债务主要是内债，因此债务风险不大。如果借了大量外债，关键时刻麻烦就大了，比如1997年的亚洲金融风暴，许多东南亚国家因为外汇储备消耗殆尽，无法偿还外债导致经济崩溃。我国外债不多而且大部分是长期的，不会有太大风险。

国债要还本付息，如果经济启动进入良性循环，大家相安无事，但也可能采取刺激措施后经济继续萧条，税收就无法增长，最后结果与透支殊途同归，还是打开印钞机来收拾残局。国债是政府欠的债，只有GDP增加才能不折不扣地真正还债。

刺激经济最有效的措施就是实施宽松的财政政策：（1）减税，税收那是政府的“心头肉”，难度太大；（2）增加财政支出，只有通过发行国债来加大财政支出，这也是没办法的办法，政府精英当然知道发行国债是寅吃卯粮，但总要先过眼前这关，说不定刺激后经济增长，那么税收就有了，那国债啥的都不叫事儿。

银行与中央银行

货币的3个主要职能：交换媒介，因为交换需要产生货币，每个人都要用货币来购买商品和服务；计量单位，商品和服务的价值要用货币来衡量；保值增值，货币如果无法保值，大家宁愿持有实物商品。

货币流通不可避免要产生信用，为规范大家的信用行为就出现了银行这个中介机构，它专门从事货币存贷业务。银行在货币基础上产生并创造信用，大家把闲置资金存入银行获得利息，银行把钱贷给企业获得更高利息，企业经营赚到比贷款利息更高的利润，再连本带利还给银行。银行靠存贷差获得利润，同时也促进经济加速发展。

银行不可能把钱全贷出去，否则储户取钱时就没有能力支付，会引起恐慌导致所有储户都来取钱，就是“挤兑”。因此，中央银行规定了法定准备金率，比如，法定准备金率为20%就是商业银行必须把所有存款的

20% 作为法定准备金上缴央行，以应对未来储户提款的要求。储户取钱时银行都有备用现金，如果实在没钱，因为缴过准备金可以向央行借，或找其他银行拆借，无论如何先把储户应付过去，这是银行的信用。

举个例子，假如法定准备金率为 20%，储户将 1000 元存入银行 A，银行 A 将 200 元交给央行，贷出 800 元，客户贷款后去旅游消费 800 元，旅行社把 800 元存入银行 B，银行 B 将 160 元交给央行，放贷 640 元，客户贷款后去超市购买 640 元的商品，超市再把 640 元存入银行 C……这 1000 元经过不断循环存贷，最后银行新增存款 5000 元，法定准备金 1000 元，新增贷款 4000 元，货币总量增加 5000 元。银行信贷放大了货币的总流通量，经济规模和增长速度也相应增加，央行并没有开印钞机，但实际的货币流通量则变成原始资金的 5 倍，如果准备金率只有 5% 就变成 20 倍。法定准备金率越低实际货币总流通量就越多，因此央行可以通过调整法定准备金率来对经济进行宏观调控。

经济发展离不开银行系统，央行代表政府来管理商业银行、制定货币政策和保持本币稳定。币值稳定是衡量经济状况的重要指标，汇率标志着国家经济实力，经济状况良好货币就能保值甚至升值，反之经济萧条货币就要贬值，只有能保值增值的货币在国际上才有地位。世界各国都有央行，比如美国的美联储、英国的英格兰银行和中国的中国人民银行等，央行不能参与商业银行的存贷业务，否则既是规则制定者，又能下场参加比赛，那商业银行连残羹冷炙都没得吃。

央行与货币政策

央行有三大职能：（1）货币发行与保值，货币是政府对全国民众的负债，当然有权要求保值，因此货币贬值就是央行的责任；（2）银行中的银行，所有商业银行都受央行监督，上缴法定准备金，当然权利和义务总是结伴而行，如果出现挤兑，商业银行可以要求“央妈”贷款应急，央行还是所有商业银行的结算中心，统一办理银行间的结算业务；（3）政府的银行，负责制定货币政策，管理国家的黄金和外汇储备，通过商业银行调节货币的投放总量。

成熟的央行应该不受政府控制，独立制定政策，否则完全听命于政府就无法起到制约作用。我国的宏观调控措施一直以财政政策为主，货币政策为辅，但随着经济规模的不断扩大，财政政策的作用日渐趋弱，况且还有赤字这个后遗症，货币政策的重要性就彰显出来。在传导机制良好的市场经济中，通过货币政策调控宏观经济最能体现市场规律。央行有四大货币政策。

法定准备金率

下调准备金率就是商业银行存款上缴的比例减少，可以放出更多贷款以增加货币流通量、刺激经济，但放开货币供给容易，再想关闭就有些困难。宏观经济热火朝天，货币流通飞快，通货膨胀率不期而至，央行只好提高法定准备金率，商业银行的大量贷款被回收并上缴，整个社会的资金链紧张导致经济减速。调整法定准备金率是央行的最强手段，能强迫货币总流通量大幅减少，因此只有在迫不得已时央行才会动用这个大杀器。

贷款利率

贷款是企业的经营成本，央行通过调整贷款利率来控制货币总需求量。经济过热就提高贷款利率，企业贷款后如果赚到的利润还不够利息，自然会压缩经营规模；经济趋冷就降低贷款利率，企业成本变低利润增长，就有动力扩张经营。但如果经济实在萧条，预期很不好，利率就是再低也没人敢贷款。凯恩斯说过：利率降到非常低，经济就跌入流动性陷阱，货币杠杆失灵，利率再降也很难刺激投资和消费，只能靠政府的财政政策来打破僵局。

其实，市场经济中央行无法决定贷款利率，货币是特殊商品，价格也由市场供求关系决定。经济火热时企业利润好，会抢着贷款来扩大经营，货币供不应求利率就高；反之，经济萧条时企业就没有贷款的动力，货币供大于求利率就低。注意，银行利率只是名义利率，要减去通货膨胀率才是真实利率，如果真实利率为负就是货币贬值。

贴现率

央行强行保管商业银行的法定准备金，关键时刻当然也要帮其渡过难关，商业银行向央行贷款的利率叫“贴现率”，也叫“再贷款利率”。比如个人或企业急需用钱，到银行将没到期的国债换成现金，当然肯定要被扒层皮收些费用，银行收到国债后可以持有到期赚取利息，缺钱就到央行将国债贴现贷款。如果央行实行紧缩政策不愿意把货币放出来，就会提高贴现率；反之，实行宽松政策放开货币，就会降低贴现率。央行通过调整贴现率来控制货币供给的阀门。

提高法定准备金率会导致大量资金无法流通而被冻结，而提高贴现率后商业银行的资金成本增加，贷款利率也会相应升高，企业经营成本增加，最终迫使经济减速。这两种手段比较强硬央行一般不会轻易动用，一旦调整法定准备金率和贴现率，就意味着货币政策要有重大变化。

公开市场业务

由于国债无风险且利率高于存款，个人或企业有闲置资金就会配置国债。经济萧条商品积压，民众对经济没信心就会大量持有国债，央行就在市场上公开购买国债，把大家的债券变成货币，鼓励消费和投资以刺激经济增长。经济火热时会发生通货膨胀，大家对货币保值没有信心就会去消费和投资，央行就在市场上公开抛售国债，把大家的货币变成债券，减少货币流通量，通过遏制消费和投资给经济降温。公开市场业务对经济只是微调，没有调整法定准备金率和贴现率那么凶猛，因此这个手段央行经常使用。

央行调整货币政策引发的连锁反应很大，是宏观调控的重要手段。但由于目前我国医疗、教育和养老等制度还不十分健全，央行放开货币供给刺激经济，民众还是不敢尽情消费，导致货币政策效果不明显，因此还需要财政政策发挥协同作用，宏观调控才能更加有效。

宏观经济与资本市场

金融是指货币的发行、流通和回笼，贷款的发放和收回，存款的存入和提取，汇兑的往来等经济活动，金融市场为这些活动提供场所。企业融资通常有两条途径：（1）银行贷款，经评估认可后银行放贷，融资成本就是贷款利率，因为有银行这个中介经手所以叫“间接融资”；（2）股市融资，企业发展到一定程度可争取上市，到证券市场发行股票叫“直接融资”，成本最低只有上市费用，还不必归还本金。

银行作为中介完成存贷双方的间接融资，储户的钱必须连本带利归还，银行放贷通常都有抵押物，但是总有些企业经营不善破产，风险全部由银行承担。如果所有融资都依靠商业银行，风险太大，因此就出现资本市场这个直接融资渠道，企业上市发行股票，投资者看好就买入成为股东，经营出现问题股东要共担风险，大家就像拴在一条绳子上的蚂蚱，充分体现高风险高回报的特点。这是两种完全不同的融资方式，区别在于间接融资风险在银行，直接融资风险在个人。

我国目前的融资方式还是以银行间接融资为主，由于当前经济增速减缓，供给大于需求导致商品积压，银行坏账率飙升不敢轻易发放贷款。而有些企业很有发展前景却没有达到银行的放贷条件，其融资需求得不到满足。因此，要完善我国的资本市场，拓宽直接融资渠道，让风险承受能力较高的投资者尽情发挥。

对于投资者来说，判断股价高低的标准是什么？比如，目前市场的无风险利率为5%，即每20元资本每年有1元收益。如果股票每年也有1元股息，那这只股票的内在价值就应该是20元。用利率来对应企业利润，因此股价与利率的升降有明显联动关系。比如，银行贷款利率为10%，企业由于贷款成本高开始蚕食利润，业绩变差股息只有2%，显然银行利息比企业股息高并且还不必承担经营风险，此时企业股票就会因无人投资而股价下跌。反之，当贷款利率降至5%，企业成本降低利润增加，业绩好转导致股息升至6%，大家就会争先恐后买入股票使股价上涨。

还有企业的经营业绩也会影响股价，企业利润好分红多，投资者蜂拥而至股价就会上涨，反之无人问津就下跌。因此，理性的投资者先要了解宏观经济和企业经营情况，之后再决定何时投资。

政治因素对资本市场的影响投资者也不可忽略，政局不稳会使民众对经济发展失去信心从而撤离股市。比如，“9·11”事件后美国与阿富汗的战争一触即发，投资者担心战争会拖累美国经济，为确保资金安全开始从股市撤资，于是美国股市下跌，这就是政治因素与股市的联动效应。当然还有很多因素比如资金供求、交易者心理预期等都会影响股价。

了解宏观经济的走势其实就是判断当时的经济究竟走向繁荣还是萧条，可以通过经济指标来判断。俗话说，“股市是经济的晴雨表”，更准确讲应该是天气预报，股市通常会提前3～6个月就对未来的经济走向做出反应。

股市泡沫与金融危机

股市泡沫破灭会导致整个社会的财富急剧缩水，使用杠杆者更是血本无归，股市泡沫是如何产生的？比如，企业上市后股价为每股1元，共融资1亿元，资金的运作情况如下：（1）这1亿元被企业拿去用于生产经营，变成企业的固定资产和流动资金，进入实体经济，一级市场的购买者可以继续持有，也可以在二级市场上抛售；（2）另一部分资金不参与企业经营，纯粹在二级市场中进行交易，也称“虚拟资本”，规模可大可小。股价如果涨至5元，那原来1亿元的股票变成5亿元；反之，如果股价跌至0.1元，1亿元的股票就变成1000万元。无论有多少资金在股市中交易该股票，企业用于经营的就只有1亿元。

股价应该与企业的利润相匹配，企业效益好股价就会上涨，如果利润并没有增长甚至亏损但股价却不断上升，股票市值偏离企业价值就会产生泡沫，这种现象在股市中屡见不鲜。击鼓传花的游戏玩到最后，大家发现企业的股票根本不值这个价，无人接手致使股价一落千丈。当然，单个企业的股价虚高不要紧，可怕的是整个股市的泡沫泛滥，破裂后导致股灾甚至可能引发金融危机。

既然资本市场如此容易引发危机，政府为什么还要大力发展？因为资本市场有两大功能：（1）融资渠道，企业发展需要资金，总不能让银行包打天下；（2）引导资金流向好企业，投资者会抛售那些垃圾企业，转而投向欣欣向荣的企业。资本市场对经济发展有促进作用，是现代经济不可或缺的，虽然可能引发股灾甚至金融危机，但政府还是会不遗余力支持其发展。

股市泡沫破裂容易引发金融危机，但金融危机并不都是由股市泡沫引发的，债务危机也会引发。比如，1997 年国际热钱大量涌入泰国，迅速将房地产和股市的价格和市值推高，而此前泰国政府又借了大量外债，使泰国具备了爆发金融危机的条件。国际炒家率先在汇市发难抛售泰铢，民众对经济的信心来源于币值稳定，泰国政府为维持汇率稳定，动用美元储备承接泰铢抛盘，但很快美元储备就消耗殆尽，而同时大量短期外债到期需要还本付息，最后泰国政府只得放弃固定汇率，泰铢一泻千里。炒家们继续集中抛售股票，汇市和股市双双暴跌，民众对泰国经济完全丧失了信心，从股市撤出资金，从银行提出存款，将泰铢换成美元，银行为规避风险紧缩贷款，泰国的经济处于崩溃状态。继泰国之后金融危机迅速蔓延，菲律宾、印尼、新加坡、中国台湾和韩国等地也相继沦陷，仅中国香港在中央政府强大的美元储备支持下稳住了港币的汇率，但股市也下跌了 50%。

炒家们抛售泰铢和股票也同样会亏损，那他们如何盈利？其实，在发动攻击前炒家们已经大量买入带杠杆的外汇和股指期货的空单，在价格下跌过程中他们通过这些空单获取暴利。炒家们通过高比例杠杆瞬间就能完成本金放大几倍甚至几十倍的巨额交易，资本市场开放的国家如果没有足够的美元储备，根本无法抵御如此大规模的迅猛攻击，资本市场沦陷后整个国家的经济就面临崩溃。

许多发展中国家为发展经济，借入大量短期外债，而且放开资本市场允许国际资本自由出入，热钱不断流入实业、地产和股市，带动经济高速增长，许多问题被暂时掩盖，积累了大量泡沫。泡沫无论是自行破裂还是被人为捅破，一旦集中爆发政府就无力回天了，最后全国的经济就会陷入萧条。中国在此次危机中幸免的原因主要在于：没有大量外债到期；央行有巨额外汇储备；没有完全开放资本市场让热钱随意进出。

汇率是最大的宏观问题

各国之间进行贸易时，彼此需要支付各自的货币，各种货币的购买力相差悬殊，因此要规定各国货币的兑换率即汇率。表面上，汇率只是不同国家之间的货币比例，实质上则是各国政治、经济和军事等综合实力的比较，汇率才是最大的宏观问题。比如：委内瑞拉的物价不断上涨，说明其货币在该国越来越不值钱，因此其汇率也会贬值；津巴布韦出现了严重的通货膨胀，汇率下跌更是如滔滔江水一发不可收拾。

两种货币的比率主要是由其购买力决定，比如同样购买一份牛排，在美国要支付 4 美元，在中国则要 24 元人民币，那美元对人民币的汇率就是 1∶6。影响汇率的根本原因是国家的整体实力和经济增速，经济状况良好会增加该国货币的信用，国际社会都愿意持有该货币，供不应求导致其汇率上涨。如果经济能保持稳定增长，该国的资产比如房地产、股票等就会不断升值，国际热钱就会想方设法兑换成该国货币并购买其资产，这样既能赚到资产升值的利润，又能享受汇率上涨的好处。那些陷入金融危机的国家的货币出现大幅度贬值，这也是经济状况在汇率上的反映。

有些外向型经济主导的国家为了增加出口并振兴经济，政府会主动将货币贬值。比如近几年日元的贬值，这样别国用更少的本国货币就能买到日本产品，也就是日本商品相对变便宜了，有利于日本商品的出口。而美国则正好相反，美联储从 2015 年开始维持强势美元，相同币值的美元可以买到更多数量的别国商品，如果辅以加息措施还能促使国际热钱回流美国从而提高其经济增长的速度。

上述因素是影响汇率长期走势的关键所在，而利率的变动则是导致汇率短期波动的最主要原因。比如，某国利率升高，国际资本会大量兑换成该国货币，这样就能获得较高的利息收入，强劲的需求会推高该货币的汇率。反之，如果该国利率降低，国际资本就会从该国出逃，导致对该国货币的需求量骤降，汇率自然也就会下跌。

第二节 行业分析重点

行业分析与生命周期

行业和行业分析

宏观经济分析是透过经济发展来判断资本市场的大趋势，但并没有分析宏观经济的各组成部分，无法提供具体的投资领域和企业。宏观数据反映平均水平，但各组成部分，就是行业的发展速度却参差不齐。行业介于宏观和微观之间，是经营相似产品的企业构成的群体，比如金融业、房地产业。行业分析是通过了解该行业在整体经济中的地位，影响其发展的各种因素和风险，预测其未来趋势，最后判断出该行业的投资价值。

行业分析决定了投资目标的大致范围，是企业分析的前提，是连接宏观经济与具体企业的桥梁。处于不同行业的企业，投资价值完全不可同日而语。首先挖掘出最具发展潜力的行业，再进一步挑选出最有价值的企业，最后才能正确决策。

行业生命周期

每个行业都有其特定的生命周期，处于不同发展阶段的行业，投资价值也有所不同，每个行业都要经历由成长到衰退的 4 个阶段。

- 初创期

也称“幼稚期”，新兴行业诞生时只有寥寥可数的几家企业，投资与研发费用较高，而市场需求不旺，因此企业不但没有盈利反而会亏损。这个阶段企业面临的风险很大，随时可能因财务危机而破产，更适合投机者而非投资者。到初创后期，随着技术提高、成本降低、市场需求扩大，企业由高风险低收益的初创期逐步进入高风险高收益的成长期。

● 成长期

随着新产品逐渐得到市场认可，需求开始增加，整个行业前景良好，大量企业进入该行业，产品呈现出多样化，行业内的竞争日益剧烈，这个阶段企业的利润增长很快，但被淘汰的风险也不小。到成长后期由于优胜劣汰，整个行业的销售和利润趋于稳定，此时是该行业的最佳投资时期，介入的投资者能充分享受行业增长带来的高收益。

● 成熟期

少数寡头企业经过残酷竞争幸存下来，彼此势均力敌，各自占领一定比例的市场份额，势力范围基本固定，几乎垄断整个行业。竞争从最初的价格战升级为比拼质量、性能和售后服务，由于存在一定程度的垄断，行业利润率较高，并且形成行业壁垒，新企业很难进入。但行业增长也日益趋缓甚至停滞，有些行业由于技术创新，或许会出现新的利润增长点，成熟期比较漫长，投资者应考虑在行业的成熟后期撤出资金。

● 衰退期

成熟期之后，由于大量替代产品出现，市场需求开始减少，部分企业开始转向其他行业谋求发展，整个行业进入衰退阶段，利润率开始下降直到无法维持，整个行业便逐渐解体。行业衰退期往往比前3个阶段的总和还要长，大多数行业都是衰而不退，比如建材、纺织行业等都在衰退，但不可能消亡。

这4个阶段只是大致描述了行业的发展过程，并不适用于所有行业，行业的生命周期还要受到国际竞争、政府调控和行业性质等多方面因素的影响。投资者在做决策时要充分考虑企业所处的行业阶段，选择适合自己的行业。

判断行业生命周期的要素：（1）规模，从初创到衰退，行业规模会经历“小→大→小”的过程；（2）产量增长率，在成长期较高，成熟期降至10%左右，衰退期无增长甚至是负增长；（3）利润率，会经历“低→高→低→亏损”的过程；（4）创新能力，从诞生时日新月异到衰退期乏善可陈；（5）资本进出，“有人星夜入考场，有人辞官归故里”，每个阶段都有企业进入和退出，成熟期之前进入的企业数量多于退出的，成熟期基本均衡，衰退期企业大量退出，甚至有企业出现倒闭也见怪不怪。

增长型行业与防守型行业

由于不同行业从投资决策到投入生产的过程迥异，导致各个行业表现出不同的周期性，每个行业的增长或衰退都与宏观经济的周期性有关，但关联程度各不相同，据此可将不同行业分为3类。

增长型行业

增长型行业主要依靠技术革新或提供优质服务来谋求发展，呈现出经常性增长态势，不会随着宏观经济的周期性同步波动，在经济上升期其发展速度高于平均水平，而在经济衰退期该行业基本不受影响，甚至还能逆势增长。由于这类行业无视宏观经济的波动，投资者趋之若鹜，但很难精准把握最佳的介入时机，比如近10年的互联网行业。

• 选择标准

（1）成长空间广阔，整个行业的销售总额持续大幅增长；（2）优秀的商业模式和独特的竞争优势，在整个产业链中地位强势，盈利能力强大，存在技术、渠道、品牌等行业壁垒；（3）选择那些比同行成本更低、利润更高的龙头企业；（4）分散投资3个以上行业。

• 买入时机

增长型行业通常先抢占市场，再提高利润率，因此不太关注PE和PB，更注重市销率（PS），PS = 股价 ÷ 每股销售额，市销率越低越有投资价值。但笔者坚持认为再好的企业也要合理估值，PE绝对不能超过20倍，万一看走眼损失也在可控范围，不至于“死无葬身之地”。

• 退出时机

（1）企业发展状况不如原先设想的美好，当初的介入就是错误决定；（2）企业成长潜力消耗殆尽；（3）有成长性更好的企业可以选择。股价涨幅过大或熊市的到来不是卖出增长型行业的理由，挖掘到真正的增长型行业不容易，完全可以依靠企业净利润的增长来穿越牛熊。

彼得·林奇的“玩梭哈式投资法”比较适合增长型行业。投资者经过研究后认为增长型行业中某企业有可能快速成长，先小仓位买入跟踪，等于玩梭哈拿第一张牌，如果企业确实按照预想方向良性发展，继续加仓等于继续拿牌，除非出现前面的3种退出情况，否则长期持有。当然也有可能看错，就将最初仓位卖出，等于第一张牌就认输。

增长型企业能否真正成长？以林奇的强大专业洞察力，也只有70%的成功率，最终确实有些企业的股票成长为令人羡慕的“10倍股”，梭哈式策略非常适合普通投资者。虽然本书洋洋洒洒讲得头头是道，但笔者还是不建议投资者轻易投资增长型行业，因为这需要投资者对宏观经济、行业和企业有深入的了解，迄今为止的投资大师中也仅有费雪和林奇他们两位靠投资增长型行业而扬名立万。

防守型行业

防守型行业的产品往往都是生活必需品或公共品，比如食品、医药、烟酒、交通运输等，这些刚性需求弹性不大，宏观经济无论繁荣还是衰退大家总要吃穿住行，因此该行业也称“非周期型行业”。投资防守型行业属于收入型投资，而非资本利得型。这种行业的龙头企业盈利非常稳定，只要管理层不出现重大战略失误，基本能预测出该企业未来3~5年的利润。再赋以合理的PE，内在价值便呼之欲出。因此，长期投资防守型行业的最终收益率取决于估值。有人15倍PE介入，耐心好的等到12倍，还有运气极好的在下跌恐慌中以8倍PE买入，导致最终的收益率相差悬殊。

市场中交易者的短期不理性行为是导致股价异常波动的主要原因：良好的预期配合投机者的疯狂追捧使个股的PE逐步抬高；悲观的预期加上投机者不计成本的抛售最终令个股的PE不断降低。利用这种大幅波动，理性的投资者可以完成“戴维斯双击”：市场恐慌时以低PE投资防守型行业，等待出现泡沫后以高PE抛售，由于股价=PE×EPS，可以享受PE和EPS同时增长带来的倍乘收益，这俩因素中主要依靠PE的不理性提升带来股价的上涨。PE高估时必须卖出，说明投资毕竟不是谈情说爱，不必海枯石烂，持股只是手段而不是目的，一旦高估就要曲终人散。

戴维斯双击法的实战运用很简单：10 倍 PE 以下逐步买入年利润增长率在 10% ~15% 的防守型企业，数年后企业利润平稳增长，一旦市场给予该企业更高估值时，比如 15 倍 PE 以上就坚决卖出，此时的收益率会相当可观。事实是更多投资者反而会以 30 倍以上 PE 买入所谓的成长股，期望企业年利润增长率达到 30% 以上，如此投资成长股的最终收益率可能还不到前者的一半，因为期望企业保持如此高的利润增长率，无疑痴人说梦。

周期型行业会随着宏观经济的周期大幅波动，而防守型行业的不确定性较小，因此 PE 普遍比周期型行业要高。投资者只要有足够的耐心和韧性，投资防守型行业也能获得不错收益，唯一的风险就是股市的整体性下跌，覆巢之下焉有完卵。

周期型行业

行业特点

周期型行业是指那些经营业绩随着经济周期明显波动的行业，比如生产和提供钢铁、机械、石油、房地产和汽车等生产资料和耐用消费品的制造行业。经济上升期需求增加，行业扩张，经济萧条期这些非必须需求被延迟，行业也相应衰落，而且这类行业的经营状况反过来又会延长宏观经济的周期。可以这样认为：提供非生活必需品的行业就是周期型行业，提供生活必需品的行业就是非周期型行业。

周期型行业分两类：（1）消费类，包括银行、保险、证券等，大都属于较轻资产型企业，与日常生活息息相关，行业周期性相对容易判断，景气度低谷时容易调整规模；（2）工业类，属于重资产型行业，从投入到产出的周期长，在行业利润高峰期，大量逐利资本蜂拥而至，产量急剧增加导致利润下降。而且由于投入的资本已经变成固定资产，低谷时整个行业规模很难进行调节，工业类周期型行业与宏观经济波动的相关性更强，周期性更明显。

比如，石油和钢铁就是典型的周期型行业。当油价跌至无利可图时，市场就会减少对石油行业的投资，导致石油产量下降，直至拐点出现，石油重新变得供不应求时，油价才再次走高，资本又会涌入该行业。石油行业的一个循环周期大约是30年，主要因为该行业从决策、投资、勘探到开采的周期较长。钢铁行业的周期则短得多，只需8年左右，因为建造炼钢设施总比开采石油要快得多，同理水泥行业的周期就更短。

周期型行业常常沿着产业链顺序崛起：（1）经济在低谷期出现拐点后，钢铁、水泥、能源等基础行业率先受益，股价开始上涨；（2）复苏阶段，机械制造、工业类电子产品等行业紧随其后登台表演，投资者要及时切换；（3）繁荣期的主角当然是汽车、旅游、奢侈品等非必需消费品行业，此时介入还能享受经济周期的最后盛宴。

我国作为发展中国家还要继续自己的工业化进程，整体经济应该还有10年以上的中高速增长期，不太可能出现严重的经济衰退，经济的周期性更多表现为GDP增速的加快和放缓，达到8%以上可视为景气期，跌到5%以下则为低迷期。

投资原则

- 分析重点

投资周期型行业的关键就是把握景气度拐点，在景气度顶部介入，投资者可能要忍受5～10年的漫长煎熬，才能迎来经济下一轮的繁荣。反之，在景气度底部介入，可以获得那段最肥美的利润，虽然精准预测行业的顶峰和谷底是上帝的工作，但还是能从蛛丝马迹中判断出一些端倪。

市场的无风险利率是判断入市时机的最核心元素，当利率在低位运行或持续下降时，企业的资金成本降低，同时刺激了市场的需求，周期型行业就会变得越来越好。反之，利率逐渐抬高，融资成本上升令企业失去扩张能力，行业就会变得越来越差。刚开始降息时，还不是介入周期型行业的最佳时机，此时宏观经济仍然积重难返，就像大病初愈的病人还没恢复元气，相关企业的股价会继续下跌或维持低位震荡，连续几次降息后，周期型行业才会重新焕发活力。同理，刚开始加息时，投资者也不必急于离场，周期型行业还能继续风光一段时间，只有在多次加息后，企业才会倍感压力，这才是投资者总撤退的集结号。

周期型行业不用 PE 估值，PE 低不代表有投资价值，相反 PE 高也不一定估值过高。比如，某周期型企业的股价为 5 元，EPS = 1 元，PE = 5 倍够低吧，可能此时恰恰是行业的巅峰期而不应该投资，当行业景气度跌落谷底时，EPS 变成 0.05 元，PE = 100 倍够高吧，此时很有可能正是行业的低谷期反而应该投资。

- 介入/退出时机

介入时机：（1）高 PE 介入，行业不景气企业利润差，EPS 低，相应 PE 就高，如果再赶上熊市，股价绝对便宜，这时介入风险最低；（2）低 PB 介入，股价低于净资产，即 PB 小于 1 是投资的“金标准”，完全体现了周期型行业尤其是资本密集型重工业的内在价值，因为整个行业随时可能复苏，即便没有踩准反转拐点，也只输时间不输钱；（3）负债比例低和现金流充足，亏损不可怕，但如果资金链断裂，再好的企业也得关门，现金流就是企业的“血液”，行业低迷时现金流充足的企业会乘机洗牌收购同行，扩大市场份额，一旦景气度回升则股价涨幅巨大。

退出时机：行业景气度高峰，即 PE 较低时抛售，景气周期中企业利润不断增加，再遇到牛市股价会更疯狂，差不多时投资者要早点收手，不要去猜测往后的涨幅，这些利润就留给那些喜欢刀头舔血的博傻者，一旦景气度反转，股价将“飞流直下三千尺”。切记：阶段性投资周期型行业才是最正确的策略，绝对不能长期持有。

避免夕阳行业

不要投资快要退出历史舞台的夕阳行业，汽车诞生以前马车制造业何等辉煌，然而时至今日，不但马车制造业已经消失得无影无踪，就连汽车业都已进入生命周期的稳定期。如果某个行业被完全替代，则该行业的企业无论曾经的市场份额有多大，经营管理多强悍，最后都无法摆脱没落的命运。

但是要注意：不要把夕阳行业误认为周期型行业！这方面笔者有血的

教训。

笔者在2004年曾买入“安彩高科”（600207），当时市场的整体PE为20倍，该企业只有15倍，而且是世界第三大玻壳生产商，是当地政府重点扶植的支柱企业，多年来企业的利润和分红都很稳定，当时该企业正在收购美国的生产线，马上要成为全世界最大的玻壳生产商，是细分行业的龙头。笔者正在梦里数钱呢，谁知第二年突然业绩变脸大幅下降，原来传统显示屏正被液晶屏淘汰，玻壳这个行业是夕阳行业而不是周期型行业。等我终于想明白这个道理后，差点一口血喷在电脑液晶显示屏上，这是多么痛的领悟！

垄断型行业

垄断是指在生产和资本高度集中的基础上，一个或几个大企业对产品的生产和销售的独占或联合控制。垄断者可以通过控制行业的产量来调节价格，获取高额利润，相应企业的股价也会居高不下，因此有投资者专门选择垄断型行业中利润稳定的企业进行投资。当然，并非所有的垄断型行业都能获得暴利，该行业分为技术垄断、品牌垄断、行政垄断和资源垄断4类，前两者的业绩稳定性和可持续性显著高于后两者。

技术垄断

生产技术独一无二，竞争对手无法复制，比如贵州茅台、云南白药和东阿阿胶等企业拥有绝密配方，对行业就形成垄断的独家经营权，可以通过控制产品的产量来决定价格，获得较高利润率。

如果估值合理，这种拥有绝密配方的垄断企业是最佳投资目标，但要注意两点风险：（1）产品质量下降，由于产品供不应求，企业管理者容易盲目扩大规模以提高产量，导致产品的品质下降，好好的百年老店最后泯然众人矣，全国各地的中华老字号餐饮品牌难道消失得还少吗？（2）多元化经营，为了保证产品质量，企业规模倒是发展平稳，积累了大量利润，为有效利用闲置资金，管理层会头脑发热去投资完全不相关的行业，多元化最后变成多元恶化。

有些“阶段性”的技术垄断企业，比如医药企业拥有对某种常见疾病的特效药物专利权，需要投资者注意的风险点有：（1）20 年专利保护期结束，大家都能生产；（2）差不多疗效的同类产品带来的市场冲击；（3）疗效更好的替代产品问世。因此，这种拥有阶段性专利权的垄断企业只能阶段性投资，一旦颠覆者出现，原技术拥有者将会面临毁灭性打击，绝对不能长期持有。

品牌垄断

品牌垄断也称“寡头垄断”，指同行企业经过长期竞争，大浪淘沙只剩下少数几家品牌占据绝对市场份额，控制全行业的供给。一旦规模垄断形成，中小企业很难挑战，因为：（1）初始资本投入巨大；（2）规模效应才能保证一定的利润率。

品牌企业规模大，比中小企业成本低利润高，因此强势品牌一旦形成，其市场地位很难撼动，其中的寡头企业可持续发展能力更强，稳定性更高。比如，可乐界的两强、国内乳业的 3 巨头等，长期投资这些企业能获得稳定收益，而且风险不大，这些企业的投资价值仅次于拥有绝密配方的企业。

但这些品牌企业并不拥有绝对的自主定价权，如果它们将销售价格提高至与普通产品有明显差距时，必定有部分注重性价比的消费者会投入普通产品的怀抱。这些企业还要面对新技术的威胁，昔日胶卷行业的大哥大“柯达”就被数码技术厂商直接颠覆。相对而言，快速消费品行业被新技术替代的可能性较小，而耐用消费品和工业产品被替代的风险就大些。

行政垄断

该行业的业务只有得到政府相关部门的批准才能经营，最典型就是公用事业项目，比如供水、供电、天然气供应和地铁运营等。这些行业由于是“特许经营”，没有竞争者，能保证一定的利润率，但由于其所提供的产品都与普通大众的衣食住行息息相关，政府必须保障绝大多数人都有能力消费，因此其产品的价格会受到政府的管制，这些垄断行业没有产品的自主定价权，很难产生超额利润。

行政垄断行业的成本会随通货膨胀率的上升而上升，但其产品的销售价格却受到方方面面的制约，想要提价还要物价局批准或获得听证会通过才行，企业无法扩大经营规模，因为别的区域也有当地政府扶持的同类企业。该行业的成长性较低，因为政府阻止其他竞争者进入是为了保证企业的持续经营，满足民众的基本需求，而不是帮助股东们赚大钱。

这类行业虽然享受垄断地位，但规模和利润率都受到限制，整个行业经营四平八稳却增长乏力，中长线要尽量避免投资这类行业，除非有恐慌性因素导致股价极低，比如0.8倍PB以下才值得介入，否则不予考虑。

资源垄断

其实资源垄断型行业并不算真正的垄断行业，比如煤炭、石油、有色金属等，表面看行业被几家大型企业垄断，但企业的产品价格完全受制于国际市场上同类产品的价格，投资原则应参照普通的周期型行业。

重资产行业与轻资产行业

重资产行业

企业成本分为固定成本和浮动成本，固定成本是不随业务量增减而变化的成本。比如企业的厂房、生产线就是固定成本，不会因为产品产量的增加该项成本就变大。当然，固定成本并非永远固定，当产品供不应求时，产能超出一定范围，企业就要再建厂房和生产线，固定成本也会增加。企业的规模效应是由固定成本导致的，产品产量越大，分摊到单个产品身上的固定成本就越少。产品原料、工人薪酬就是浮动成本，生产更多产品时，相应的浮动成本也会同比例增加。

重资产行业的经典定义是指固定成本占比较大的行业，企业需要投入大量资金用来配置固定资产，比如修建厂房、购买大型设备等才能进行生产和销售。这些固定资产都有使用年限，今后若干年中需要分期折旧，折旧费用就是固定成本，重资产行业由于折旧的会计方法不同，对利润影响会很大，而且资产越重，影响程度就越大。前期折旧费用大，则减少当期利润，增加未来利润，反之亦然。固定资产从安装到生产需要较长周期，因此重资产行业往往也是周期型行业，投资必须结合行业的周期性。

目前流行用“边际投资收益率”来判断资产的轻重：如果增加利润需要企业再投入较多的固定资产，企业的边际投资收益率就低，如果将大部分利润用来分红，企业就无法扩大生产规模，这样的行业就是重资产行业；如果增加同样利润只需要企业再投入很少的固定资产，企业的边际投资收益率就高，利润基本都用来分红，还能维持产量的增加，这样的行业就是轻资产行业，典型代表是烟酒、糖果、饮料等快速消费品行业。

• 投资风险

（1）新技术的推广使还在生命周期内的企业生产设备，就要面临被贬值与淘汰的风险；（2）长期看通货膨胀会使固定资产的价格不断上升，导致新企业的初始投资门槛更高，而重资产行业的产品没有本质差别，因此销售价格由更有竞争力的老企业决定，而等到老企业需要更换设备时，固定资产的投资反而更高；（3）周期性产能过剩风险，重资产行业通常都是周期型行业，需求上升时无法快速追加新产能，供不应求的局面导致了暂时的高利润，吸引大量外部资本进入该行业，新产能大量释放后很可能会过剩，降低全行业的利润率；（4）重资产行业很难退出，固定资产的巨额投入使企业无法承担放弃后的损失，企业往往会追加投资来继续扩大产能，希望利用规模优势迫使同行退出，有时甚至会亏本销售导致过度竞争格局的出现。

• 投资原则

（1）合理的固定资产利用率与杠杆率，固定资产必须和市场需求相匹配，利用率低表示产能释放不足，融资杠杆率高，需求旺盛时能迅速匹配强大产能，一旦景气度逆转资金链绷紧，后果将不堪设想。（2）固定资产通用性要高，重资产行业的一条生产线可能就要上亿元，太专业的固定资产流动性风险很大，一旦产品销售不畅设备就会大幅贬值，如果设备通用性高，可以生产其他产品或者转卖同行，重资产的流动性风险就不会很大。（3）不可忽视的行业周期性，大多数重资产行业的投资策略参照周期型行业。

轻资产行业

轻资产主要指企业的无形资产，包括经营模式、管理制度、品牌、人力资源、企业文化和销售渠道等“虚”的东西。它与重资产的最大区别在于资产结构，轻资产门槛高、投入产出比理想，典型代表如互联网行业，只需投入很少的固定资产，由于拥有先进技术和创新模式，能带来大量的潜在收入。长期竞争中存活下来的企业能获得较高的利润率。

● 运营方式

（1）将重资产业务外包或转让出去。（2）企业只输出品牌和管理，利用有限资金盘活被收购企业的重资产。知识产权、品牌等轻资产取代生产线等重资产成为企业的最大竞争力，产能扩张时，这些轻资产可以直接分派到新产能上而无须再投资建设，在后续的生产经营中这些轻资产会被逐渐摊销。当然，如果产能无法扩张，那么轻资产与重资产并无区别。轻资产行业的核心理念是用最少的资金撬动最大的资源，赚取最多的利润，企业用“四两拨千斤”的手法追求收益最大化，因此特别受市场的推崇。

轻资产行业也有两个隐患：（1）对经营管理能力要求很高，任何环节都不能出错，否则企业利润会受很大影响，这是轻资产在运营上的软肋；（2）轻资产行业资金投入不大，运营方式容易被模仿，一旦无法获得先发优势，未来的利润率可能会急剧下降。

● 分类

（1）类金融行业，比如沃尔玛、阿里巴巴等企业在整个产业链中很强势，大量占用供应商与客户的资金，利用源源不断的现金流快速扩张，产生规模效应后再低价吸引客户，闲置资金甚至还能投资到别的高利润行业。该行业的弱点是低成本才能扩张，而且很少有企业能真正做好多元化。

（2）知识产权行业，比如贵州茅台、同仁堂、可口可乐等企业凭借绝密配方独霸江湖，构筑难以逾越的护城河。其实，知识产权就是巴菲特所谓的特许经营权和印钞机，该行业本小利大，企业资产能快速增长。

（3）品牌技术行业，比如耐克、苹果等企业专注品牌和研发，凭借技术领先垄断市场，把具体生产工序外包，利用全球化经营获取高额利润。其弱点也一目了然：品牌与技术以无形胜有形，始终保持领先很困难，一旦优势丧失什么都不是，最典型的企业如诺基亚。

- 价值构成

（1）现金流。轻资产行业不太注重资产负债表，但要密切关注企业现金流的未来趋势，现金流的稳定性是重中之重，是衡量企业未来风险的关键。

（2）商业模式。轻资产行业的高速成长性主要表现在规模扩张带来单位产品的成本快速降低，增加利润率，从商业模式可以了解行业的扩张能力，判断其成长性。

（3）经营团队。管理层的经验和能力是企业的软实力，浸淫行业数十年的老手相对于初入行的新兵蛋子其优势不言而喻。能力强的经营团队通过行业的细微变化调整战略，既能顺周期借势增长，也能在萧条期有足够的储备过冬；而平庸的经营团队只会在繁荣期亦步亦趋，一旦出现微小波澜，就可能酿成灭顶之灾。

高成长的轻资产企业能穿越经济周期，给投资者带来意外回报。但除了拥有绝密配方的行业外，另几类行业都会面临挑战，况且轻资产企业的股价都是高 PB，一旦江湖地位不保，业绩与估值会双双下降带来“戴维斯双杀”，股价很有可能下跌 70% ~80%。轻资产行业就像美丽的罂粟花，选得好是治病良药，选不好就是万恶毒品。

第三节　好企业与好价格

行业地位与企业产品

行业地位

无论是判断投资环境的宏观分析，还是选择投资领域的行业分析，最终选择具体目标时，都要进行微观的企业分析。宏观经济与行业分析难度较高，而企业分析因为有同行作标杆则相对简单，其中分析财务报表最为重要。每个行业都有各自的经营特点，只有同行才有可比性，将目标企业横向比较分析，才能得到客观结论。

企业分析要先确认其行业地位，通过这个指标判断其盈利能力是否超越行业平均水平。判断企业行业地位可参照的要素有：（1）综合排序，专业金融机构会对同行企业进行评级，虽然不太精确，但总有参考价值；（2）市场占有率，表明企业在同行中的竞争力；（3）研发水平，创新能力强有利于产品的升级换代和降低生产成本，获得较高利润率；（4）经营理念，优秀的管理层使用先进的经营管理方式，能准确预见行业未来的发展趋势。

行业地位既是对企业以往经营业绩的肯定，也为企业未来的发展打下良好的基础，处在领先地位的企业容易将各项优势转变为发展潜力。当然，行业地位也会随着时间的推移而动态变化，因此确定企业的行业地位时，不能一叶障目只看当前状况。对于行业内地位较高者，要看其保持领先的能力；而排名靠后者，则要看其是否有弯道超车的潜力。

通过分析上市公司的招股说明书、财务报表、行业资讯和券商研报等资料，详细了解企业的行业竞争力、市场占有率和未来发展趋势等。龙头企业凭借自身的核心竞争力与品牌效应，获取了超额利润，估值也高于市场平均水平，是投资的首选。龙头企业还有一定安全边际，在行业萧条期不但不会饿死，还能收购奄奄一息的同行，如果连业内“大哥”的利润率和成长性都无法保证，说明整个行业都不值得关注。

企业经济区位分析

经济区位是指地理范畴上的资源、技术和资金等经济要素高度积聚的快速发展地区，最典型的代表如美国的硅谷。区位分析就是分析企业所在地区的配套条件是否有利于企业的生产经营和未来发展，地处合理经济区位的企业具有较高投资价值。

- 自然条件和基础设施

如原材料、能源、交通和通信等条件和设施，在企业日常的经营和发展过程中不可或缺。经常断电或运输困难会让企业输在起跑线上，如果企业所在区位就是原材料产地或临近出海口，企业首先在成本上就甩开了竞争对手。

- 优惠政策

政府根据地区优势来规划发展方向，如果企业主营业务符合区位的产业政策就会被优先扶植，在土地使用和税收等方面可以享受优惠。

- 特色经济

特色经济是指区位内外的比较优势，比如区位在某个行业形成了特色，产业链的上下游和相关企业都在该区位内，那么企业的采购、销售及发展趋势都能“近水楼台先得月”。

产品分析

- 竞争能力

（1）成本优势。企业依靠低于同行的成本来获得较高利润，成本是竞争的关键因素，当然在低成本基础上也要保证产品质量，这样只要将产品的销售价格控制在行业平均水平以下，就能抢占市场份额。低成本优势主要包括拥有原材料基地、廉价劳动力、专利技术和规模优势等，其中绝大部分企业都是依靠资本优势产生的规模效应来降低成本。

（2）技术优势。企业需要拥有更先进的生产技术和更强大的开发新产品的能力。研发是决定企业竞争力的关键因素，研发费用占销售额的比例高低往往决定企业的创新能力。技术优势的具体表现为：第一，使用更先进的生产线来降低成本；第二，拥有强悍的核心技术，使产品质量鹤立鸡群；第三，通过研发创新，不断推陈出新，根据市场需求进行差别化生产，满足不同层次消费者的需求。

（3）质量优势。由于生产技术和管理能力的差别，不同企业的产品质量良莠不齐，消费者选择商品时最看重质量和价格。企业通过提高产品质量来取得竞争优势，即便生产成本较高，但具有质量优势总能占有一席之地。

● 市场占有率

市场占有率是指企业产品的销售量占同类市场销售总量的比例，市场占有率越高，表示企业竞争力越强，销售与利润水平越好，这个指标代表企业的综合实力。如果市场占有率不断攀升，说明企业产品的性价比良好，发展速度要比同行快得多。市场份额都是从竞争对手嘴里抢下的蛋糕，企业通过提高市场占有率形成的成长性最具含金量，需要强大的综合实力。产品质量的提高、生产成本的降低和新产品的层出不穷都是提高市场占有率的重要砝码。企业没有垄断性技术不要紧，只要市场占有率足够高，一旦达到规模效应使生产成本低于同行，试问谁与争锋？

● 品牌战略

品牌是商品名称和商标的总称，用来区分该企业的商品与竞争对手的产品。品牌不仅是标记，而且代表产品的可靠质量和卓越性能。行业发展到成熟期，同类产品经过你死我活地充分竞争后，货真价实者才慢慢形成自己的品牌，企业一旦拥有品牌就有了护城河，普通产品很难与之充分竞争。

最强大的品牌号召力就是名牌，真正的名牌可不是靠广告狂轰滥炸砸出来的，而是长期竞争的胜利者，有些还有悠久的历史文化沉淀。名牌产品比如“宝马”汽车就比普通汽车要贵，虽然材料和生产技术差不多，但追求时尚的消费者只认宝马这个名牌，普通汽车无法满足消费者对档次与品味的需求，这就是名牌的魅力，当然名牌产品的利润率也非常高。

● 市场容量

市场就像鱼池，而企业只是池中的鱼。企业市场占有率高只能说明它是池中的大鱼，最好市场这个鱼池也足够大，才有可能培养出更大的鱼，甚至孕育出蛟龙。比如说喝酒的人多还是喝矿泉水的多？这就是市场容量的区别。喝酒这个习惯很难改变，不可能被其他产品替代，市场总容量很稳定，但企业要增长只能蚕食同行份额，而矿泉水的整体市场容量却可以稳步增长。

企业经营与盈利能力

经营能力分析

● 企业治理结构

（1）规范的股权结构：降低股权集中度，没有持股超过50%的大股东，否则小股东都是摆设；流通股适度分散，最好战略投资者能多足鼎立，既发挥积极作用又相互制约。股权结构是企业治理的基础，很多企业就是在这方面出现问题，最后变成大股东的提款机。

（2）有效的股东大会制度是确保各位股东充分行使权力的基础制度，凡是涉及企业的重大事项必须召开股东大会并投票表决。

（3）董事会是企业的决策机构，股东大会应赋予其合理的权力，但也要有约束机制，制定规范的选聘程序，要求董事会根据股东的最大利益履行职责，凡涉及企业的重大利益应由董事会集体决策。

（4）独立董事制度是在董事会中引入与股东、管理层均无利益关联的独立董事，有利于完善企业的治理结构、制衡董事会和增加透明度，有利于董事会规范运作、保护投资者权益。

（5）优秀的管理层是保证企业长期发展的基础，企业必须有选聘和激励制度，将个人利益与企业利润捆绑在一起，才能充分激发出管理层的工作热情。

● 管理层素质

管理层的职能主要包括：合理使用人力资源、维持正常生产经营、规划与决策企业的发展方向。管理层是否卓越决定了企业的经营业绩是否优异，优秀的管理层应具备如下素质：炉火纯青的专业技术能力、良好的协调能力、高瞻远瞩的战略目光、自我约束的职业道德。

企业的核心竞争力包括资金规模、专利技术、资源垄断、政策壁垒和知名品牌等，即便是垄断型企业，如果没有优秀的领导层，也很难成为伟大企业。企业从平凡到优秀再到完美，关键是企业家在转折点上的伟大决策，成功的企业都有卓越的领袖，比如微软的盖茨、苹果的乔布斯。投资资本市场的最大优势在于：不仅投资土地、生产设备、专利技术和专业人员，还同时拥有顶尖的企业家。这种优势是投资黄金和房地产无法比拟的，作为股东当然希望能雇用最杰出的企业家来创造利润。

盈利能力和成长性分析

- 盈利预测

判断企业的投资价值，需要对企业各方面都有深入了解，然后在宏观经济运行平稳的前提下，对企业未来的生产经营做出预测，主要包括：(1) 预测销售收入，根据历史数据结合市场未来的需求和占有率，对销售总量和收入进行预测，这是预测盈利的最关键环节；(2) 预测生产成本，指未来主要原材料的价格趋势和人员薪酬增幅等；(3) 预测“三费”，即管理费用、研发费用和销售费用，重点分析它们的支出比例是否有变化，是否有新的长短期贷款导致财务费用增加等。

- 经营战略分析

经营战略是企业为长期生存发展而进行的通盘规划，通过合理调整结构和分配资源，规划企业未来的经营范围、成长方向、速度及实现方式，既是战略思想，也是制订规划的基础。由于决策对象的复杂性，决策时面对的问题又常常具有突发性和难以预料性，因此对经营战略的准确评价难以标准化。

(1) 主营业务清晰明确，产品不易更新换代。首选确定性较高的企业，比如珠海格力电器股份有限公司（以下简称“格力电器”）(000651)，绝大多数人都知道其主营空调，简单易懂。投资者别去碰那些业务复杂、概念新潮、具体产品云里雾里的企业，林奇告诫投资者：好的企业产品只要用铅笔就能画出来。高科技行业由于新技术飞速发展，技术不断升级换代容易颠覆原有行业，产品的生命周期无法确定，经常只是各领风骚数年，比如手机替代寻呼机、数码淘汰胶片。虽然这类行业有时也会出现“10 倍股”，但价值投资的原则是宁可错过，不能选错，长期持有的企业必须有非常稳定的业务。

（2）拥有完整产业链，上下游次之，中游回避。行业中拥有完整产业链的企业，不仅利润率高而且抵御风险的能力也强，最有可能成为长盛不衰的优秀企业。如果实在无法找到这类企业，退而求其次也要选择上、下游的企业。上游企业控制了不可再生的资源，凭借自身的垄断性和产品的稀缺性占据了主动地位，比如江西铜业垄断了我国25%的铜矿资源，而铜是电缆的必需成分，只要管理层循规蹈矩，该企业可能会成为伟大企业。下游企业通过销售渠道直接面对消费者，依靠长期积累的品牌效应也能保持一定利润率。中游企业则寄人篱下，受制于行业的上、下游企业，毫无议价筹码。上游企业提供的原材料提价，中游企业只能默默忍受；下游企业的终端产品涨价，中游企业未必能分到那杯羹；下游企业产品的需求减少、销售受挫，中游企业则可能直接玩完，比如手机行业中的整机生产企业就优于零部件配套企业。

- 扩张潜力分析

扩张潜力是指企业在发展过程中具有规模扩张、产品升级的潜力，就是企业的成长性。潜力分析需要判断企业效益是否会从差到好或者从好到更好，不仅要分析企业的历史经营状况，更要着眼于企业未来可能的变化趋势。成长性是企业的灵魂，主要从以下3方面来衡量：

（1）企业规模扩张是由于行业整体发展导致的水涨船高，还是与同行白刃战抢来的份额？是依靠先进的技术还是降低利润率带来的？要找出企业扩张的主要原因；（2）纵向比较企业历年的销售额、利润率和资产规模等指标，判断企业的发展趋势是旭日东升、四平八稳还是夕阳无限好；（3）将各项指标与行业平均水平及竞争对手比较，了解其在行业中的发展趋势。

潜力分析要将资产与利润的成长性结合起来一并加以考虑。仅资产增长而收入和利润没有同步增长，说明资产没有物尽其用，还会增加财务风险；反之，只有收入和利润快速增长而资产没有相应跟上，则说明企业发展的后续潜力不足。

上市公司调研

走访上市公司的主要目的是通过调研全面了解企业的基本面，进行符合实际的综合分析，判断企业是否有投资价值，需注意的要点有：（1）调研前充分收集企业的各种信息，初步形成自己的投资观点，再重点调研有关信息，否则面对大量资料根本无法判断，调研的效果将大打折扣；（2）股东大会是最好的调研时机，企业所有高管都会到场，与之面对面沟通已经准备好的问题，了解企业发展方向，而且有不少机构也会参加股东人会，他们背靠团队的力量对企业研究得比较透彻，需要仔细聆听他们考虑的问题；（3）详细了解企业的行业壁垒、发展前景、上下游供需情况和宏观经济对行业的影响等，还有控股股东、关联企业、资本规模、发展战略和利润率等方面；（4）分析员工技术层次、生产效率、市场需求、销售周期、主要客户、市场占有率和销售成本等；（5）分析研发费用占销售收入的比例，研发新产品面临的风险，还有融资、投资收益等情况，判断企业是否有足够现金流来维持自身的正常运转。

好价格（低估值）

好价格才有好收益

投资者耗费了大量精力对宏观经济、行业和企业进行了分析，最终确定具体投资目标后，是否可以马上买入？不！还要等待好价格。好价格当然不是低价格而是低估值，最经典的估值指标就是 PE 和 PB。看看专业的公募基金分别在低、中、高估值状态下进行长期投资的收益率。

2005 年 10 月 31 日，上证指数为 1093 点，深证成指为 2662 点，沪深股市整体的 PE 为 16.9 倍，其中上证指数的 PE 仅 12 倍，是历史大底，处于绝对的低估值状态。如表 2－1 和表 2－2 所示，分别是 2005 年 10 月 31 日—2015 年 10 月 31 日这 10 年的收益率排名最高和最低的 3 只公募基金的相关情况。结果只有“华夏大盘精选”（000011）的总收益率达 1731% 超过 10 倍，年复合收益率为 33.7%，可想而知“10 年 10 倍”是多么艰难；

第二名“博时主题行业混合”（160505）10 年的总收益率为 896%，年复合收益率为 25.8%；就连排名最低的公募基金也有 88% 的总收益率。这说明在低估值状态下开始长期投资，总收益率都非常理想。

表 2-1　低估值状态下排前 3 名的公募基金 10 年的总收益率

排名	基金代码	基金简称	总收益率
1	000011	华夏大盘精选	1730%
2	160505	博时主题行业混合	896%
3	519008	汇添富优势精选	887%

表 2-2　低估值状态下排后 3 名的公募基金 10 年的总收益率

排名	基金代码	基金简称	总收益率
1	161603	融通债券 A/B	88%
2	050006	博时稳定价值债券 B	90%
3	020002	国泰金龙债券 A	96%

2006 年 10 月 31 日，上证指数为 1838 点，深证成指为 4622 点，沪深股市整体的 PE 为 24.4 倍，处于中等估值的状态。如表 2-3 和表 2-4 所示，分别是 2006 年 10 月 31 日—2015 年 10 月 31 日这 9 年收益率排名最高和最低的 3 只公募基金的相关情况。第一名华夏大盘精选 9 年内的总收益率为 752%，年复合收益率为 26.9%；倒数第一的公募基金也有近 40% 的总收益率。这说明在市场处于中等估值状态时开始长期投资，取得 9 年 6 倍的成绩就能秒杀大多数公募基金。

表 2-3　中估值状态下排前 3 名的公募基金 9 年的总收益率

排名	基金代码	基金简称	总收益率
1	000011	华夏大盘精选	752%
2	340006	兴全全球视野股票	541%
3	163402	兴全趋势投资混合（LOF）	490%

表 2-4　中估值状态下排后 3 名的公募基金 9 年的总收益率

排名	基金代码	基金简称	总收益率
1	070009	嘉实超短债债券	39%
2	519519	华泰柏瑞稳本增利债券 A	45%
3	290003	泰信双息双利债券	48%

2007 年 10 月 31 日，上证指数为 5955 点，深证成指为 19531 点，沪深股市整体的 PE 为 47.9 倍，处于绝对的高估值状态。如表 2－5 和表 2－6 所示，分别是 2007 年 10 月 31 日—2015 年 10 月 31 日这 8 年收益率排名最高和最低的 3 只公募基金的相关情况。第一名华夏大盘精选的总收益率为 132%，年复合收益率为 11.1%；但悲催的是，表现最差的公募基金 8 年的时间居然亏了 50%。最优秀的公募基金的投资能力总比绝大多数散户强吧，当市场处于高估值状态时，长期投资能取得 8 年 1 倍的收益就是其中的佼佼者了。

表 2－5　高估值状态下排前 3 名的公募基金 8 年的总收益率

排名	基金代码	基金简称	总收益率
1	000011	华夏大盘精选	132%
2	162201	泰达红利成长混合	121%
3	070002	嘉实增长	117%

表 2－6　高估值状态下排后 3 名的公募基金 8 年的总收益率

排名	基金代码	基金简称	总收益率
1	560002	益民红利成长	－48%
2	161607	融通巨潮 100	－43%
3	510050	华夏上证 50ET	40%

“天下武功唯快不破，资本市场唯廉不败”，长期收益率高低的关键是在什么估值状态下开始投资：熊市末期，在市场处于低估值状态时入场，10 年 10 倍不是梦；牛市顶部，在市场处于高估值状态时入场，8 年 2 倍就是梦。但无论如何，10 年 10 倍（年复合增长率为 27%）的收益率已经达到了投资的极限。

“傻瓜式”低估值投资

从市场处于高、低估值状态时分别开始投资而最终收益率相差竟如此之大，这其中也体现了基金管理者的个人能力，那普通散户如果从市场处于低估值状态时开始投资能有多少收益率？如表 2－7 所示，这是雪球网友“何纯在南国”与“东博老股民”的统计数据。

低市盈率投资组合：1998 年 5 月 1 日—2014 年 9 月 30 日，由于每年上市公司财务报表披露的截止日期为次年的 4 月 30 日，因此从 1998 年 5 月 1 日开始建立投资组合，选取 PE 最低的 20 只股票等额买入，停牌股剔除，每年 5 月 1 日重新更换组合。

低股价投资组合：每年 1 月 1 日选出前一年绝对股价最低的 20 只股票，停牌股剔除，每年 1 月 1 日重新更换投资组合。注意：1998 年 5 月 1 日，上证指数为 1353 点，沪深整体的 PE 为 44 倍，2014 年 9 月 30 日，上证指数为 2364 点，沪深整体的 PE 为 16.7 倍，指数累计上涨了 75%，年复合收益率为 3.5%。

表 2-7　低市盈率与低价股组合的投资收益情况

年份	低市盈率组合			低价股组合		
	平均 PE（倍）	年涨跌幅	累计市值（元）	平均股价（元）	年涨跌幅	累计市值（元）
1997			1.000			1.000
1998	20.60	-17.44%	0.826	4.21	11.90%	1.119
1999	16.70	37.49%	1.135	3.75	23.80%	1.385
2000	21.20	18.08%	1.340	4.09	82.00%	2.521
2001	21.80	-18.19%	1.097	6.17	-17.20%	2.088
2002	17.70	5.22%	1.154	4.48	-3.30%	2.019
2003	16.50	5.11%	1.213	3.63	17.40%	2.370
2004	10.60	-31.69%	0.828	2.73	-15.50%	2.003
2005	6.10	23.00%	1.019	1.71	3.10%	2.065
2006	6.40	283.65%	3.909	1.36	42.40%	2.940
2007	15.20	72.99%	6.763	1.86	255.20%	10.443
2008	10.30	-8.95%	6.157	6.02	-58.40%	4.344
2009	7.80	36.39%	8.398	2.01	217.20%	13.781
2010	10.98	13.10%	9.498	4.63	-7.00%	12.816
2011	9.00	-10.23%	8.526	3.29	-17.30%	10.599
2012	7.20	6.31%	9.064	2.33	12.10%	11.881
2013	6.00	-7.55%	8.380	2.28	-5.50%	11.228
2014	4.80	23.02%	10.309	1.95	34.00%	15.045

（1）低PE组合累计收益率为931%，年复合收益率为14.71%，大幅跑赢了指数3.5%的年复合增长率，收益率相当不错。初始时间1998年是相对高点，等于高估值状态入市，如果提早到1996年的低估值状态开始，累计收益率20多倍，年复合增长率为19%左右。

（2）如果只选取其中3个时间段进行统计：第一，两个牛市顶部，从2000年至2007年的7年时间，低PE组合累计收益率为405%，年复合收益率为26.02%，上证指数累计上涨了113%，年复合收益率为11.4%；第二，牛市顶部2007年至熊市2014年的7年时间，低PE组合累计收益为54.4%，年复合收益率为6.4%，上证指数累计下跌了40%，年复合收益率为－4.9%；第三，两个熊市底部，从2004年至2014年的10年，低PE组合累计收益为1144%，年复合收益率为30.6%，上证指数累计上涨了104%，年复合收益率为7.9%，无论在哪个阶段，低PE组合大幅跑赢上证指数。

（3）从1998年5月1日至2004年5月1日的6年时间，低PE组合的年化收益率只有0.2%，虽说上证指数为负收益，但这对投资心态和理念是个巨大考验，设身处地想想能坚守这样的投资策略吗?

（4）低价股组合的累计收益为1405%，年复合收益率为17.29%，比低PE组合略胜一筹，原因探讨：第一，两个组合入场时间不同，低PE组合是每年5月1日，而低价股组合是每年1月1日，抢跑4个月；第二，我国股市热衷于转送股，导致有些质地不错的企业经过反复转送股后也变成低价股；第三，不少低价股严重亏损，而在国内很少被勒令退市，通常都是重组借壳后乌鸡变凤凰，但在国际成熟市场，垃圾股的股价可以无限低，甚至大幅低于每股净资产，而PE不会无限低，无风险收益率就是支撑点，因此低PE组合安全性更高。

（5）低PE组合其实是个“傻瓜”组合，但长期收益率并不低，如果策略再优化：第一，排除一次性高收益导致的低PE企业；第二，市场对某行业不看好，其所有企业均给予低估值，限定同行业最多入选3家企业；第三，入选企业PE高于15倍就空缺，持有现金。这样收益率更高资金回撤率更小，篇幅有限您自己统计吧。

美国和日本的低估值投资收益

在国内A股市场，低估值组合的收益率不错，那在国际成熟市场呢？再看强大的美帝国主义的情况，奥莎那希所著的《华尔街制胜秘诀》中统计了1950—1994年美国股市的数据。分析周期长达44年，将成长股表现较好的60年代和价值股表现较好的70、80年代都包含在内，以消除统计时人们潜在的偏见。

奥莎那希假定每年买入最高与最低PE各50只股票，并且随着估值的改变每年调整投资组合，结果见表2－8。低PE组合与市场整体收益率几乎没有差异，但如果投资大盘股，低PE组合的收益率明显优于整体市场；而低PB、最低股价现金流比和低PS组合每年都战胜整体市场达2%～3%，44年下来要相差1倍多。奥莎那希总结：市场并没有遵循随机理论，即市场永远有效，统计显示，市场总是不断奖励那些低估值股票和惩罚那些高估值股票。

表2－8　1950—1994年美国股市不同估值状态下的股票组合的年复合收益率

统计标的	年复合收益率
所有股票	14.6%
最低PE的50只股票	14.8%
所有大盘股	12.6%
最低PE的50只大盘股	15.5%
最低PB的50只股票	17.5%
最高PB的50只股票	11.9%
最低股价现金流比的50只股票	17.1%
最高股价现金流比的50只股票	10.8%
最低PS的50只股票	18.9%
最高PS的50只股票	8.2%

卓曼价值管理公司统计了美国1970—1995年25年中1500家企业的股票。其中，PE最低的20%企业收益率大幅超越PE最高的20%企业，并战胜市场，低PE组合的年复合收益率为17.7%，整体市场的年复合收益率

为15.3%，而高PE组合的年复合收益率只有12.2%。

再看日本，“逝去的20年”中低PE组合的收益率如何？香港惠理公司统计了日本1990—2011年的市场数据，日经指数整体下跌了62.21%，而其中PE最低的20%企业在这个超级大熊市中累计收益达1617%。当然惠理做的测试是每月换仓，但这不是重点，重点是再次证明了低估值组合投资穿越熊牛的长期有效性，无论时间跨度还是地区跨度。

A股高、低估值投资收益对比

2000年1月1日—2015年12月31日，统计时间跨度为16年的“申万风格指数”（期间上证指数从1366点涨到3539点），累计收益率为52.34%，年复合收益率为6.1%。PE和PB指数样本的数量为300只股票；绩优股、微利股和活跃股指数样本的数量为100只股票。

如表2-9所示，低PE、低PB、绩优股组合的收益率遥遥领先，按重要程度排序则是PE>PB>业绩，其中绩优股与微利股的差异最小，这主要得益于2015年垃圾股曾被爆炒至100倍PE以上，因此低估值投资才是王道。再统计活跃股指数，其成分股以每周的最高换手率为标准，每周调整一次，总收益率为-97.4%（注意是负值）。

表2-9 2000—2015年申万风格指数在不同估值状态下的收益情况

统计标的	累计收益率	年复合收益率	年复合收益率差距
低PE组合	642%	12.3%	8.6%
高PE组合	180%	3.7%	
低PB组合	621%	12.1%	7.1%
高PB组合	217%	5%	
绩优股组合	528%	11%	2.4%
微利股组合	376%	8.6%	

“现在已然衰朽者，将来可能重放异彩；现在备受青睐者，将来却可能日渐衰朽。”这是价值投资教父本杰明·格雷厄姆在其著作《证券分析》扉页上引用古罗马诗人贺拉斯的诗句。许多投资者都是成长股爱好者，但投资结果往往不尽如人意，因为真正的成长股极其罕见，企业未来的增长

总是充满变数，那些高 PE 企业的股价依靠未来利润的高增长预期维持，一旦利润没有达到甚至负增长就会遭遇戴维斯双杀，即 EPS 减少加上市场给出降低的 PE，股价立刻兵败如山倒连连暴跌。

低估值投资者最不感冒的就是不确定性，而投资高估值成长股主要是预测未来，但是前面大量的统计数据显示这些预测并不靠谱。价值投资的基础在于企业已知的良好基本面，就是目前的内在价值及低估值，而不是追求未来可能的好业绩，就像好学生大概率会继续考出好成绩。如果对成长股的投资仅聚焦于企业未来利润可能的高增长上，就像赌普通学生未来考出好成绩一样。

低估值投资具备高安全边际，主要体现在两方面：（1）部分低估值企业确实 EPS 开始下降，但股价反而上涨，因为市场对这些企业本来就没有想入非非的殷切期望，利润减少本在预料之中，股价已经提前跌透释放了风险，没有下跌空间，低估值提供了足够高的安全边际；（2）低估值企业尤其是传统的周期型行业一旦出现业绩拐点则会王者归来，市场必然幡然醒悟，股价涨幅远超企业利润的好转程度，这就是估值修复的魅力，投资低估值企业其实收益率非常高。

低估值本质就是股价低于企业内在价值，但是价值回归的时间可长可短，无法确定是几个月还是几年，投资者要做好长期抗战的准备。自有闲置资金选择低估值企业长线持有，绝对低风险高回报。至于频繁交易的赌徒们梦想一夜暴富，却永远可望而不可即。他们不了解企业的内在价值，只凭天马行空的想象随意交易，热烈追捧的往往已是残羹冷炙，却以极度低价把那些被错杀的好企业奉献给低估值投资者。投资和投机的区别就在于理性与不理性，或者是理性控制情绪还是情绪颠覆理性。

第三章

财务报表要这样读

大部分投资者对财务报表的认识有两个误区：必须有专业财会知识才能读懂财报；熟练掌握财报后就能轻松找到好企业。笔者坚决反对这两种观点，其实只要花费不多的业余时间就能基本掌握证券投资所需的财报知识，掌握企业的基本财务状况，从而结合股价判断其投资价值。通过财报只能了解企业的过去和现在，无法预测未来，精通财报是用来排除弄虚作假的企业，而不是挖掘黑马，否则会计师们个个都是投资高手了。

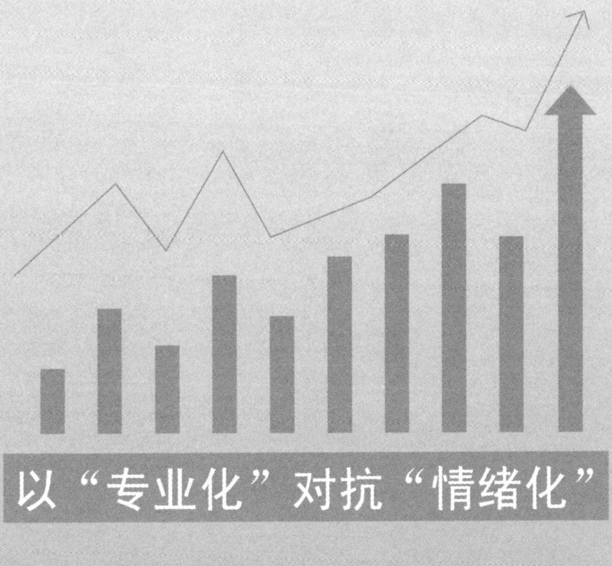

第一节　读懂资产负债表

资产负债表

资产负债表是反映企业某一特定日期资产、负债和股东权益等详细财务状况的会计报表。还是以王氏大酒店为例：2001 年 1 月 1 日酒店开张，净资产为 100 万元，向亲戚短期借款 10 万元，银行贷款 20 万元。厨房设备、装修等固定资产为 80 万元，预留 50 万元现金做流动资金周转，酒店开张前的资产负债表见表 3－1。

表 3－1　2000 年 12 月 31 日王氏大酒店资产负债表　　单位：万元

项目	金额	项目	金额
资产		负债及股东权益	
流动资产		流动负债	
货币资金	50	短期借款（向亲戚借款）	10
流动资产合计	50	流动负债合计	10
非流动资产		非流动负债	
固定资产原值	80	长期借款（银行贷款）	20
减：累计折旧	0	非流动负债合计	20
固定资产净值	80	负债合计	30
非流动资产合计	80	股东权益	
		股本	100
资产总计	130	股东权益合计	100
		负债和股东权益合计	130

酒店经营 1 年后状况不错，2001 年 12 月 31 日重新计算资产，结果见表 3－2。固定资产还在，但是使用后变旧，折旧 20% 后还剩 80 万元 × 80% ＝64 万元，现金 60 万元，几位老主顾还有 10 万元记在账上没来结

算，为经营准备的海鲜存货为 12 万元，为保证新鲜的蔬菜供应，投资 14 万元参股一个蔬菜基地 20% 的股权，向亲戚借的 10 万元已还清，20 万元的银行贷款未还。

表 3－2　2001 年 12 月 31 日王氏大酒店资产负债表　单位：万元

项目	期末余额	期初余额	项目	期末余额	期初余额
资产			负债和股东权益		
流动资产			流动负债		
货币资金	60	50	短期借款		10
应收账款	10		应付账款		
预付账款			预收账款		
存货	12		流动负债合计	0	10
流动资产合计	82	50	非流动负债		
非流动资产			长期借款（银行贷款）	20	20
长期股权投资	14		非流动负债合计	20	20
固定资产原值	80	80	负债合计	20	30
减：累计折旧	16		股东权益		
固定资产净值	64	80	股本	100	100
无形资产			资本公积		
非流动资产合计	78		未分配利润	40	
资产合计	160	130	股东权益合计	140	100
			负债和股东权益	160	130

从以上两张资产负债表中可以看出两个特点：（1）资产负债表分左右两侧，左侧为资产，说明酒店目前的总资产为 160 万元，至于其中有多少是借的，这里不管，右侧为负债和股东权益，反映资产的所有权，其中 20 万元是借的，其余 140 万元是股东的。“左右必须相等”，资产 = 负债 + 股东权益。（2）左侧的各项资产按流动性顺序排列，变现能力最强的资产排在最前面；右侧的各项负债及股东权益按求偿权的先后顺序排列，如果企业破产，需要优先偿付的排在最前面，最后才轮到各位悲惨的股东。

流动资产

但是，打开一份真正的上市公司财报（包括但不限于年报），好像还有很多项目没提到，下面以 2014 年度格力电器的财务报表为例详细讲解，先分析资产中的流动资产这一大项。流动资产是指企业可以在一年内变现或运用的资产，构成情况见表 3－3。

表 3－3　格力电器 2014 年度流动资产表　　单位：万元

资　　产	附 注	期末余额	期初余额
流动资产：			
货币资金	七（一）	5，454，567	3，854，168
衍生金融资产	七（二）	8，418	124，611
应收票据	七（三）	5，048，057	4，629，724
应收账款	七（四）	266，135	184，928
预付款项	七（五）	159，149	149，865
应收利息	七（六）	124，215	72，956
应收股利			
其他应收款	七（七）	38，060	34，642
买入返售金融资产			
存货	七（八）	859，910	1，312，273
划分为持有待售的资产			
一年内到期的非流动资产			
其他流动资产	七（九）	55，838	11，803
流动资产合计		12，014，348	10，374，970

注：本表及后面所有涉及格力电器财务报表的数据均截取自格力电器 2014 年年度报告，单位已由人民币“元”替换成“万元”，表内数值按照四舍五入法重新取值。

货币资金

货币资金分两种：（1）现金、银行存款等流动性强、价值变动风险很小的资金；（2）使用受到限制的货币资金，如不能随意支取的定期银行存款、存放央行的法定存款保证金等。这项可能出现的问题：货币资金很少说明企业的资金链非常紧张，如果货币资金很多，但有息负债更多，说明这些资金只是暂时借来应急用的。比如，王氏大酒店有 60 万元的现金，可以偿还 20 万元的银行贷款，以减少利息支出，除非酒店要扩大经营。

交易性金融资产

有些财报中还有交易性金融资产这一项。企业短期投资债券、股票等博取差价时，就把这些资产放入这项。这些资产不允许再转到别的项目中，而且产生的损益直接计入企业的当期利润。比如：去年投资的股票赚了 50 万元，酒店去年的利润就增加 50 万元；今年股票赔了 60 万元，酒店今年的利润就减少 60 万元。抛售这些资产时产生的利润要按比例一次性缴税。

应收账款

应收账款是企业销售产品或提供劳务后但目前还没收到的款项，就是被赊销“打白条”了。王氏大酒店就有老主顾的 10 万元白条，报表记录这是应收账款，企业有大量应收账款会导致严重后果：（1）没有周转资金，企业必须借款才能进行生产和经营，相关成本大幅提高；（2）1 年以上应收账款会大概率变成坏账，蚕食企业利润。反之，如果企业销售的产品或提供的劳务不具有垄断性，但报表中应收账款很低或没有，那销售收入很可能“注水”了。

在“应收账款”的“附注七（四）”中，可以详细了解企业如何按账龄分析法计提坏账准备，不同行业甚至同行企业可以选择不同的坏账计提标准。但如果企业的计提标准一直比较宽松，突然开始严格，很可能企业更换了一把手，利用“财务洗澡”为自己任内轻装上阵做准备；如果企业一向严格计提，突然放松要求，可能是企业的当年利润较低，需要通过减少计提来平滑利润。注意：无论应收账款还是后面的应收票据，这些数据都是按比例计提坏账准备后的结果，比如应收账款实际是 100 万元，但是账龄超过 1 年要计提 10% 的坏账，财报显示应收账款就是 90 万元。

应收票据

应收账款是被打白条，天知道啥时候能回款；同样是欠钱，应收票据就有骨气得多，对方给开出票据，到约定期限（通常不超过 6 个月），去拿钱就是。不过票据也分两种：（1）银行承兑汇票由银行承诺兑现，保证到期足额拿走，信用杠杠的；（2）商业承兑汇票由企业开具，兑现时间和程度取决于开票企业的财务状况，但总比打白条强多了。

预付账款

预付账款是企业按照购货合同预付给供货企业的货款。通常预付款都是无足轻重的小额资金。目前都是买方市场，试想一下假如您是老板，会支付利息向银行大量借款预付给对方无偿使用？如果经常有大量预付账款说明企业在产业链中处于绝对弱势地位。有些企业甚至出现长时间的大量预付款，那这笔款项很可能被大股东或管理层私自挪用了。

应收利息和应收股息

应收利息是企业借钱给别人应该收到的利息；应收股息是企业参股其他企业应该收到的分红。

其他应收款

这是个杂货铺，主要是与主营业务无关的各类小额应收款，基本忽略不计。但事实上这个项目变成“藏污纳垢”的地方，如果金额突然变化很大，一般都是大股东或管理层要恶意掏空上市公司的资产。因此，经营规范的企业其他应收款都很少，反之越是混乱的企业其他应收款就越多。

存货

存货是指企业以备出售的商品、生产中的半成品或消耗的材料和人工等，如王氏大酒店的 12 万元海鲜就是存货。存货除了看数量外还要看性质，数量好理解，如果企业有大量存货销售不出去肯定不行。存货性质也有讲究：（1）耐储存的商品，比如白酒、有色金属等放几年，价值还在，最多价格有些波动；（2）过时商品，比如现在都用智能手机，企业仓库里一堆非智能手机存货，还有价值吗？（3）不耐储存的商品，比如酒店的海鲜，如果生意兴隆，这个存货就物有所值，如果“门前冷落鞍马稀”，这个存货的价值就要打折扣了。

有些企业在“非流动资产”项目中有“生产性生物资产”，指用于生产的动物与植物，比如养殖场用来繁殖的海鲜就属于生产性生物资产，而酒店的海鲜就是存货。大量拥有生产性生物资产的都是农、林、渔、牧等行业的企业，笔者是回避这些行业的，原因：(1) 古语云“家有万贯，带毛不算”，动植物受天灾人祸影响太大，不确定性风险高；(2) 目前国家政策支持农业发展，大量减免税收，其他行业造假好歹还要真金白银的缴税，这些行业造起假来连税都免了。

非流动资产

仍以2014年度格力电器的财务报表为例进行讲解，分析资产中的非流动资产这一大项，构成情况见表3－4。

表3－4　格力电器2014年度非流动资产表　　单位：万元

非流动资产：	附 注	期末余额	期初余额
发放贷款及垫款	七（十）	644，170	456，546
可供出售金融资产	七（十一）	215，010	80，593
持有至到期投资			
长期应收款			
长期股权投资	七（十二）	9，221	9，757
投资性房地产	七（十三）	50，790	50，306
固定资产	七（十四）	1，493，928	1，403，414
在建工程	七（十五）	125，435	186，168
工程物资			
固定资产清理		772	629
生产性生物资产			
油气资产			
无形资产	七（十六）	248，029	237，018
开发支出			
商誉			
长期待摊费用	七（十七）	2，095	4，267
递延所得税资产	七（十八）	819，296	568，261
非流动资产合计		3，608，747	2，996，958
资产总计		15，623，095	13，371，928

可供出售金融资产

企业有些想要长期持有的金融资产，比如优质企业的股票等，就归入可供出售金融资产这项。这些资产的公允价值（就是市场价）变动不计入企业的当期利润，而是计入股东权益下的资本公积项目中，直接影响企业的净资产。最后抛售时产生的利润一次性计入当期利润，同时从资本公积中减去历年来增加的部分。企业持有期间所得分红和利息，计入当期投资损益，影响当期利润。

持有到期投资

企业投资各种债券是要获得稳定的利息，通常都持有到期，因此放入持有到期投资这项，报表附注中会详细说明债券的性质、收益等情况。报表上这项每年的账面价值与投资收益都稍有出入，主要因为报表使用折现率计算，过程比较复杂就不介绍了，而且和大致估算结果差别不大。注意：如果该项目投资金额巨大，并且变化多端，去年计提坏账减值，今年又说不是坏账要转回，则必有猫腻，投资者应一票否决。

长期应收款

长期应收款是企业融资租赁产生的应收款项和采用递延方式的分期收款。通俗点讲就是因对方企业资金周转困难，本企业就采用分期付款再加点利息的方式销售产品，导致现在还没有收回的那部分款项。

长期股权投资

长期股权投资指通过投资取得被投资企业的股份，以达到对其控制或施加重大影响的目的，比如王氏大酒店投资 14 万元拥有蔬菜基地 20% 的股份，就是为了保证每天有新鲜蔬菜供应。

长期股权投资的成本与利润有两种计算方法：成本法和权益法。比如蔬菜基地当年盈利 10 万元，分红 5 万元。酒店以成本法计算：成本 14 万元，投资收益 5 万元 × 20% = 1 万元，第二年成本还是 14 万元；权益法计算：成本 14 万元，投资收益 10 万元 ×20% =2 万元，第二年成本就是 14 万元 +2 万元 =16 万元。成本法的成本永远是初始投资额，收益就是分红；权益法的成本是初始投资额加以前的损益，收益就是当期损益。

目前规定按持股比例决定核算方法：（1）持股比例大于 50% 按成本法核算；（2）持股比例为 20% ~50% 按权益法核算；（3）小于 20% 按照 2014 年新会计准则核算，归入交易性金融资产或可供出售金融资产项目。

投资性房地产

有些企业拥有房地产不是为了发展业务而配备，只是收租或博取差价，就归入投资性房地产。这项关键在于采用何种方法计算成本：（1）成本法，购买时价格为成本；（2）公允价值（市场价）法。选择成本法以后可以改为公允价值法，但选择公允价值法后就不能再改回成本法。

中规中矩的企业通常都采用成本法，与存货一样按规则计提折旧，收到租金计入当期利润。但遇到采用公允价值法就要多长个心眼，它不计提折旧，如房产的市场价格变动，会通过利润表中的“公允价值变动收益”计入当期利润。因此要仔细分析采用公允价值法的企业，到底是真金白银的经营利润，还是公允价值变动带来的虚胖？最后抛售获得的利润要按比例一次性缴税。

固定资产

固定资产是企业为生产商品、提供劳务而持有且使用寿命超过 1 个会计年度的有形资产。固定资产虽然不是一次性使用，但最后总会报废，因此每年都有折旧，且折旧方法丰富多彩，财报附注中会说明采用的具体方法。通常企业总是尽可能将固定资产快速折旧，这样可以减少当年利润，暂时少交所得税，当然后期折旧减少利润变高，还是要补交，但至少打个时间差赚个利息。因此在固定资产上不舍得折旧的企业根本没必要投资。

固定资产折旧还要注意：（1）除了正常折旧，也可能提前损坏，这样要计提减值，会减少当期利润；（2）有提前损坏，就有延迟报废，有些生产设备保养较好，账面价值归零但还能正常使用，极端的像银行购买的商用楼，财报上年复一年折旧，实际市场价值年年上涨。

在建工程与工程物资

在建工程就是还没有建设完成的工程，建成投入使用就变成固定资产。工程物资就是在建工程中要消耗的材料。因为在建工程不需要折旧，而固定资产需要每年折旧，如果财报中在建工程数额巨大，且迟迟没有转入固定资产开始折旧，肯定是想通过减少折旧来虚增利润。

无形资产

无形资产指企业拥有没有实物形态的非货币资产，包括专利权、商标权、著作权、土地使用权和特许权等。国内的无形资产主要体现在土地使用权上，企业购买土地只拥有使用权而不是所有权，故归为无形资产。无形资产虽然看不见，与固定资产一样要折旧，但名称叫“摊销”，同样按使用年限摊销。注意，虽然有些财报注明了无形资产的价值，但该笔资产其实早已经名存实亡了，比如被新技术替代的专利权、无法再经营的商标权等。对房地产企业来说，土地使用权是存货而不是无形资产。

商誉

商誉就是企业购买另一家企业股权时支付的大于净资产的费用。比如餐饮集团 A 以 150 万元收购王氏大酒店，多花的 10 万元就是购买酒店品牌和厨师团队的费用，收购后餐饮集团 A 就有 10 万元商誉。因此没有进行过收购的企业没有商誉。如果看到企业财报中有大量商誉，要大致核算商誉金额和价值是否匹配。比如餐饮集团 A 收购王氏大酒店时把财报做成固定资产 100 万元，商誉 50 万元，由于商誉不要求摊销，这样餐饮集团 A 每年的固定资产折旧就减少，利润就无缘无故增加了。

长期待摊费用

长期待摊费用是企业已经支出，但摊销期限在一年以上的各项费用，比如对固定资产的修理、改良费用等，通常金额都不大。长期待摊费用与固定资产折旧一样，一次性支出后减少当期利润，暂时少缴税好歹赚点利息，蚊子腿肉也是肉啊。这项在附注中应注意，有些企业会把巨额广告费列入其中以减少支出。

递延所得税资产

企业和税务局核算的税收金额应该相同，但是在认定时间上会有差异。同一笔税款，企业觉得应该今年、明年各交 50%，税务局则认为应该今年交清，预缴的明年那部分税款就是“递延所得税资产”，这个资产不是好东西，把钱预缴企业会损失利息。

流动负债

前面这些企业的资产有多少是借的？是从哪里借的？要搞清楚这些问题就要看负债这项，负债分流动负债和非流动负债两大类。流动负债是指企业在一年内需要偿还的各项债务，构成情况见表 3 –5。

表 3 –5　格力电器 2014 年度流动负债表　　单位：万元

负债和所有者权益（或股东权益）	附注	期末余额	期初余额
流动负债：			
短期借款	七（十九）	357，877	331，697
向中央银行借款	七（二十）	1，746	3，741
吸收存款及同业存放	七（二十一）	80，651	54，227
拆入资金	七（二十二）		30，000
衍生金融负债	七（二十三）	21，570	
应付票据	七（二十四）	688，196	823，021
应付账款	七（二十五）	2，678，495	2，743，449
预收款项	七（二十六）	642，772	1，198，643
卖出回购金融资产款	七（二十七）	58，600	18，600
应付手续费及佣金			
应付职工薪酬	七（二十八）	155，050	164，016
应交税费	七（二十九）	830，887	617，466
应付利息	七（三十）	3，618	2，548

续表

负债和所有者权益（或股东权益）	附注	期末余额	期初余额
应付股利	七（三十一）	71	71
其他应付款	七（三十二）	254，638	479，378
一年内到期的非流动负债	七（三十三）	206，149	92，345
其他流动负债	七（三十四）	4，858，531	3，091，637
流动负债合计		10，838，852	9，650，839

短期借款

短期借款是企业为弥补自身资金不足而向银行或其他金融机构借入期限在一年以内的各种款项，比如王氏大酒店开张时向亲戚朋友借的 3 个月期限款项就是短期借款。通过附注可以查看短期借款具体是以何种担保形式（信用、保证、抵押）取得的，以此来判断企业在银行心目中的地位。

向中央银行借款、吸收存款和同业存放

金融机构在特殊情况下出现资金周转困难（比如挤兑），可向央行借款恢复流动性；吸收存款顾名思义；同业存放就是向同行——其他金融机构借的钱。这 3 项都是金融机构的特权，这些借款也要支付利息。

应付账款和应付票据

应付账款就是企业购买商品或接受劳务供应而应该支付但还没付给对方企业的款项。工业化时代商品供大于求，因此通常先卖货再付钱，这个企业的应付账款必然是对方企业的应收账款。具体到格力电器就有大量应付账款，但企业又不缺钱，说明它在产业链中非常强势，能大量无偿占用其他企业的资金。如果企业有大量应付账款，同时账户上又没钱，那就不是强势而是面临破产的节奏。同理应付票据对应的是应收票据。

预收账款

预收账款是企业按照合同向购货企业预收的款项。目前都是买方市

场，哪有货没到手先预付银子的道理？只有技术优势明显或生产垄断产品的企业才有如此待遇。因此，这项金额都不大甚至没有，但格力预收账款可不少，再次说明其在行业中的大哥地位，同样性质的企业还有贵州茅台等。

从企业收款的方式也能看出其在产业链中的地位：最强势，先收钱再发货，账户上预收账款多；比较强势，一手交钱一手交货，表现为货币资金多；买卖双方势均力敌，收到银行承兑汇票；相对弱势，收到商业承兑汇票；产业链最底层，只能接受没啥保障的白条——延期付款。

应付职工薪酬

应付职工薪酬就是应该支付但还没付的职工薪水，当然这不等于职工实际到手的收入，还包括为职工缴纳的保险、公积金和税收等一系列费用。将这项期末与期初的差额再加上后面现金流量表中“支付给职工的现金”，得到的总额就是企业总的职工薪酬，计算其占总成本的比例，比例高的就是劳动密集型企业，可挖掘的潜力不大。

其他应付款

其他应付款是指企业除了以上这些应付项目外，所有零星应付款的总和，虽然每年金额可能有些变化，但总数应该不大。如果企业长年有大量其他应付款，肯定是多提费用，这是将企业资金转入“小金库”的常用伎俩。

非流动负债

非流动债务就是偿还期限在一年以上的债务，构成情况见表 3－6。

表 3－6　格力电器 2014 年度非流动负债表　　单位：万元

非流动负债：	附　注	期末余额	期初余额
长期借款	七（三十五）	225，897	137，535
应付债券			

续表

非流动负债：	附　注	期末余额	期初余额
长期应付款			
长期应付职工薪酬	七（三十六）	10，672	9，292
专项应付款			
预计负债			
递延收益	七（三十七）	8，844	3，992
递延所得税负债	七（十八）	25，685	32，894
其他非流动负债			
非流动负债合计		271，098	183，714
负债合计		11，109，950	9，834，552

长期借款

企业最主要的长期借款通常都是银行贷款，要关注企业每年的贷款总量与利率变化。如果贷款利率较基准利率高很多，说明银行给予企业的评级不高；反之，则表示银行非常看好该企业。利用长期借款还可以计算企业每年的利息支出占费用的比例，以及对净利润的影响程度。

应付债券

应付债券是企业为筹措长期资金而发行的债券，每年都要支付利息，到期后要连本金一起偿还。

长期应付款

长期应付款是指企业因一时资金周转困难，向对方企业购买商品后采用分期付款的方式支付货款，到目前为止还没有支付的那部分资金。天下没有免费的午餐，这部分款项当然要支付利息，这项和前面资产负债表中的长期应收款相对应。

专项应付款

专项应付款是政府投入企业的有专项用途的资金，企业只要按照政府要求使用基本就是白送的，这是天下掉馅饼，其实并不是负债。

递延所得税负债

由于企业和税务局在缴税时间的认定上不一致，企业觉得要一次性缴纳的税款，税务局说分成今、明两年缴纳，这个明年才要缴纳的税款就是递延所得税负债，这负债反而是好东西，最少赚一年利息。

企业资产的真实价值与财报上的数目可能会有很大出入，但负债通常不会有啥猫腻，欠多少钱清清楚楚，有大量外汇负债的企业由于汇率变动，会在负债总额上出现较大波动。

股东权益

股东权益也称“所有者权益”，等于企业总资产减去总负债，这是企业真正拥有的资产，可以初步理解为“净资产”，这项分为四小项，构成情况见表3－7。

表3－7　格力电器2014年度所有者权益表　　单位：万元

所有者权益（或股东权益）：	附　注	期末余额	期初余额
实收资本（或股本）	七（三十八）	300，787	300，787
资本公积	七（三十九）	319，127	318，650
其他综合收益	七（四十）	1，775	67
专项储备			
盈余公积	七（四十一）	295，809	295，809
一般风险准备	七（四十二）	13，636	4，711
未分配利润	七（四十三）	3，484，132	2，528，965
归属于母公司所有者权益合计		4，415，265	3，448，989
少数股东权益		97，880	88，387
所有者权益合计		4，513，145	3，537，375
负债和所有者权益总计		15，623，095	13，371，928

实收资本（或股本）

实收资本（或股本）是企业根据国家规定和合同协议实际收到投资人投入的资本总额，就是营业执照上的注册资金，我国绝大多数上市公司股票的每股面值都是1元，股本＝总股数×1元，格力电器的总股本＝30亿×1元＝30亿元。

资本公积

资本公积是投资者投入到企业，但是投入金额超过法定资本的资金。比如王氏大酒店开业时的注册资金就是股本100万元，1年后经营不错利润为40万元，这40万元应该放入盈余公积和未分配利润（原因后面会具体解释）。现在老李想入股占50%，按道理应该出资140万元，但王氏父子觉得酒店有些小名气，即无形资产，双方协商后老李掏出160万元入股但占50%股份。现在王家的股本为100万元，李家也应该为100万元，多余60万元就归入资本公积。只要不是生产经营产生的资金，通常都归入资本公积。

上市公司分配方案中经常有"转增股本"一项。比如王氏大酒店想把现有的200万元股本扩大至220万元，增加的20万元股本如果从60万元资本公积中划入，就是转增股本。由于股本和资本公积这两项都是投资人直接投入的，因此转增股本不需要交税。资本公积不是赚来的利润因此不能分配，否则就变成"高分红→新股东高价入股→继续高分红→更新股东更高价入股"这样的"旁氏骗局"，企业不需经营玩玩财计就赚大发了。

盈余公积

既然前两项都是投资人投入的资金，那企业的经营利润是不是股东就能大快朵颐分红呢？政府管得还挺宽，你们"分赃"之前还必须做3件事：（1）如果往年有亏损先把窟窿补上；（2）强制把当年母公司净利润的10%提取放入法定盈余公积（注意只是母公司，下面控股公司不算），提取后扩大再生产，一直提取到股本（注册资金）50%以上时，就可以不再提取；（3）由股东自行决定是否提取或提取多少任意盈余公积。

未分配利润

忙活一年好不容易盈利了，往年亏损也弥补了，盈余公积也提了，剩余就是未分配利润，要不要分红？分多少？终于轮到股东自己说了算，未分配利润可以分红，也可以送红股。就在股东们准备“大碗喝酒大块吃肉”时，政府又出来喊话了，这分红送股都是企业赚的利润，统统要交税。如何交法？比如上市公司分配方案为每1股转增0.5股送0.2股派0.3元现金，转增的0.5股不用交税，每股面值1元，送0.2股就是0.2元，如果税收比例10%，则每股要交税（0.2元+0.3元）×10%=0.05元。税收比例政策经常变动，具体数值是多少投资者自己去找度娘问清楚。

一般风险准备

一般风险准备是专门要求金融机构提取的款项，用来应对以后可能出现的亏损，提取标准是“余额不低于风险资产期末余额的1.5%”。如果要投资金融类企业，投资者就要仔细研究风险资产那些复杂的计算方法，这里不展开论述。

少数股东权益

上市公司通常都是较大企业，除总部（母公司）以外，还有很多子公司，但有些子公司不是100%控股，这些子公司的小股东就是少数股东。比如，上市公司某个子公司某年的净利润为800万元，上市公司只控股80%，少数股东权益=800万元×(1-0.8)=160万元。

所有者权益只有在扣除少数股东权益后，剩余的“归属母公司所有者权益”部分才是上市公司真正的净资产。注意，企业的净资产并不一定是躺在账户上的资金，有些变成了固定资产，有些变成了应收账款……

除了合并资产负债表，还有“母公司资产负债表”，为什么有两张？上市公司除总部以外，还有许多子公司，甚至孙公司。母公司的资产负债表仅仅代表总部的情况，而合并资产负债表对应的是总部、子公司和孙公司等所有部门加起来的一个虚拟公司。同样“利润表”“现金流量表”和“所有者权益表”也都有两份，阅读财报时都是以反映企业整体的“合并报表”为主。

第二节　读懂利润表和现金流量表

利润表

利润表也叫“损益表”，是反映企业在一定会计期间经营成果的报表，直接揭示上市公司盈利能力的大小、潜力及经营趋势，就是赚了多少钱。投资不就是为赚钱嘛！讲解利润表前要先了解两个关键点：（1）利润表以“权责发生制”为基础核算，比如王氏大酒店1年盈利40万元，其中的10万元是老主顾欠的应收账款还没收到，但是利润表不管这些，只记录酒店有40万元这个权利，这就是“权责发生制”；（2）只需分析合并利润表，因为母公司利润包括母公司和子公司两部分，控股子公司属于母公司的长期股权投资这项，按成本法核算只能将子公司的分红计入母公司的投资收益中，并不能真正反映子公司的利润。

营业总收入

营业总收入的构成情况见表3－8。

表3－8　格力电器2014年度营业总收入表　　单位：万元

项　　目	附注	本期金额	上期金额
一、营业总收入		14，000，539	12，004，307
其中：营业收入	七（四十四）	13，775，036	11，862，795
利息收入	七（四十五）	225，405	141，477
已赚保费			
手续费及佣金收入		98	36

（1）营业收入。是企业销售商品、提供劳务及让渡资产使用权等经营活动产生的收入，表3－8的附注分为两部分：第一，主营业务收入是企业经常性的、主要业务产生的收入，占比最大且举足轻重，并按行业、产品

和地区的不同而分类，接着匿名披露前五大客户占企业主营业务收入的比例，如果有单一大客户比重过大，表示他能完全左右企业的业务量，以后企业营业收入的波动性就大；第二，其他业务收入是企业除主营业务以外的其他销售或业务收入，比如王氏大酒店卖些海鲜给同行应急，就属于其他业务收入，因为它的主营业务是卖饭菜而不是原料。

（2）利息收入、已赚保费、手续费及佣金收入。这是金融机构才有的业务，是格力财务公司的收入。

营业总成本

营业总成本的构成情况见表3－9。

表3－9　格力电器2014年度营业总成本表　　单位：万元

项目	附注	本期金额	上期金额
二、营业总成本		12，325，898	10，948，857
其中：营业成本	七（四十四）	8，802，213	8，038，594
利息支出	七（四十五）	70，976	49，196
手续费及佣金支出		33	26
营业税金及附加	七（四十六）	136，242	95，617
销售费用	七（四十七）	2，889，000	2，250，893
管理费用	七（四十八）	481，817	508，626
财务费用	七（四十九）	－94，224	－13，336
资产减值损失	七（五十）	39，842	19，239
加：公允价值变动收益（损失以“－”号填列）	七（五十一）	－138，155	99，056
投资收益（损失以“－”号填列）	七（五十二）	72，436	71，734
其中：对联营企业和合营企业的投资收益	七（五十三）	－360	2，86

（1）营业成本。企业因销售商品、提供劳务等经营活动而产生的实际成本，包括主营业务成本和其他业务的成本。**毛利率＝毛利润÷主营业务收入×100%＝(主营业务收入－营业成本)÷主营业务收入×100%**。毛利率是企业利润率的基础非常重要，企业产品要么有垄断性，要么有强大的技术壁垒，才能保持较高的毛利率，说白了就是产品有没有高质量。笔者投资企业的毛利率标准是>40%，当然更高也不反对。

（2）利息支出、手续费及佣金支出。前面“利息收入”“手续费及佣金收入”相对应的项目，是格力财务公司的经营成本。

（3）营业税金及附加。核算企业日常经营应负担的税金及附加，包括营业税、消费税、城市维护建设税和资源税等，附注中有详细清单，但不包括增值税和所得税。关键是无论企业有无盈利，这部分税款一分钱都不能少。

（4）销售费用、管理费用和财务费用。对于三费来说：**第一，销售费用**是企业发生在销售环节的所有费用，比如广告费、运输费和销售人员薪酬等，大部分销售费用会随企业收入的增加而增加，但不呈绝对的线性正比例关系；**第二，管理费用**是企业行政管理部门因经营管理而发生的各项费用，包括行政人员薪酬、董事会费用等各项名目繁多的支出，大致与企业收入按比例增加；**第三，财务费用**是企业因筹集资金而发生的费用，包括利息支出、利息收入和相关手续费，正负数都有可能，比如格力电器的就是负数，它表示利息收入大于支出，如果企业财务费用很高，说明有大量负债高杠杆经营。

（5）资产减值损失。资产除了固定折旧费用外，意外损失还要计提资产减值损失，像固定资产、存货、无形资产和坏账等项目都可能出现资产减值损失。当然有些已经计提的损失后来又收回了，比如计提坏账通过司法途径又收回就叫“转回”。无论资产减值损失还是转回，这项金额通常不大，否则就是明显的人为调节利润，投资者应一票否决。

（6）公允价值变动收益、投资收益和汇兑收益。**公允价值变动收益**是交易性金融资产本期变动和公允价值模式计量的投资性房地产本期变动。**投资收益**是企业对外投资所取得的本期损益，包括分得的利润、股息和债券利息，处置投资时所取得高于账面价值的差额，以及按照权益法确定的股权投资在被投资单位净资产增加中所拥有的份额。**汇兑收益**是企业持有的外汇资产或在负债期间，因为汇率变动而产生的当期收益。这 3 个科目通常没啥手脚可做。

营业利润、利润总额和净利润

企业利润的构成情况见表3－10。

表3－10　格力电器2014年度利润表　　单位：万元

项目	附注	本期金额	上期金额
三、营业利润（亏损以"－"号填列）		1，608，923	1，226，241
加：营业外收入	七（五十三）	70，606	68，420
其中：非流动资产处置利得		146	202
减：营业外支出	七（五十四）	4，286	5，529
其中：非流动资产处置损失		1，506	378
四、利润总额（亏损总额以"－"号填列）		1，675，243	1，289，132
减：所得税费用	七（五十五）	249，948	195，617
五、净利润（净亏损以"－"号填列）		1，425，295	1，093，515
归属于母公司所有者的净利润		1，415，517	1，087，007
少数股东损益		9，779	6，508

• 营业利润

营业利润＝营业总收入－营业总成本＋公允价值变动和汇兑的损益。**营业利润率＝营业利润÷营业总收入×100%**，营业利润率比毛利率还要重要，毛利率只显示产品本身的利润率，有些企业产品毛利率较高，基础很好，但在后续销售管理方面成本控制不力，导致最后的营业利润率也就处于中等水平。营业利润率还要从两个方面比较，一是与同行比较，二是与自己历史比较，数值当然越高越好，如果某企业在行业内排名一般，营业利润率高出同行一大截，那您一定知道是为什么了。分析营业利润时需要注意以下两点：

（1）营业外收入。核算企业产生与生产经营无直接关系的各种收入。主要有非流动资产处置利得、非货币性资产交换利得、出售无形资产收益、债务重组利得、企业合并损益、固定资产盘盈、侵权人放弃的债权、政府补助、罚款收入和捐赠利得等。比如，王氏家自留地里蔬菜吃不完，白送给酒店作为菜品原材料，就是营业外收入。

（2）营业外支出。核算企业产生与生产经营无直接关系的各种支出。主要有非流动资产处置损失、非货币性资产交换损失、债务重组损失、罚款、捐赠支出、固定资产盘亏和报废等。

营业外收入和营业外支出虽然作为配比关系出现在利润表中，但它们之间基本没有必然的因果关系。无论收入还是支出都有偶然性，而且与生产经营没有关系。这两项金额通常都很少，偶尔数目较大可以理解，但也要看看后面附注的详细解释。如果企业长年有较大数目的营业外收入和营业外支出，只能“呵呵”了。

● 利润总额

利润总额 = 营业利润 + 营业外收入 - 营业外支出，利润总额不是企业的真正利润，因为还要缴纳所得税。所得税通常是利润总额的25%，也有些政府特别扶持的行业享受15%的优惠税率，如果企业在过去5年有亏损，可以先减去这些亏损金额后再按照比例缴纳所得税。

● 净利润

企业缴纳所得税后的剩余就是净利润，是企业辛辛苦苦经营后真正赚到的利润。当然净利润又分“归属于母公司所有者的净利润”和“少数股东权益”两部分，原因前面已经解释过。

其他综合收益、综合收益总额和每股收益

企业收益的构成情况见表3-11。

表3-11 格力电器2014年度收益表 单位：万元

项目	附注	本期金额	上期金额
六、其他综合收益的税后净额		2，118	-2，836
归属母公司所有者的其他综合收益的税后净额		1，707	-2，534
（一）以后不能重分类进损益的其他综合收益		-1，287	1，299
（二）以后将重分类进损益的其他综合收益		2，995	-3，833
1. 权益法下在被投资单位以后将重分类进损益的其他综合收益中享有的份额			
2. 可供出售金融资产公允价值变动损益		5，573	-2，750

续表

项目	附注	本期金额	上期金额
3. 持有至到期投资重分类为可供出售金融资产损益			
4. 现金流量套期损益的有效部分		-5，542	123
5. 外币财务报表折算差额		2，964	-1，207
归属于少数股东的其他综合收益的税后净额		411	-302
七、综合收益总额		1，427，414	1，090，680
归属于母公司所有者的综合收益总额		1，417，224	1，084，473
归属于少数股东的综合收益总额		10，190	6，207
八、每股收益：			
（一）基本每股收益	十九（二）	4.71	3.61
（二）稀释每股收益	十九（二）	4.71	3.61

• 其他综合收益的税后净额

就是前面提到过的可供出售金融资产公允价值变动、投资性房地产公允价值变动、金融资产重分类造成的利得或损失和权益法计算长期股权投资引起的净资产变动，这些直接计入资本公积的利得或损失，不计入当期利润。

• 综合收益总额

综合收益总额 = 净利润 + 其他综合收益。其他综合收益和综合收益总额同样要各自分为“归属于母公司所有者”和“少数股东”两部分。

• 每股收益

基本每股收益 = 净利润 ÷ 总股本，看清楚不包括其他综合收益，因为它不是企业经营业务的盈利，而是企业某些资产市场价变动后被动得到的，因此不能计入每股收益。**稀释每股收益 = 净利润 ÷（现有股本 + 可能增加的股本），**何谓可能增加的股本？比如有些企业已经发行了可转换债券，以后可能转换成股票的数量。

利润表相对简单，只核算企业应该盈利多少，至于这个利润是企业收到的现金还是白条，“这些烦人事不归本表管”，那么利润中到底有多少是实实在在到手的现金？这事得问现金流量表。

现金流量表

现金流量表通过企业经营、投资、筹资活动的现金流入和流出情况，来说明企业经营业务获得现金、偿还债务、支付股息和利息的能力，通过分析表中各项目增减情况，说明企业各环节的经营成果。现金流量表以“收付实现制”为基础编制，就是不管企业的钱是怎么来的，收到现金就确认为收入，没收到现金理由再充分也不算。现金流量表同样有“母公司现金流量表”和“合并现金流量表”两份，重点关注后者就行。一份完整的现金流量表可分成三大项，下面细细道来：

经营活动产生的现金流量

经营活动产生的现金流量就是企业生产经营中现金收入与支出的差额，构成情况见表3－12。它是将销售商品、提供劳务收到的现金与购进商品、接受劳务付出的现金进行配比，计算企业产品现销和材料、人工等现购形成的现金结余或短缺，了解企业是否有持续经营的现金。经营活动现金流反映了企业通过实际经营活动造血的能力，现金流强劲，表明营业收入回款力度较大，产品竞争性强，企业信用度高，经营发展有潜力。

表3－12　格力电器2014年度经营活动现金流量表　　单位：万元

项目	附注	本期金额	上期金额
一、经营活动产生的现金流量：			
销售商品、提供劳务收到的现金		8，553，445	7，021，140
客户存款和同业存放款项净增加额		26，425	46，119
向中央银行借款净增加额		－1，996	3，741
向其他金融机构拆入资金净增加额		－30，000	30，000
处置交易性金融资产净增加额			
收取利息、手续费及佣金的现金		201，528	128，448
拆入资金净增加额			
回购业务资金净增加额		40，000	－16，400

续表

项目	附注	本期金额	上期金额
收到的税费返还		51，158	46，853
收到其他与经营活动有关的现金	七（五十六）	213，437	303，246
经营活动现金流入小计		9，053，997	7，563，147
购买商品、接受劳务支付的现金		3，881，690	3，858，873
客户贷款及垫款净增加额		191，905	256，208
存放中央银行和同业款项净增加额		182，685	149，189
支付利息、手续费及佣金的现金		70，295	49，002
支付给职工以及为职工支付的现金		573，024	496，395
支付的各项税费		1，333，436	817，129
支付其他与经营活动有关的现金	七（五十六）	927，045	639，367
经营活动现金流出小计		7，160，080	6，266，163
经营活动产生的现金流量净额		1，893，917	1，296，984

（1）销售商品、提供劳务收到的现金。记录企业当期销售商品、提供劳务收到的现金，收回以前销售形成的应收款，以及当期新增的预收款项、减去当期内退货支付的现金。这是企业现金流的最主要来源，就像薪水对家庭收入一样重要。

将这个数据与银行承兑汇票相加后与营业收入进行比较，以判断企业经营销售后回收现金的质量，两者比值越大说明企业经营成果转换成现金的速度越快。由于销售商品、提供劳务收到的现金中包含17%的增值税，而营业收入不包含，理论上销售商品、提供劳务收到的现金 = 营业收入 × 117%。如果企业收到的现金远少于营业收入的金额，要么收入作假，要么就是因大量赊销而出现应收账款。

（2）客户存款和同业存放款项净增加额，向中央银行借款净增加额，向其他金融机构拆入资金净增加额，收取利息、手续费及佣金的现金。这几项都是金融机构才有的业务，是格力财务公司的现金流入。

（3）收到的税费返还。

（4）收到其他与经营活动有关的现金。该笔现金是除以上几条外，收到的其他与经营活动有关的现金。“附注七（五十六）”显示主要是“政府补助”和“利息收入”（自有资金），金额不大。经营活动现金流入小计就是将（1）至（4）项现金流入的金额相加。

（5）购买商品、接受劳务支付的现金。反映企业当期采购支付的现金，以及支付以前的应付款项、减去当期退货收到的现金，其实就是“销售商品、提供劳务收到的现金”这项对应的成本。

（6）客户贷款及垫款净增加额，存放中央银行和同业款项净增加额，支付利息、手续费及佣金的现金。这几项也是格力财务公司的现金流出。

（7）支付给职工以及为职工支付的现金。反映企业当期实际支付的职工工资、奖金、津贴和补贴等方面的总额。由于职工薪酬是刚性支出，而且只升不降，如果企业净利润比职工薪酬高不了多少，净利润很容易就被薪酬的增长所吞噬。因此，最好选择那些净利润与职工薪酬之比较高的企业，这样才有足够高的安全边际。

（8）支付的各项税费。按国家规定缴纳的增值税、所得税等各项税款。

（9）支付其他与经营活动有关的现金。该项是指除了以上几条外，其他与经营有关的现金支出，“附注七（五十六）”显示主要是“销售费用支付的现金”“管理费用支付的现金”“归还代垫工程款”等项目，可以看出销售费用较去年有较大的提高。经营活动现金流出小计就是将（5）至（9）项现金流出的金额相加。

经营活动产生的现金流量净额＝经营活动现金总流入－经营活动现金总流出，再加上银行承兑汇票（质量等同于现金），与净利润比较就能反映出企业利润的质量，用来说明企业的账面利润中有多少是实际收到的现金，最理想的情况是明显大于净利润，为啥是大于而不是等于？有 3 个原因：第一，企业固定资产折旧较大，被当作费用在净利润中扣除，但实际并没有真正的现金流出；第二，企业产品供不应求比较强势，预收款项多；第三，应付账款大幅增加，导致经营现金净额增加，说明企业购买原材料时处于买方市场，能够长时间赊账。如果经营活动产生的现金流量净额与银行承兑汇票的和小于净利润，只能退而求其次，至少要求大于固定资产折旧和无形资产摊销，这样才能保证生产设备可以更新升级，否则企业以后必然被淘汰。那再少怎么办？您看见书桌下面的垃圾桶了吧。

投资活动产生的现金流量

投资活动产生的现金流量是指企业投资的现金流入和流出差额。通常认为投资就是对外投资，但现金流量表中“投资活动”的范围要大得多，包括：非现金等价物的短期投资、长期投资的购买与处置、固定资产的购建与处置和无形资产的购置与处置等。与企业资产有关的业务现金流量变化都在该项目中，反映企业未来的现金创造能力和利用内部资金进行投资的能力，构成情况见表 3－13。

表 3－13　格力电器 2014 年度投资活动现金流量表　　单位：万元

项目	附注	本期金额	上期金额
二、投资活动产生的现金流量：			
收回投资收到的现金		66，000	32，752
取得投资收益收到的现金		4，470	7，676
处置固定资产、无形资产和其他长期资产收回的现金净额		249	121
处置子公司及其他营业单位收到的现金净额		175	
收到其他与投资活动有关的现金	七（五十六）	66，107	57，406
投资活动现金流入小计		137，001	97，955
购建固定资产、无形资产和其他长期资产支付的现金		177，731	246，147
投资支付的现金		233，050	70，407
质押贷款净增加额			
取得子公司及其他营业单位支付的现金净额			
支付其他与投资活动有关的现金	七（五十六）	12，434	
投资活动现金流出小计		423，215	316，554
投资活动产生的现金流量净额		－286，214	－218，599

（1）收回投资收到的现金。仅指收回以前投资的本金，而且是以现金方式收回。比如王氏大酒店出售蔬菜基地 20% 的股权，当初投资 14 万元，现在售价为 20 万元，其中的 14 万元就是收回投资收到的现金，多赚的 6

万元要在其他科目中体现。

（2）取得投资收益收到的现金。是企业因为各种投资盈利后收到的现金，比如投资差价、分得的现金、股利和利息等，前面王氏大酒店多赚的6万元就是取得投资收益收到的现金。

（3）处置固定资产、无形资产和其他长期资产收回的现金净额。是企业出售固定资产、无形资产或其他长期资产所取得的现金，并扣除为出售这些资产而支付有关费用的净额。比如王氏大酒店有个烤箱一直没用，购买时500元现在卖出只有300元，变卖时运输费10元，那么300元－10元＝290元就是处置资产收回的现金净额，至于成本在这个科目中不管。如果该项数额巨大说明企业只能靠变卖家产维持度日。

（4）处置子公司及其他营业单位收到的现金净额。就是卖掉子公司减去费用后的净额，意义与（3）项相同。

（5）收到其他与投资活动有关的现金。指企业除了上述各项以外，收到的其他与投资活动有关的现金流入，“附注七（五十六）”显示主要是“远期结购汇收款”。投资活动现金流入小计就是将（1）至（5）项现金流入的金额相加。

（6）购建固定资产、无形资产和其他长期资产支付的现金。是指企业为购建固定资产而支付的现金，包括购买设备支付的现金及增值税款、建造工程支付的现金和支付在建工程人员工资等。如果企业用自己的资产去置换或偿还未付款，都不能归入这项。以分期付款方式购建的固定资产，首付归于这个科目，后续算在筹资活动现金支出项目中。

（7）投资支付的现金。该项主要归集企业对外投资所支付的现金和佣金、手续费等相关费用。

（8）取得子公司及其他营业单位支付的现金净额。该项与（4）项正好相反，反映购买子公司支付的现金，但是要扣除所收购子公司的账上现金。

（9）支付其他与投资活动有关的现金。指企业除上述（6）（7）（8）项以外，支出其他与投资活动有关的现金流出。“附注七（五十六）”显示主要是“格力美国销售有限责任公司不纳入合并期初货币资金减少额”。

投资活动现金流出小计就是将（6）至（9）项现金流出的金额相加。

投资活动产生的现金流量净额＝投资活动现金总流入－投资活动现金总流出。投资活动现金流入主要有两种：第一，收到投资的利息或分红，这个无所谓好坏；第二，变卖企业资产，如果处理掉没用的闲置物品当然没问题，如果大规模变卖家产，您会投资这样的企业吗？投资活动现金流出也主要有两种：第一，扩张自己主营业务规模，或者向产业链上下游发展，这种在自己能力圈内的发展比较靠谱，风险也较小；第二，投资其他行业，这个就比较复杂，要看收购价格高低、投资目标的盈利能力、资金来源是经营活动赚的还是外面筹集的，如果使用大量高息贷款，并以高于市场价格投资盈利能力普通的企业，"我仿佛看见一出悲剧正上演"。总之，投资活动产生的现金流量净额是正或负的小数目，说明企业经营平稳波澜不惊；如果是较大负数，表示企业在扩张阶段；如果是较大正数，要么大幅度变卖家产，要么正常收回投资到期。

筹资活动产生的现金流量净额

筹资活动产生的现金流量净额是指企业筹资的现金流入和流出的差额，就是从外部获取资金的净额。资金是企业的"血液"，没有资金保障，经营根本无从谈起，因此筹资是企业资金来源的一个重要补充，其构成情况见表3－14。

表3－14　格力电器2014年度筹资活动现金流量表　　单位：万元

项目	附注	本期金额	上期金额
三、筹资活动产生的现金流量：			
吸收投资收到的现金			
取得借款收到的现金		1，037，665	498，791
发行债券收到的现金			
收到其他与筹资活动有关的现金	七（五十六）	23，562	199，670
筹资活动现金流入小计		1，061，227	698，461
偿还债务支付的现金		780，068	623，384
分配股利、利润或偿付利息支付的现金		467，591	317，474

续表

项目	附注	本期金额	上期金额
其中：子公司支付给少数股东的股利、利润			
支付其他与筹资活动有关的现金			
筹资活动现金流出小计		1，247，659	940，858
筹资活动产生的现金流量净额		-186，431	-242，398

（1）吸收投资收到的现金。该项是企业以发行股票的方式收到投资人投入的资金，要减去发行费用。这笔现金属于所有者权益，代表企业外延式扩大再生产，由于吸收来的资金不可能马上达到企业原来的收益率，因此会暂时摊薄老股东的收益。

（2）取得借款收到的现金。反映企业各种长短期借款所收到的现金。借款是企业最常见的融资方式之一，短期借款主要满足企业的日常经营周转，长期借款主要满足企业的扩大再生产。

（3）发行债券收到的现金。当然还要减去发行费用，有资格发行债券说明企业的商业信用较高。

（4）收到其他与筹资活动有关的现金。指企业除了以上（1）至（3）项外收到的与筹资活动有关的现金，如接受现金捐赠等。筹资活动现金流入小计就是将（1）至（4）项现金流入的金额相加。

（5）偿还债务支付的现金。是指企业以现金偿还债务的本金，包括偿还银行的贷款本金、债券的本金等。

（6）分配股利、利润或偿付利息支付的现金。这项金额减去分配的股利、利润就得到企业支付利息的金额。这个金额可以和企业的净利润比较，看看利润是利息的几倍，倍数越高付息就越有保障。

（7）支付其他与筹资活动有关的现金。是企业除以上（5）（6）两项外支付的与其他筹资活动有关的现金，如捐赠现金流出、融资租赁费等，通常金额都较小。筹资活动现金流出小计就是将（5）至（7）项现金流出的金额相加。

筹资活动产生的现金流量净额=筹资活动现金总流入-筹资活动现金总流出。筹资活动包括增加资本与债务两种方式：第一，增加企业资本就是再融资，增加股份数量，缺点是新资本在产生同比例利润之前会暂时摊薄老股东的每股收益，优点是没有增加企业债务负担，因为这笔钱不用还；第二，扩大债务规模就是借钱，缺点是企业支付利息增加成本，优点是借钱产生的利润只要大于利息，股东就能增加每股收益。如果企业能发行债券或者从银行拿到较低利息的长期贷款，说明投资该企业的安全性比较高。如果企业账户上有较多现金及现金等价物，同时还有大量高息贷款，基本上等于额头贴着“骗子”两字。

汇率变动对现金及现金等价物的影响

就是因汇率波动而导致企业及境外子公司所持有的外币现金在折算为人民币时所形成的变动损益额。具体内容见表 3－15。

表 3－15　格力电器 2014 年度汇率变动对现金及现金等价物的影响

单位：万元

项目	附注	本期金额	上期金额
四、汇率变动对现金及现金等价物的影响		34，57	-47，118

现金及现金等价物净增加额

就是经营、投资和筹资这 3 项活动产生现金流的净增加额。具体内容见表 3－16。

表 3－16　格力电器 2014 年度现金及现金等价物净增加额

单位：万元

项目	附注	本期金额	上期金额
五、现金及现金等价物净增加额		1，424，729	788，870

期末现金及现金等价物余额

就是现金及现金等价物净增加额与期初现金及现金等价物余额相加后的金额。具体内容见表 3－17。

表 3-17　格力电器 2014 年度期末现金及现金等价物余额

单位：万元

项目	附注	本期金额	上期金额
五、现金及现金等价物净增加额		1，424，729	788，870
加：期初现金及现金等价物余额		2，925，918	2，137，049
六、期末现金及现金等价物余额		4，350，647	2，925，918

投资者只需关注有以下 3 种现金流净额特征的企业：（1）经营活动现金流为正数，投资和筹资活动现金流为负数，表示这种企业利润丰厚，盈利不但能分红，还有余力再投资，是投资的首选；（2）经营和投资活动现金流为正数，筹资活动现金流为负数，表示企业运营不错，但是有“天花板”，多余资金无法扩大经营，只能还掉负债或发放红利，是稳定收息股；（3）经营和筹资活动现金流为正数，投资活动现金流为负数，表示企业经营良好，将利润和筹集的资金一起投入企业的扩大再生产中，有可能成为高速发展的成长股，但也有可能出现滑铁卢。至于经营活动现金流为负数的企业，就让它随风而去吧。

所有者权益变动表

所有者权益在资产负债表中已详细讲解过，变动表是反映企业内部构成所有者权益的各组成部分在一定期间内增减变动情况的会计报表。就是把当期盈利和分红分别计入所有者权益的哪些子项目，投资人的这些权益在一定期间内有何变化。由于这些因素对企业的经营无任何影响，笔者对此基本不关注。

第三节　读懂财报的其他科目

财报目录

所有上市公司的财务报表和公开信息，都能在上交所网站（http：//

www. sse. com. cn/）和深交所网站（http：//www. szse. cn/）下载。目前交易所仅能提供2000年以后的财报。还可以直接到巨潮资讯网（http：//www. cninfo. com. cn/）下载，这是证监会指定全面披露沪深所有上市公司公告信息和市场数据的专业网站。

我国规定上市公司每季度都必须披露财务报告：年报要求在12月31日后4个月内披露；半年报要求在6月30日后2个月内披露；一、三季度的季报要求在季度结束后1个月内披露。无法按时披露的财务报表投资者就没有打开的必要了。年度报告披露的信息最详细，而且只有年报是强制要求经过会计师事务所审计，其他不做要求。半年报还行，一季度和三季度报表简直就是流水账，只能了解基本数据。

下面还是以2014年度格力电器的年报为例进行分析。打开年报首先看到目录，这些子项目是标准格式，每份年报都应该包括这些科目。

目　录	

重要提示、目录和释义和公司简介

1. 本公司董事会、监事会及董事、监事、高级管理人员保证本报告所载资料不存在任何虚假记载、误导性陈述或者重大遗漏，并对其内容的真实性、准确性和完整性承担个别及连带责任。

2. 公司负责人董明珠、主管会计工作负责人望靖东及会计机构负责人廖建雄声明：保证年度报告中财务报告的真实、准确、完整。

3. 全体董事出席了审议本次年报的董事会会议。

4. 公司按本次董事会审议通过的利润方案为：按公司总股本3，007，865，439股计，向全体股东每10股派发现金30.00元（含税），以资本公积金转增股本，向全体股东每10股转增10股。

其中，1～3条基本都是固定格式，但也有部分董事会不认可报表的真实性，就会出现“×××的意见是：我们虽然对本报告相关事项进行了深入了解和研究，但是……”，遇到这种财报就直接扔掉。

在重要提示这项中，有会计师事务所作为独立方对财报出具的审计报告，该报告相当于质量鉴定书，投资者必须重视。审计报告分两种：（1）标准无保留意见审计报告；（2）非标准意见审计报告（简称“非标意见”），就是会计师认为财务报表质量不合格，按问题的严重程度非标意见又分为4种。详见表3－18。

表3－18　会计师事务所审计意见表

会计师事务所审计报告	翻译成大白话
标准无保留意见审计报告	会计师没看出有造假迹象
附带说明的无保留意见审计报告	会计师认为报表存在瑕疵
保留意见审计报告	会计师认为报表存在错误
无法出具意见审计报告	会计师认为报表问题严重
否定意见审计报告	会计师认为报表做得太假

因此，投资者只需阅读有“**××会计师事务所为本公司出具标准无保留意见的审计报告**”字样的财报，见到被出具另外4种意见的财报，投资者还是退避三舍吧。会计师事务所会不会收人钱财与人消灾？目前全国有好几千家会计师事务所，但只有几十家有审计上市公司的资格，通常不太会拿这张宝贵的资格证来冒险，尤其是排名靠前的事务所更不可能。除非

上市公司财报作假能自圆其说，事务所也就睁一只眼闭一只眼，毕竟“吃人嘴软拿人手短”。

提示 4 就是先给投资者吃颗定心丸——年度利润分配方案。前面提到合并报表显示的是混在一起的杂货铺，并不是真有这样一家公司。但是只有真正的企业才能对股东分配利润，因此表面上只能由母公司来分配利润，分配上限是母公司报表上未分配利润总额。由于母公司对所有控股子公司具有绝对支配权，所以能通过操纵子公司的分红来调节自己的利润。

公司简介相当于企业名片，介绍了最基本的信息。有用的信息：（1）证券事务代表的电话，如果投资者对企业状况或决策需要进一步了解，可以直接电话沟通；（2）企业网址，可以查到公司更及时详细的信息；（3）会计师事务所，一定要注意企业有没有变更以前聘请的会计师事务所，通常都是原来的会计师不认可报表的真实性才会被更换。

会计数据及财务指标摘要

主要会计数据及财务指标

这项主要将营业收入、净利润和经营产生的现金流等主要数据重点提一下，并且将前两年的数据放在一起比较。重点关注“归属于上市公司股东的扣除非经常性损益的净利润”，这才是企业真正的营业利润。

非经常性损益项目及金额

这项就是偶然发生的收益或损失，与日常经营无关，如果数额巨大就要扣除这些损益后再计算利润和 PE。有些企业净利润增长幅度惊人，结果是卖家产带来的非经常损益，而不是本职工作主营业务做得好，明年必定打回原形。

董事会报告

董事会报告其实就是董事会的述职报告，就像年终总结，首先是取得的成绩，其次是具体的解释，最后是展望未来。财报中除了三大报表和附注外，这项内容是最重要的。

概述

2014 年家用电器行业主营业务收入增长 10.0%，增速明显趋缓，利润总额 931.6 亿元同比增长 18.5%，其中变频空调比重逐步提高。中央空调行业由过去高速增长步入平稳增长，企业更多偏向精细化管理和市场经营。品牌集中度在“中美日”三足鼎立格局下，以格力为代表的民族品牌成为 2014 年度最强势阵营。

2014 年称为智能家居发展“元年”，预计 2015 年我国智能家居将迎来发展高峰期，将成为家电行业突破发展瓶颈的关键，中国智能家居产值有望达到 1380 亿元，到 2020 年数字将会达到 2 万亿元。加上中国城镇化发展，“以旧换新”城市矿山的开采，家电市场保有量有望持续提升，行业发展不乏动力。

这项内容是企业对行业现状的总结和未来的展望。企业所有经营规划都按照行业预测前景来安排，整个行业需求旺盛企业就扩张发展，需求萎缩企业就收缩经营。企业对本行业的周期性趋势判断，比证券分析师要靠谱得多，投资者必须重点解读。

主营业务分析

（1）概述。简单描述 2014 年的营业总收入、利润总额、净利润和每股收益等情况，还有与上年比较的情况，其实就是三大报表的框架。

（2）2014 年主要重点工作。

1. 持续加大科研投入，保持产品创新力，提高产品质量；2. 布局智能环保家居系统，开拓新的发展空间；3. 电商业务快速增长，线上线下联合发力；4. 开发城市矿山，建设家电业循环经济产业链。

该项详细说明企业在 2014 年下了很大工夫和花了很多银子，为今后的发展打基础，公司董事会没白拿薪水而是在脚踏实地做事。

主营业务变动分析

（1）收入。第一，企业实物销售收入大于劳务收入；第二，前五大客户销售情况。

（2）成本。企业主要供应商情况。

（3）费用。销售规模上升及加大市场销售力度，销售费用同比上升28.35%；加强资金管理，财务费用负向同比上升606.55%。

（4）现金流。由于销售规模增长、经营利润增长和公司加强资金管控，经营活动产生的现金流净额同比增加46.02%；由于投资理财、购买可供出售权益工具，投资活动现金流出额同比增加33.69%；由于增加外币借款导致筹资活动现金流入额同比增加51.94%；由于本期偿还外币借款增加、加大股利分配额度等导致筹资活动现金流出额同比增长32.61%。

公司用非常详细的数据配合文字来解释主营业务的收入、成本、费用及3项现金流的变化状况和原因，使投资者对公司的主营业务情况一目了然。

主营业务构成分析

这项内容是将主营业务按行业、产品和销售地区进行分类，提供详细数据和毛利率，还有与上年同期的比较情况，使投资者对企业哪些业务最赚钱、哪些业务赔钱和未来的发展态势有明确了解。

资产负债状况分析

（1）资产项目重大变动情况，主要是介绍资产表中现金、存货、固定资产和应收等科目的变动情况；（2）负债项目重大变动情况，主要是介绍短期和长期借款的变动情况；（3）以公允价值计量的资产与负债。

核心竞争力分析

核心竞争力：（一）与时俱进的战略目标；（二）技术创新；（三）管理创新；（四）文化创新；（五）营销创新；（六）生产创新。

这些是企业在市场竞争中取得并扩大优势的决定性力量。告诉股东企业的行业地位，与同行相比有哪些优势，准备如何保持领先地位，通过这些资料投资者可以判断企业的竞争优势是否可持续。

投资状况分析

（1）衍生品投资情况。

为规避价格大幅波动给原材料采购带来的成本风险，公司开展部分套期保值业务，根据期货市场状况适时锁定材料成本，降低现货市场价格波动带来的不确定性风险；同时利用银行金融工具，开展外汇交易业务，规避汇率和利率波动风险，减少外汇负债及进行成本锁定，实现外汇资产保值增值。

公司独立董事认为：公司通过期货套期保值业务来平抑价格波动，提高经营水平。通过外汇资金交易业务提升公司外汇风险管理水平。以上衍生品投资业务有利于发挥竞争优势，开展衍生品投资业务是可行的，风险可控。

由于公司生产成本中占比最大的原材料——钢铁的价格波动幅度大，企业为规避原材料价格和汇率的波动风险，开展套期保值业务和外汇资金交易业务，并且有独立董事的风险评估意见。如果有些企业大规模进行衍生品投资，而实际生产中根本不需要，就要考虑这项损益对企业利润有多大影响。

（2）募集资金使用情况。

截至2014年12月31日，公司募集资金累计投入310，163万元，其中2011年投入250，567万元，2013年投入27，931万元，2014年投入31，664万元。截至2014年12月31日，公司募集资金余额14，171万元，其中含利息净收入4，806万元。

这里的募集资金是指企业首次上市发行股份（IPO）募集到的资金，投资者要注意这些资金是否投资于之前规划的项目中，以及投资金额是否匹配。募集资金的使用如有变化，公司会在“募集项目变更情况表”中详细说明原因，没有充足理由而变更投资项目或额度，管理层要么偷奸耍滑，要么能力低下。有些报表还分出“非募集资金项目情况”项目，来说明企业最近的投资。

（3）主要子公司情况。这项以表格形式详细展示主要控股子公司的经营状况，这是三大报表中完全没有的数据，投资者可以大致了解。

公司未来发展的展望

2015 年公司的经营重点

1. 以消费者需求为导向加强技术开发，加强智能家居研发力度
2. 加强营销创新，扩大市场份额
3. 坚定实施自动化战略
4. 通过信息化优化企业管理流程
5. 加快发展上、下游核心产业，培育新的业务增长点
6. 加强人才培养，提供智力保障

这是企业未来的发展方向和具体计划，企业目前经营良好也只是基础好，未来有没有可持续竞争力才是投资者的关注焦点。

未来发展面临的风险

（一）宏观经济波动及政策调控带来的风险

（二）行业竞争及营销变革带来的风险

（三）大宗原材料价格及出口汇率波动带来的风险

这部分内容主要提醒股东：企业虽然目前是行业大哥，但是未来也会面临各种不确定性风险。这些风险一旦发生，对企业影响有多大？有没有防范措施？其中：（一）项和（二）项的风险整个行业都要面对，企业也在积极应对；（三）项的风险企业通过衍生品投资来对冲。

与上年度财务报告相比，会计政策、会计估计和核算方法发生变化的情况说明

格力电器的年报中出现了“根据财政部 2014 年新颁布及修订的企业会计准则对相关会计政策进行了调整”的论述。对于会计政策与估计做出

变更的上市公司投资者要特别小心，往往是上市公司调节利润或索性作假的征兆。如果会计师事务所对财报出具非标准审计报告，董事会要在此项中做出说明。

与上年度财务报告相比，合并报表范围发生变化的情况说明

（一）本报告期新纳入合并财务报表范围的子公司

（二）处置子公司

（三）本报告期不再纳入合并财务报表范围的子公司

该项说明企业在本年度增加了哪些新的子公司，注销或卖出了哪些子公司，如果牵涉金额巨大投资者就要重点分析原因。

公司利润分配及分红派息情况

（一）公司近三年利润分配、资本公积金转增股本预案（方案）情况

（二）公司近三年现金分红情况表

这是投资者非常关心的利润分配预案，当然还需股东大会正式通过才有效，同时披露的还有公司近3年的分红情况，这是公司对投资者的回报，会对股价有较大影响，高分红方案肯定受市场欢迎。如果企业在报告期内有盈利而没有提出分红预案，应该详尽说明原因，以及对这些不分配利润的使用计划。

社会责任情况

说明企业既交足了税，又维护了股东权益。

报告期内接待调研、沟通、采访等活动登记表

一年中接待调研次数的多少也从侧面反映出企业经营业绩的好坏。

重要事项

披露对企业日常经营以及日后发展有重大影响的内容，会直接或间接影响投资者的切身利益，其重要性仅次于财务报告和董事会报告。

报告期内，公司无重大诉讼、仲裁事项

注意企业是否有重大金额的诉讼纠纷在身，如果败诉会计提多少坏账，财务严谨的企业会说明因为这件诉讼财务已经预先计提了多少坏账。

报告期内，公司没有发生控股股东及其他关联方非经营性资金占用情况

这项内容不能太相信报表，因为就算占用，公司也会在报表审计日期之前暂时先归还或者挂在别的科目里，企业干这种事打死也不会承认。

报告期内，公司重大日常关联交易情况

这项需要投资者重点关注，上市公司关联方主要有两种：（1）控股股东（母公司）或母公司控股的其他公司（兄弟公司）；（2）管理层同时兼职的其他公司，关联交易主要发生在销售和采购这两个环节。

关联交易容易滋生黑幕：（1）虚增利润，关联方通过关联交易向上市公司输送利润，比如高价购买上市公司的产品；（2）抽走利润，通过关联交易从上市公司身上吸血，比如高价向上市公司销售产品。抽走利润太可恶，虚增利润不挺好吗？关联方是雷锋啊？

识别关联交易很简单，就看企业毛利率是否和行业地位相匹配。毛利率明显高于行业老大必定虚增利润，毛利率比行业平均水平低得多必然抽走利润。格力电器虽然有两项关联交易，但金额很小不必重视，后面财报附注中有更翔实的关联交易细节。

报告期内，公司无重大对外担保事项

企业对外担保的风险很大，许多投资者只注意经营风险，忽视担保带来的巨大危害。上市公司为其他企业提供担保向银行贷款，一旦贷款企业违约上市公司要代为还款。担保的危害就像以前军队的“连坐法”，一人逃跑全队处决。

由于重大担保会严重损害股东利益，因此企业要详细披露担保事项。

大部分上市公司的担保对象都是自己的子公司，这类担保的风险较小。如果企业为了开拓业务为无关联公司担保，金额绝对不能超过自身净资产的10%。最麻烦的是为自己的控股股东担保，这种做法风险较大，因为控股股东通常财雄势大，现在反而要上市公司为其担保才能贷到款，绝对是穷途末路。

公司聘任、解聘会计师事务所的情况及支付报酬情况

按规定上市公司解聘会计师事务所或会计师事务所辞聘，双方都应该向证监会和交易所报告并且公开披露真实原因，会计师事务所如果对解聘理由有异议，有权向上市公司股东大会申述，上市公司也有义务披露。

更换会计师事务所的绝大部分原因是会计师要出具非标审计意见，上市公司无法接受，就采取更换会计师事务所的做法来得到自己想要的审计报告。因此，上市公司如果没有充足理由而更换会计师事务所，接下来多半欲行不轨，投资者一定要心生警惕。

股本变动及股东情况

股份变动情况

该项内容显示上市公司目前共有多少股份，其中多少可以自由流通，多少是限售股，尤其是附有限售股流通的开启时间和条件。如果企业有大量限售股马上要解禁上市，投资者要有心理准备，短期会对股价冲击较大。格力电器的限售股主要是少量高管持股，翻不起什么大浪。

股票发行与上市情况

（1）近3年公司发行股票情况。

（2）公司有无内部职工股。

（3）公司股东情况。第一，股东总数，有两个时间点：2014年12月31日（报表对应日）和报表披露日的前5日（2015年4月28日之前5日），可以通过股东人数的变化来判断流通股集中的程度；第二，前十大

股东，看看有无重量级投资者加入或退出。

（4）公司控股股东情况。简单介绍控股股东的经营成果、财务状况、现金流和未来发展战略。

（5）实际控制人与公司之间的产权和控制关系。说明上市公司的母公司和兄弟公司之间的相互持股比例。

董事、监事、高级管理人员和员工情况

董事、监事、高级管理人员持股变动情况

该项内容显示企业管理层增持或减持本公司股票的具体数量，高管对企业肯定比普通投资者要熟悉得多，因此要多加关注管理层持股的变动情况。

董事、监事、高级管理人员任职情况

最关键是企业掌舵人（一把手）的任职变化情况。

董事、监事、高级管理人员的报酬情况

如果看到企业的营业收入和净利润在下降，而高管的薪酬在增长，您会怎么想？

报告期内被选举、离任的董事、监事，以及聘任或解聘高级管理人员的情况

注意有无非正常原因离任的高管。

报告期内核心技术团队或关键技术人员变动情况（非董事、监事，高级管理人员）

看看有无对企业核心技术举足轻重的人员离任。

公司员工情况

重点了解以下几点：（1）在职员工的学历和技术层次；（2）从员工数

量的变化可以推断出企业经营是在扩张还是收缩；（3）应付员工薪酬期末值－应付员工薪酬期初值＋支付给职工以及为职工支付的现金＝员工薪酬总额，再除以总人数，等于员工的平均薪酬，然后与往年及同行相比较看其是否合理，如果员工平均年薪只有一两万元或高达几十万元，直接在键盘上找“Delete”键。

公司治理、内部控制和备查文件目录

公司治理是通过有效的制度约束、激励机制，来协调和规范股东、董事会、管理层各自的权利和责任，均衡各方面利益，降低风险。良好的公司治理结构使高管们能相互制约，虽然影响短期效率，但能避免战略决策上的盲目冒进，让企业可以稳健成长。投资者需注意以下几点：（1）董事长是否长期兼任总经理，总经理本来需要董事会来聘任和制衡，如果由董事长兼任，基本可以为所欲为，尤其是在国有企业；（2）只有通过合理的考评和激励机制，才能让管理层为企业殚精竭虑，否则干好干坏一个样，肯定出工不出力，甚至穷庙富方丈；（3）应该由股东大会投票决议的大事，董事会有没有不辞辛苦越权代劳？独立董事有没有对董事会各项议案提出过异议？

财务报告

审计报告

年报是否公允反映了企业的财务状况、经营成果和现金流量是否真实，注册会计师会发表审计意见。其实，投资者只需看第三小项是否有：

我们认为，格力电器公司财务报表在所有重大方面按照企业会计准则的规定编制，公允反映格力电器公司2014年12月31日的合并及母公司财务状况以及2014年度的合并及母公司经营成果和现金流量。

有的话就表示会计师认可这份财务报表，没有的话就只能“呵呵”了。

财务报表

就是前面重点讲解的三大表，再加上所有者权益变动表。

财务报表附注

财务报表附注是财务报表的重要组成部分，由于资产负债表、利润表、现金流量表和所有者权益变动表本身只能提供数字信息，需要附注再做进一步的补充和说明，才能让投资者充分了解企业的财务状况。而且投资者在阅读财报时遇到的所有无法理解的名称或内容，都能在附注中找到最详细的解释。

（1）公司基本情况。简单介绍企业的光荣历史。

（2）合并报表的范围。完全多余，在下面的（8）项中有更详细的合并资料。

（3）财务报表的编制基础。

（4）遵循企业会计准则的声明。（3）（4）两项就是用来声明这份财报是按正规标准编制的。

（5）公司主要会计政策、会计估计和前期差错。相同的原始资料如果使用不同的会计政策和估计方法，就会编制出不同会计结果的报表。这项说明本企业使用哪些会计政策和估计来编制每项资产、负债和计提。投资者需要重点关注企业是否会为了调节利润而随意改变以前的会计政策和估计，有改变要在“重要事项”中专门说明。前期差错就是由于各种原因企业以前算错账了，现在按照正确方法再改回来。在年报中难得有些小差错无伤大雅，如果经常出错甚至错得离谱，投资者就要仔细考虑一下了。

（6）税项。这项内容具体说明企业要交哪些税？税率分别是多少？税收上有哪些优惠？

（7）合并财务报表重要项目注释报表重要项目的说明。这是附注中最重要的部分，财报的三大表中每项科目在这里都有更详细的数据和解释，仔细阅读细节内容，将三大表数据和这些说明对应并一起研究，绝对事半功倍。

（8）合并范围的变更。介绍本期有哪些子公司退出合并报表，又有哪些子公司加入报表，以及各自的原因。

（9）在其他主体中的权益。介绍上市公司在各个子公司中分别占有的股份比例，以及这些子公司的简单经营状况。

（10）与金融工具相关的风险。上市公司主要使用的金融工具包括货币资金、衍生金融资产、应收票据、应收利息、贷款和应收款项、买入返售金融资产和可供出售金融资产等，为运营提供资金，但也有与此相关的信用风险、流动风险和市场风险。

（11）公允价值。披露以公允价值计量的资产和负债的期末公允价值。

（12）关联方及关联交易。详细披露与关联方的具体关联交易，以及交易中应收、应付账款的变化。

（13）股份支付。上市公司需要支付给员工的工资、奖励或其他企业的现金，都以本公司相应价值的股份来支付，格力电器本期没有。

（14）或有事项说明。上市公司如果有比较重大的事情正在处理过程中，但不知道后果如何，在这里要加以说明，比如格力电器就有一项在美国的诉讼案。

（15）承诺事项。如果上市公司还有没完成的在对外签订合同中做出的承诺，要在这里披露清楚。

（16）资产负债表日后事项的说明。前面讲过的两个时间点：2014 年 12 月 31 日（报表的对应日）、2015 年 4 月 28 日（报表披露日）。在这段时间内，资产负债表中发生的可能比较重要的事项要在这里加以说明。

（17）母公司财务报表主要项目注释。这项内容在附注中的重要性仅次于“合并财务报表重要项目注释报表重要项目的说明”，性质和关注要点也都一样。

（18）补充资料。报表中有些变化特别大的数据，在这里会详细解释原因。格力电器主要分析了“本年度非经常性损益明细表”和“基本每股收益和稀释每股收益的计算过程”这两项。这部分内容没有强制要求披露，就看上市公司自己的觉悟。

（19）财务报告的批准。说明董事会是否批准这份财务报告。

第四节　财务造假与财务分析常用手法

前面详细介绍了财报中各个科目的含义，如此阅读财报也能大致判断出企业的好坏，但好坏的程度却无法衡量，这就需要把指标量化。但在进行财务分析之前，首先要判断财报是否造假，否则对着“涂脂抹粉”的财报分析得再好，也只会是南辕北辙——在错误的道路上越走越远。

财务造假动机

财务造假是指大股东或管理层通过人为操纵，使财报没有真实反映企业的财务状况、经营成果和现金流量。财务造假现象全世界普遍存在，国内当然也屡见不鲜，造假分两种：（1）平滑利润，比如企业今年利润不错，但预计明年会差些，就隐藏今年的部分利润，在明年释放；（2）索性创造子虚乌有的利润，这种情况性质最恶劣，需要投资者重点排除。

推卸责任

（1）企业一把手新上任时，往往会大刀阔斧清理陈年旧账，甚至将未来成本或费用提前确认，方便自己轻装上阵；（2）当发生重大自然灾害或企业高层牵涉经济案件时，企业乘机把账做烂，顺势一盆脏水泼出去；（3）当国家会计制度或准则出现重大调整时，企业也调整财报提前消化潜亏，并把责任归咎于新会计制度或准则。

业绩考核

管理层鞍前马后鞠躬尽瘁，可不是全心全意为人民服务，主要目的是升官发财。为激励管理层的工作积极性，在经营业绩达到一定程度后，管理层要么被安排走上更高的仕途（国企），要么得到大笔奖金或者股权（民企）。目前，国内主要的考核指标还是净利润，因此为了切身利益，管理层会想方设法做高企业的净利润，具体方法：（1）未来盈利提前确认；

（2）改变会计政策，减少固定资产折旧；（3）大量赊销导致巨额应收账款，这就埋下了以后变成坏账的“定时炸弹”。

获取贷款

目前，我国直接融资比例较低，企业发展需要的资金大部分来自银行贷款，为迅速提高市场占有率抢占先机，大多数企业的负债率超过50%，贷款对这些企业来说就像氧气一样重要。银行通过财务报表判断企业的经营状况，出于保护自我和考虑风险的目的，对经营欠佳的企业，银行要么不放贷，要么提高贷款利率。企业状况不好当然现金流也好不到哪里去，如果此时迫切需要贷款——最好是低息贷款来维持企业运作，那么该如何解决这个矛盾？只能财务造假。

调节税收

营业税和增值税一般无法调节，但所得税是根据利润总额按比例交纳，有些企业会隐藏利润或将利润延迟确认来减少税费。相反国有企业、拟上市公司和面临退市压力的企业需要提早缴税甚至多交税，以此来证明经营业绩的真实性。

上市与退市

按照目前《公司法》规定：企业要上市必须连续3年盈利；拟发行前1年的净资产比例不得低于30%。为了顺利上市募集资金继续发展，不达标企业只能在财报上调节利润和负债率。自2001年起证监会开始实施退市制度，连续3年亏损的上市公司的股票将暂停交易，暂停半年期间如果仍无法实现盈利，股票将被摘牌停止交易。那些濒临退市边缘的上市公司“亚历山大”，只能铤而走险财务造假。

增发救赎

上市公司除了首次上市发行募集资金外，还能后续发行（SEO）如增发或配股，配股由于不确定性较大已基本退出江湖，目前主要是增发。比如上市公司原有总股数1亿股，每股净资产3元，真实利润为亏损，合理估值应该3元/股左右。如果大股东与管理层联手造假，做成净利润1元/股，给10倍PE，股价为10元/股，美其名曰为了企业的进一步发展将增发1亿股来募集资金，增发价=市场价×90%=9元/股。企业募集资金1亿股×9元/股=9亿元，收购了一个净资产为9亿元、年利润为9000万元的企业。增发收购后每股净资产=（3亿元+9亿元）÷2亿元=6元，每股净利润=0.9亿元÷2亿股=0.45元，股价10元也不算太离谱。就这样通过“财务造假→‘利润增加’→股价上涨→高价增发→收购企业→‘借尸还魂’”一个完整的链条来挽救企业。这种结局是每个财务造假者的最高梦想，事实上确实有少数上市公司如此操作并得到救赎。

财务造假具体手法

财务造假的核心内容是围绕如何增加净利润这个中心思想来展开，净利润=收入－费用，因此增加利润只有虚增收入或虚减费用。现在企业越来越重视净利润的“质量”，有现金流入的净利润才货真价实，否则要么赊销最后变成坏账，要么财务造假根本就莫须有。因此，造假者还要虚增经营活动现金流入或虚减经营活动现金流出。

虚增收入

- 常用手法

（1）虚增营业收入，上市公司向关联企业出售商品或转让资产，价格远高于市场公允价值，当然肯定是挂账销售（应收账款）；（2）虚假交易，胆子没有最大只有更大，更有甚者直接虚假交易，将库存商品确认为主营业务收入，同时增加应收账款，使主营业务收入虚增，形成白条利润；（3）财报规定主营业务要详细披露明细，为防止露馅，把虚构收入归入其他业务收入或营业外收入中，然后轻描淡写一笔带过；（4）将营业外收入比如政府补贴、接受捐赠等通过虚假交易装扮成营业收入。

- 识别方法

（1）虚增收入可不光彩，合作伙伴必须是自己人，因此只要关联交易金额在营业总收入中占比特别大，就要引起警觉；（2）由于营业收入要缴纳营业税或增值税，净利润等值时高毛利率产品才能少交税，因此看到行业地位一般的企业毛利率明显高于同行，也要高度怀疑；（3）虚增收入不可能有真正的现金流入，关联交易中“应收关联公司的款项”金额居高不下，就会出现高毛利率结合大量应收账款这种自相矛盾的奇葩式报表；（4）其他业务收入和营业外收入这些小科目金额在总收入中占比较大，主营业务收入反而沦为配角；（5）收入和净利润造假后金额大增，而营业税（或增值税）和所得税这两项主要税收金额没有对应增长；（6）通过管理和销售费用是否增长来判断营业收入的真假，如果营业收入明显增加，但仓储运输费等没有同步增加，必然造假。

提前和延后确认收入

● 提前确认收入的常用手法

（1）签订销售合同存在重大不确定性，物权尚未转移就提前开具发票，确认收入美化业绩；（2）滥用完工百分比，在房地产和高新技术行业，提前确认收入现象非常普遍，比如房地产企业将预收账款作为销售收入，按规定工程收入应该依据完工百分比来确认收入，提前确认进度就能提前确认收入。

● 延后确认收入的简介及识别方法

延后确认收入，也称“递延收入”，是将应该本期确认的收入递延到未来确认。与提前确认收入一样，延后确认收入也是企业操纵盈利的手法，通常在企业当前利润充足而预计未来可能减少时使用。

识别方法：（1）没有令人信服的理由而改变以往收入确认的方式；（2）经常有客户大量退货。提前或延后确认收入尤其像滥用完工百分比等伎俩，投资者很难真正识别这种利润调节手法，因为这不能算完全造假，游走于法律与道德边缘。

制造非经常性损益

非经常性损益是指企业正常经营损益之外一次性或偶发的损益，比如资产处置损益、临时获得补贴收入和新股申购冻结资金利息等。这些虽然也是利润总额的组成部分，但由于不具备长期稳定性，因而对利润的影响只是暂时的。有些企业为了报表有盈利，不惜出售资产制造非经常性收益，甚至还有特别恶劣的做法——虚构非经常性损益。

费用延后确认

会计政策是编制财务报告时所采用的具体原则、惯例和规则等，采用不同会计政策会产生完全不同的经营成果和财务状况，对财务报表的影响巨大，为管理层操纵企业财务状况和经营业绩提供了机会。借助于会计政策的多样性，企业将本应计入当期的费用延后确认。

- 常用手法

（1）改变折旧政策，通过延长折旧年限，或改变固定资产折旧方法（比如改加速折旧法为直线折旧法）等手段来降低当期折旧费用，增加当期利润，还能增加资产账面净值。

（2）通过改变 8 项资产减值准备（坏账准备、短期投资跌价准备、长期投资跌价准备、存货跌价准备、固定资产、无形资产、在建工程减值准备和委托贷款减值准备）的计提比例，人为调节各期利润和资产账面净值。

（3）通过改变坏账准备的计提比率或范围来降低当期费用，增加当期利润和应收账款的可变现净值。

（4）随意调整股权投资方法，人为调节收益。企业核算长期股权投资可以采用成本法或权益法，比如采用权益法，被投资企业出现亏损，必须按比例确认投资损失，但有些企业却随机应变，立马改为成本法，就不需要确认该笔投资损失。

（5）灵活运用借款费用核算方法，借款费用包括借款利息、汇兑损益及相关金融手续费，规定借款费用可根据用途计入开办费、在建工程或财务费用，有些企业则将应计入费用予以资本化，人为调节利润。

（6）企业利用国家变更会计政策的机会，集中处理历史遗留坏账，

"让我一次亏个够"。比如，企业在某年度出现巨额亏损，顺势将亏损原因归咎于国家会计政策的变更。

- 识别方法

识别费用延后确认的主要方法是分析财报的附注部分：企业是否采用合理的会计政策？如果变更会计政策，理由是否充足？

少记成本

常用手法：(1) 虚增存货，比如已出售的商品不记账，已销商品的成本不予结转；(2) 盘亏、毁损的资产不予转销，超期服役已不具备生产能力的固定资产不予报废注销等；(3) 到期应付费用不予确认，如借款利息、票据利息、应付债券利息和汇兑损失等按规定在会计期末应确认为本期费用，有些企业却不予确认以便少计财务费用。识别方法：这些手法比较低劣，注册会计师通常都能指出破绽，不需投资者操心。

虚增经营活动现金流入

将投资或筹资活动的现金流入，转化为经营活动现金流入，常用手法：(1) 企业出售子公司，采用分批收款或将子公司应收账款剥离，后续收到的现金摇身一变，由投资活动现金流入成为经营活动现金流入；(2) 与关联方亲密合作，我贷款给你或买你的固定资产，这是投资活动现金流出，作为回报你买我的产品，这样就有经营活动现金流入。

虚减经营活动现金流出

- 常用手法

(1) 以承兑汇票方式采购原料，当期就没有经营活动现金流出，兑现时以偿还债务名义，属于筹资活动现金流出；(2) 租赁时以融资租赁代替，这样就将经营活动现金流出，划为投资或筹资活动现金流出。

- 总结

造假要支付昂贵成本，比如虚增收入要多交税费。而为了掩盖先前的造假迹象，企业后面还必须继续造假，否则一旦暴露后，资金链断裂将导致企业崩溃。上市公司进行财务造假时通常都会与庄家狼狈为奸，释放各种利好配合庄家抬拉股价，以便迅速增发融资圈钱，以弥补由造假所形成的巨额亏空。因此，对那些频繁进行资本运作的上市公司投资者要持怀疑态度。当然，针对财务造假也有鉴别方法。

（1）税费分析法。我国目前的税费主要包括17%的增值税或营业税、25%的所得税，而造假企业的实际税费会非常低，与主营收入完全不能匹配。

（2）现金流量分析法。企业现金净流量长期低于净利润，这意味着与净利润相对应的资产不能转化为现金，若长期数额巨大说明这些只是账面利润，具体表现为每股收益很高，但经营现金流量长年为负值。

（3）资产重组和关联交易分析法。现在许多企业运用资产重组与关联交易手段来造假，如果上市公司的主营业务收入和利润主要来源于关联企业，要特别注意公司是否以公允价值进行关联交易。

（4）应收账款分析法。虚构收入没有真正现金流入只能挂账，表现为应收账款、应收票据、预付账款和其他应收款等款项的金额急剧增加，但应收账款周转率却急剧下降。

（5）资产质量分析法。虚增收入无法一直挂账，最隐蔽的办法就是通过虚增固定资产或在建工程的价值来消化应收款项。比如上市公司年销售额为1亿元，但生产设备的价值为3亿元，这要等到猴年马月才能把设备成本收回来？其实，该设备根本不值3亿元，上市公司虚增了其价值后，每年就要计提巨额折旧费，只能继续虚增收入来将折旧费消化。

（6）审计意见分析法。注册会计师通常不会直接指出企业财务造假，只是用很委婉的非标准无保留意见的审计结论来暗示企业存在严重财务问题。因此，投资者看到非标意见就要毫不犹豫地排除该企业。

财务比率分析

排除企业有财务造假的可能性后，投资者就可以对财报数据进行汇总、计算和对比，综合分析和评价企业的财务状况和经营成果，在此基础上预测未来，以便做出正确的投资决策。财务比率分析法是将两个相关的会计数据相除，求得财务比率来提示报表中相关项目之间的逻辑关系，是财报分析工作的重中之重。

偿债能力分析

偿债能力分短期和长期。

- 短期偿债能力

短期偿债能力是企业在短期债务到期日前及时、足额地偿还流动负债的保证程度，主要有流动比率、速动比率和利息保障倍数。这些指标越高表明企业短期偿债能力越强，但流动资产不等于现金，因此也存在一定的局限性。

- 长期偿债能力

长期偿债能力是结合分析企业的获利能力和资产结构，来反映偿还债务本金与支付利息的能力，主要有资产负债率和有息负债比率。

（1）流动比率＝流动资产÷流动负债。该指标反映了企业用流动资产偿还到期流动负债的能力，标准值在2.0左右。流动比率<2.0，表示企业短期偿债能力不足。流动资产越多，短期债务越少，则流动比率就越大，短期偿债能力就越强，但也说明资金的使用效率不高。这个指标不能作为衡量短期变现能力的绝对标准，因为流动资产包括应收账款和存货，这两项资产的变现能力较弱。

（2）速动比率＝速动资产÷流动负债＝(流动资产－存货)÷流动负债。该指标更能体现企业的短期偿债能力，标准值在1.0左右。流动资产中包括变现速度较慢并且可能贬值的存货，因此需要扣除存货后再衡量企业的短期偿债能力。影响速动比率的不确定因素主要是应收账款的变现能力，应收账款甚至有可能变成坏账。笔者将速动比率改良为：**(货币资金＋银行承兑汇票)÷有息负债>1.0**。货币资金与银行承兑汇票是变现能力最强的流动资产，大于有息负债就表示企业有足够的流动资金作保障。

（3）利息保障倍数＝(利息总额＋利润总额)÷利息总额。该指标反映了经营利润与利息费用的比率，用来衡量企业偿付借款利息的能力，标准值 >2.5。企业要有足够的息税前利润，才能保证有能力偿付借款利息。这个指标越高说明企业的债务压力越小。但要注意偿付借款利息要用流动资金支付，而不是利润，因此该指标并不能说明企业有足够的流动资金来偿还债务本息。

（4）资产负债率 =（负债总额 ÷ 资产总额）×100%。该指标反映了企业借款占全部资本的比例，标准值 <70%。负债比率越大财务风险越大，但获取利润的能力也越强；负债比率越小财务风险是小，但是无法满足企业发展对资金的需求。因此，资产负债率在 50% ~70% 比较合理，70% 以上则说明企业的财务结构不太稳定。

（5）有息负债比率 =（有息负债 ÷ 净资产）×100%。该指标反映了企业需要支付利息的负债占净资产的比例，标准值 <100%。负债分为无息和有息：无息负债是经营中产生的负债，不但不减少利润，还表示企业在产业链中的强势地位；而有息负债则由于增加了财务费用而减少了利润。因此，有息负债才是企业的真正负担，该指标小于 100% 则财务风险不大。企业要想降低负债率首先应该减少有息负债，这样才能有利于利润的增长。

盈利能力分析

盈利能力是指企业赚取利润的能力，企业从事生产经营的根本目的就是要获取可观利润并能持续发展。

（1）毛利率 =（营业收入 - 营业成本）÷ 营业收入 ×100%。毛利率是极其重要的经营指标，反映企业销售产品的初始获利能力，是净利润的起点。如果毛利率明显高于同行，说明企业的产品有竞争力，附加值高或存在成本优势。如果毛利率比往年显著提高，可能所在行业处于复苏期，产品价格大幅上升；如果毛利率比往年大幅降低，可能企业所处的行业竞争激烈，往往伴随价格战或成本失控问题的出现，预示产品的盈利能力开始下降。该指标通过对企业主要产品和业务的盈利状况进行分析，来判断企业核心竞争力的变化趋势。

（2）营业利润率＝(营业收入－营业成本－三费)÷营业收入×100%。该指标表明企业的每个单位营业收入能带来多少利润，反映企业的盈利能力，评价企业的经营效益。指标越高说明产品附加值高、营销策略得当、竞争力强和发展潜力大。影响因素：第一，毛利率；第二，营销费用；第三，管理费用；第四，有息负债经营程度（财务费用）。该指标反映了企业在毛利率、财务杠杆和销售管理等方面的综合能力，只有营业利润率较高的企业才能在竞争中占据优势。

（3）净资产收益率(ROE)＝(净利润÷平均净资产)×100%，平均净资产＝(期初净资产＋期末净资产)÷2。[①] 该指标可以衡量投资者取得的回报率，以及评判管理层经营水平的高低，但不是绝对的越高越好，因为决定 ROE 的不仅有净利润和股东权益，还有负债。假如企业过度使用财务杠杆，虽然资产规模扩张并获得更大利润，但是建立在过度负债基础上的盈利可持续性差。一旦出现意外，负债成本大于产品利润，企业很难继续通过负债来维持正常经营，非常容易出现亏损。

（4）总资产收益率(ROA)＝(净利润÷平均总资产)×100%。该指标可以衡量总资产的盈利能力，既是直接反映企业竞争力和发展力的指标，也是决定企业是否应负债经营的重要依据。投资者可以把 ROA 与 ROE 放在一起分析，根据两者的差距来判断企业经营风险的高低程度。该指标的参数只有净利润和总资产规模：净利润与 ROA 正相关，也就是净利润越高 ROA 就越高。而总资产规模与 ROA 却是负相关，在净利润一定的前提下，总资产规模越大 ROA 就越低。

营运能力分析

营运能力是指企业充分利用现有资源创造利润的能力，可以了解企业的资产是否闲置，企业的运行是否合理，实质就是各项营运资产的周转效率。但由于不同行业的周转率天差地别，因此这些指标只能在同行间比较，与企业自身的历史数据比较，没有统一的标准值。

---

① 后面只要涉及平均数，公式都是：平均数＝(期初＋期末)÷2。

（1）应收账款周转率＝（营业收入÷平均应收账款）×100%。该指标可以衡量企业应收账款变现速度的能力，周转率越高说明回款越快，反之营运资金过多滞留在应收账款上，影响企业的正常周转和偿债能力。该指标应用还要结合企业的经营方式，以下情况不适用：第一，季节性经营的企业；第二，大量使用分期收款的结算方式；第三，大量使用现金结算的销售方式。

（2）存货周转率＝（营业成本÷存货平均余额）×100%。该指标可以衡量企业在生产经营中存货管理水平与运转效率的能力，存货周转率越高，说明存货转换为现金或应收账款的速度就越快。存货周转率对企业的短期偿债能力影响巨大，对其进行分析时还要注意存货的计价方式是否前后一致。

（3）固定资产周转率＝（营业收入÷平均固定资产）×100%。该指标可以衡量企业运用固定资产的能力，周转率越高表示企业的主营业务状况越理想，扩大再生产的能力越强。不过，对于那些缺乏资产完整性的企业，过高的周转率可能连带关联交易的风险。

（4）总资产周转率＝（营业收入÷平均总资产）×100%。该指标可以衡量企业运用资产赚取利润的能力，周转率越高说明企业的销售能力越强，利用总资产进行经营的效率越高，进而增强企业的盈利和偿债能力。企业可以采用薄利多销的方式来加速总资产的周转，增加绝对利润，与反映盈利能力的指标同时使用，可以全面评价企业的盈利能力。

发展能力分析

企业价值取决于未来营业收入、盈利及股息的增长，而不是企业过去或现在取得的利润。提高企业的发展能力就是增强盈利、运营和偿债的综合能力。全面衡量企业的价值不仅要静态分析，更应该动态预测其发展潜力。当然，衡量企业发展能力的各项增长率不必强求最大化，保持适度增长即可，慢慢积蓄能量，更能维持企业的可持续发展。

（1）营业收入增长率＝（本期营业收入－上期营业收入）÷上期营业收入×100%。该指标反映了营业收入的变动情况，可以衡量企业的经营状况、市场占有率和预测经营业务的发展趋势。营业收入不断增加是企业的生存基础和发展前提，也代表企业产品的市场占有率和业务拓展情况非常理想，但收入多不代表利润高，企业也可能是薄利多销。

（2）营业利润增长率＝（本期营业利润－上期营业利润）÷上期营业利润×100%。该指标反映企业营业利润的变动情况，应结合营业收入增长率一起分析。如果利润增长高于收入增长说明产品处于成长期，盈利能力不断提高；反之，营业成本和其他费用上升幅度超过了营业收入增长幅度，说明企业盈利能力不强，其发展潜力值得怀疑。

（3）净资产增长率＝（本期净资产－上期净资产）÷上期净资产×100%。该指标反映了企业净资产（股东权益）在当年的变动水平，体现了企业资本的积累情况，反映了投资者投入资本的安全性和增长性的高低。该指标越高表明企业的资本积累就越多；若为负值则说明企业的资本受到侵蚀，不但没赚到钱还亏损到本金。

（4）总资产增长率＝（本期总资产－上期总资产）÷上期总资产×100%。虽然企业发展必然会带动总资产增长，但要评价总资产增长是否适当，必须与营业收入和利润结合起来分析。只有企业保证总资产的使用效率，营业收入和利润的增长幅度超过资产规模的增长幅度，这种总资产的增长才属于效益型增长；反之，则资产使用效率低下，资产规模再大，投入资源再多，也不能带来企业的快速发展。因此，总资产增长率高并不意味着企业的资产规模增长就一定适当。

杜邦分析法

杜邦分析法的简介及公式

杜邦分析法是利用几种主要财务比率之间的关系来综合分析企业的财务状况，是从财务角度评价企业效益、盈利能力和股东权益回报水平的经典方法。该方法的基本思想是将净资产收益率逐级分解为多项财务比率的乘积，深入分析比较企业的经营业绩。这种分析方法最初由美国杜邦公司开始使用，故名“杜邦分析法”。

财务管理的目标是股东利润最大化，ROE 是衡量企业获利能力的最核心指标，表示使用股东单位资金（包括股东投入企业及企业盈利以后没有分配的部分）赚取的税后利润。在杜邦分析法中：

ROE ＝净利润÷平均净资产×100％

＝（净利润÷销售收入）×（销售收入÷平均总资产）×（平均总资产÷净资产）×100％

杜邦分析法将 ROE 分解成销售净利率、总资产周转率和财务杠杆比率 3 部分，这 3 个比率分别反映企业的盈利能力比率、资产管理比率和负债比率。

（1）销售净利率＝净利润÷销售收入×100％。提高产品销售净利润的途径有两个：第一，降低成本，但可挖掘潜力有限；第二，提高产品市场竞争力，这才是提升销售净利率的关键。因此，价值投资者偏好毛利率高的企业，通过提高销售净利率来提升 ROE，这是最好的运营模式。

（2）总资产周转率＝营业收入÷平均总资产×100％。该指标代表总资产的使用效率，虽然不同行业的总资产周转率差异很大，但对同行来说总资产周转率越大，表明总资产使用效率就越高。因此，在无法提高销售净利率的情况下，提高总资产的周转率同样能保持较好的 ROE，因此这种“薄利多销”的运营模式仅次于提高销售净利率的模式。

（3）杠杆比率＝平均总资产÷净资产。杠杆比率反映企业利用财务杠杆进行经营活动的程度，实质就是企业通过借钱来扩大生产。杠杆比率大说明企业负债程度高，会有较多杠杆收益但风险也高；反之，杠杆比率小说明企业负债程度低，杠杆收益就较低，但承担的风险相应也低。使用财务杠杆来提高 ROE，这是风险最大的运营模式。

杜邦分析法的局限性

杜邦分析法只包括财务信息，有两个局限性：（1）只能反映企业当年的财务状况，对短期结果过于重视，通过杜邦分析法看不到历史和未来趋势；（2）只侧重利润和负债情况，没有分析现金流，无法预判企业未来的财务风险，比如账面盈利却走上破产之路的企业屡见不鲜，因此还要仔细阅读企业的现金流量表。

总之，由于各个行业的经营模式与特点千差万别，分析财报不能只看当年，还要与历史数据比较，再与同行比较，才能掌握企业真实的财务状况和发展趋势。企业在财报的某个科目造假后，必须在另外科目上继续造假来圆这个谎，仔细阅读报表，就会找到不合情理的地方。投资者不是法官，只要遇到无法解释的疑问，不需要充分证据就直接排除该企业，“宁可错杀一千，不可放过一个”。

第四章

交易模式的选择

按投资者的风险喜好程度可将交易模式分为3种：（1）无风险交易模式要求本金完全没有风险，当然年化收益率较低，为5%～8%；（2）低风险交易模式要求本金最多能承受损失10%的风险，年化收益率提高不少，为12%～15%；（3）中等风险交易模式要求本金最多能承受损失30%的风险，年化收益率可以达到20%以上。

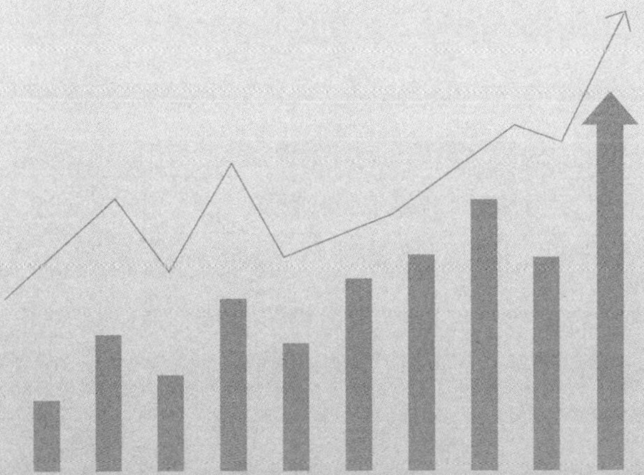

以"专业化"对抗"情绪化"

第一节　无风险交易模式——收益有些低

现金管理

无风险交易模式的本金基本没有风险，分两种情况：（1）本金随时有急用要周转，这种投资其实只是“现金管理”；（2）能够长期投资。现金是指能够立即流通的货币，是流动性最强的资产，现金收益率通常很低，但手握现金拥有在市场极度低估时随时抄底的资本。现金管理是指通过对现金的合理管理，保证其在有足够安全性和流动性的情况下，还能获取一定收益率。具体管理方式包括活期存款、通知存款、短期理财产品和逆回购等。

活期存款和通知存款

活期存款是无须事先通知，随时可以存取的银行存款。目前，中国活期存款的年化利率是0.35%，接近于0。因此，除了日常生活及用于应急的资金外，千万不要用活期存款的方式来管理现金。

通知存款是不约定存期，但支取时需提前通知银行、并约定支取日期和金额的存款方式。个人通知存款不论实际存期多长，按存款人提前通知的期限长短划分为1天和7天两种，1天通知存款必须提前1天通知约定支取存款，7天通知存款则必须提前7天。

通知存款的利率明显高于活期存款，2015年四大银行“工、农、中、建”的1天通知存款利率为0.8%，7天为1.35%，股份制银行和城市商行的利率还要略高些。个人通知存款的最低存款金额为5万元，本金一次存入，可一次或分次支取，个人每次支取的金额最低为5万元。

T +0 理财产品

理财产品由商业银行自行设计并发行，将募集资金根据合同购买相应的金融产品，并在获取投资收益后根据约定进行分配。短期理财产品是指期限较短、投资稳健、基本保本，并且收益率大幅高于活期存款的现金管理工具。通常短期理财产品没有申购费与赎回费，收益按天支付，赎回资金能实时到账，称为“T +0 理财产品”。比如，2015 年北京银行的“天天盈 3 号”，年化收益率长期超过 4%。相比活期存款 0.35% 的年化利率，T +0理财产品要高出 10 倍，各家银行的年化收益率为 2% ~4%。

T +0 理财产品主要投资国债、央行票据等信用评级和流动性较高的金融产品，基本无风险，当然所有银行都会提示风险，并且不会承诺“保本、保收益”。但到目前为止没有一家银行的 T +0 理财产品出现过亏本，当然收益率是浮动的，T +0 理财产品是安全性仅次于国债和银行存款的短期现金管理工具。

T +0 理财产品的投资要点：（1）可以在银行柜台购买，也可以在网上银行申购和赎回，流动性强，赎回后资金实时到账，可即刻转出；（2）在工作日的 9：00 ~15：00 开放申购和赎回，如果上午刚申购完下午就急需资金周转，只要在 15 点前赎回产品，资金就能从银行取出；（3）第一笔申购通常有 5 万元的起点，以 1 万元为单位递增，不同银行的具体规定不同，中小银行的 T +0 理财产品收益率更高些，但可能出现拒赎——就是在赎回时资金赎不出，要在网上银行不停提交赎回申请，四大行不会拒赎，但年化收益率只有 2%；（4）银行网站每天都能查到预期收益率，持有 1 天就计 1 天利息，周末也计息，每天的收益率是浮动的，但不会波动太大。

部分券商推出了保证金理财产品，比如华泰证券的“紫金天天发”、国泰君安的“现金管家”等。只要与券商签订协议，收盘后电脑会自动将账户资金转为理财产品，按天计息第二天自动归还。需要提取现金时投资者可提前一天在交易系统进行预约，如果账户中保证金余额不足，闲置资金会自动退出理财产品，提高了现金的管理效率。

逆回购

债券质押式回购交易，是交易双方以债券为质押物进行的短期资金融通，资金融入方（正回购方）将债券质押给资金融出方（逆回购方）以融入资金，到期后，正回购方按照约定的回购利率，再买回相同数量的该债券。简单说，逆回购就是正回购的对手盘，逆回购借出资金，正回购以债券做抵押借入资金，借款利息就按市场利率计算，由于有债券做质押，因此没有任何风险，是非常好的现金管理工具。

逆回购不像正回购那样开户需要特殊条件，只要有沪深证券账户就行，目前沪深两市均提供逆回购交易，包含有 1 天、2 天、3 天、4 天、7 天、14 天、28 天、91 天和 182 天共 9 个品种，详细规则同正回购。通常 1 天期回购利率年化后达到 2% ~3%，比 1 年期定期存款利率略高，如果遇到新股申购日、季度末和年末等资金短缺时期，逆回购的年化利率甚至有可能超过 30%。逆回购的资金流动性非常好，既有接近活期存款存取便利和低风险的特点，又有高于定期存款的收益率。

逆回购的具体操作手续很简单，在交易软件中选择“卖出”，然后输入逆回购代码（与正回购相同），随后看到的不停跳动的数字就是年化利率。逆回购的交易单位是 1 张，价格是 100 元。沪市逆回购的最低数量是 1000 张即 10 万元，每 10 万元递增；深市逆回购的最低数量为 10 张即 1000 元，每 1000 元递增。成交后账户内资金被冻结，如果是 1 天逆回购，则 T+1 日资金可用但不可取，就是可以购买任何证券，但不能银证转账，T+2 日资金可以转入银行账户。

逆回购利息 =（回购天数 ÷365）×交易的年收益率×回购金额。举例：周一逆回购 204002，就是 2 天的品种，金额为 10 万元，利率为 3.65%，逆回购利息 =10 万元×3.65%×（2 天 ÷365 天）=20 元。周一：冻结 10 万元现金 + 手续费 2 元；周三：可用资金 10 万元 + 利息 20 元。收益 = 利息 20 元 - 手续费 2 元 =18 元，投入 10 万元进行逆回购，扣除手续费后 2 天的收益为 18 元。

逆回购交易技巧：（1）下午 2 点半之后临近收盘时，不少资金看到没有交易机会就会参加逆回购，下单量大增导致价格走低；（2）通常季度末、年末和重要节假日前市场资金紧张时价格较高，此时逆回购的收益率明显高于货币基金的；（3）普通交易日通常上午 10:00 ~ 11:00 的价格最高。

货币基金

货币基金特点

货币基金是聚集社会闲散资金，由基金管理人运作投资国债、企业债、央行票据和回购等短期货币工具的开放式基金。货币基金不同于普通开基，安全性高、流动性强、收益稳定，具有“准储蓄”美称，简称“货基”。

• 特点

（1）本金安全。投资品种的安全性决定了货基基本无风险，当然合约不会承诺保证本金安全，但事实上极少出现本金亏损的情况，因此货基被看作现金等价物。

（2）流动强。可以与活期存款比肩，货基交易方便并能随时赎回，赎回后资金在 1 ~ 4 天到账，不同货基的到账期不一样，购买前要了解清楚。赎回至到账之间的几天内没有收益，因此要避开周末、节假日赎回，以免赎回期顺延变长。目前，有部分货基开通即时赎回业务，当日 T + 0 到账，比如“华夏保证金理财货币”“汇添富收益快线货币”等。

（3）收益率较高。多数货基具有与国债相同的收益率，高于银行 1 年期定存利率。货基的年化收益率是扣除管理费、托管费和营销费这 3 项费用后浮动的，通常年化收益率为 2% ~ 4%，市场资金紧张时很多货基能保持年化收益率在 4% 以上。货基还能避免隐性损失，通货膨胀时实际利率可能很低甚至为负值，货基能及时把握利率变化及通胀趋势，获取较高的稳定收益率。

（4）成本低。货基的认购费、申购费和赎回费都是 0，并且免收交易手续费，资金进出非常方便。但据说有些券商代销货基要收手续费，交易前最好确认清楚，否则几天的收益率还不够用来交手续费的。首次认购或申购起点为1000元，以后以百元为单位递增。

（5）分红免税。大多数货基的面值永远保持1元，收益天天计算，每天都有利息收入，每个月把分红结算为基金份额统一发放，投资者等于享受复利，而银行存款只是单利。货币基金分红免收所得税，市场上有些投资比如企业债的利息收益要交20%的税。

- 衡量指标

衡量货基收益率的指标有两个："每日万份收益"和"7日年化收益率"。实际收益率是按每日万份收益为准结算，7日年化收益率是以过去7天的收益计算出年化收益率，是相对值并不是后续持有的收益率，最近3年前10名货基的年化收益率都在4%以上。货基的分红收益每月结算，有的在月初，有的在月末，基金公司的规定不同，分红到账的日期也不同。

投资原则

- 挑选要点

挑选货基3要点：规模、收益率、是否T+0交易。比如，"南方现金增利"（202301）基金规模大、收益率高，规模大说明该基金的现金储备充足，每天可以应对大量的实时赎回要求。对投资者来说，购买该基金既能进出方便，又可以享受比定期存款更高的收益率。目前，南方现金增利可以实时赎回，每日限额50万元，由于这些货基只能赎回至本人身份证绑定的银行卡，安全性较高。而场内T+0货币基金既可以让闲置资金获得利息，又能减少履行烦琐的来回申购与赎回手续。

- 交易技巧

货基交易技巧：（1）月末、季度末和年末时收益率最高。（2）可以通过交易所T+0申购货基，在交易系统的"基金"菜单中选择要申购的货币基金。通常买入货基后第二日开始计算收益，特殊情况像周五购买则要到下周一才开始有收益，如果周五购买想要立刻享受收益，可选择申购交易所货币基金，比如“华夏保证金理财货币 A”（519800），周一赎回可以获得周五、周六和周日 3 天的收益；（3）交易所 T+0 的货基比如“华宝添益”（511990），当天买卖就能获得收益，当然也可以赎回但是资金 T+2 日才能到账。当市场资金量需求较大时，比如大量申购新股时，会出现交易价低于净值的情况，这时投资者就能进行套利，可以按市场价买入然后赎回，赚取额外的差价收益，笔者获利最高的一次是曾经在 5 天内获得了 0.3% 的收益率。

还有企业利用货基避税，“银华日利”（511880）每天增加的利息都显示在净值中，每年的 12 月 15 日为收益分配基准日，次年初分配现金。由于企业投资于基金所获得的现金分红暂不缴纳企业所得税，这一机制有利于合理避税。在分红权益登记日当天或之前买入银华日利，分红后企业收到现金，但持有的银华日利因为除权表现为净值下跌相应幅度，则持有货基市值的亏损额度可以抵消企业经营项目利润要缴纳的 25% 企业所得税，实现了合理避税的目的。

随着互联网金融业的发展，出现了“余额宝”“百发”等新的货币基金工具。余额宝是由第三方支付平台——支付宝打造的余额增值理财服务，用户不仅能得到较高收益率，还能随时消费支付和转出，无任何手续费，资金转入余额宝后第二个工作日确认份额并开始计息。

如果投资者账面上经常有些短期闲钱，用好银行 T+0 理财产品、逆回购和货基这 3 种现金管理工具在长期内也会有不少收益，况且这几种理财都不用花费时间，基本无风险。如果投资者经常有 10 万元闲钱，可以获得 3% 的年化收益率，每年比活期存款多赚：10 万元 ×（3% − 0.35% × 95%）= 2668 元，因为存款利息还有 5% 的利息税。

3 种方式哪个更好？从流动性角度分析：逆回购最佳，其次是银行 T+0 理财产品，最后是货基。从收益率角度分析，3 者的表现差不多：不过银行 T+0 理财产品有 5 万元起点的要求，小银行收益高但可能会拒赎，大银行收益低但流动性好；逆回购资金到账后转银行要耽误一天没有收益；货基的缺点是申购后不知道每天万份收益是多少，发现收益率低再赎回更不划算。因此，如果投资时间在两周以内，笔者选择银行 T+0 理财或逆回购；投资时间在两周以上时，则与货基比较收益率后再选择。

新股申购与打新基金

新股申购

新股申购是为了获取股票在一、二级市场之间风险极低的差价收益，不参与二级市场炒作，本金比较安全，收益率相对稳定，是稳健投资者的理想选择。

申购新股必须要有证券账户，新股分沪市、深市和创业板 3 个市场，想申购哪个市场的新股，就要开通该市场的账户，比如没开通创业板就不能申购创业板的新股。有了证券账户后，再到相关网站去查询新股的申购和上市排期，笔者常去的网站是东方财富网（http：//eastmoney. com/）。

- 传统规则

排期表中能查到当日申购的新股，比如 2015 年 12 月 1 日可申购的新股中有“安记食品”（603696），只要在当日交易时间内点击“买入”，在证券代码栏中填入申购代码“732696”，然后填写申购数量，数量必须为 1000 股（沪市）或 500 股（深市、创业板）的整数倍，最后点击“买入下单”。

注意事项：（1）申购限额，每个账户的单个新股申购都有数量上限，通常为发行量的 0. 1%；（2）撤单，股票交易在委托后只要未成交都能撤单，申购新股的委托单无法撤单，一旦申购相应资金就被冻结；（3）出号，中签公布时间为 T+2 日，如 2015 年 12 月 1 日进行了申购，12 月 3 日就能在账户上查看是否中签，如果中签持仓中就会出现该股票及数量，没中签就没有然后了；（4）回款，冻结资金在 T+2 日晚上自动回到账户内，T+3 日就能转账到银行账户。

- 新规则

以上是传统规则，现在申购新股时，交易所要求事先账户中必须有股票——俗称“门票”，还要按 T-2 日（T 日为申购日）前的 20 个交易日

（含 T－2 日）计算日均市值，并且沪深两市的市值不能通用，要分别准备门票。同一市场的市值可重复使用，比如投资者账户中有 10 万元的深市市值，当天深市有 3 只新股可申购，每只新股都可以申购 10 万元。沪市是 1 万元市值顶 1 个号（申购 1000 股），深市和创业板是 5000 元市值顶 1 个号（申购 500 股），T＋2 日公布结果，如中签必须在公布结果当天的 16：00 前缴纳对应资金，否则视作自动放弃。

- 如何卖出

新股上市后会出现 3 种情况：（1）最悲催的是开盘价低于发行价，俗称“破发”，认赌服输直接割肉走人；（2）开盘没有涨跌幅限制，不管涨幅多少也要开盘走人；（3）开盘有涨跌幅限制，天天涨停板，打开涨停就走人。申购新股的纪律是不论盈亏都抛售，不参与二级市场的波动。

- 收益率

申购新股不是稳赚不赔，收益率并不稳定。牛市中股票估值高，新股开盘涨幅巨大，申购新股的年化收益率可能在 10% 以上；熊市中股票估值低，新股开盘就破发也不稀奇。但是，申购新股的收益率变化趋势比较缓慢，不可能今天的新股开盘涨幅还有 100%，明天的就开始破发，还是有些规律可循。申购新股是低风险投资，本来就持有股票的不用考虑门票，如果专门为申购新股配置股票，千万注意门票股价下跌带来的损失，笔者通常配置 PB 为 1 倍、PE 为 10 倍以下的蓝筹股。

如果通过正回购借钱申购新股，必须保证每天收市前可用资金为正。比如 T 日做 1 天期限的正回购来借钱申购新股，T＋1 日续借还掉 T 日借的钱，T＋2 日同样续借还掉 T＋1 日借的钱，T＋3 日没中签的话资金回款，就不用再做正回购了，当然也可以 T 日直接做 3 天期限的正回购。

申购新股的收益率与资金量有直接关系，由于申购数量有 0.1% 的上限，显然全额申购资金使用效率最高，资金量大只能借用亲戚朋友的身份证多开几个账户申购。资金量不多的投资者如果运气好收益率奇高，运气欠佳收益率甚至可能为零，因此这部分投资者可以关注下面的打新基金。

打新基金

• 鉴别方法

这里的打新基金是指专职申购新股的灵活配置类基金，不包含有较多股票仓位同时又参与打新的基金，投资者一定要鉴别清楚。我国明确规定股票型基金的持股仓位要保持在80%以上，为规避这个限制以便在熊市中能降低仓位，不少股票型基金将名称改为混合型，而打新基金也属于混合型，投资者可以通过以下几点来判断：

（1）名称含有“灵活配置”的基本就是打新基金，牛市中新股申购火爆，基金公司会向大型机构定向发行打新基金，因此发行期很短甚至只有几天的混合型基金，应该也是打新基金。（2）原来的股票型基金为了规避仓位限制改为混合型，可以查找这些基金的改名公告来确认。虽然改了名，其管理费仍然是1.5%，而打新基金的通常只有1.1%。（3）打新基金的收益率比较稳定，净值范围常常在0.9～1.3元。（4）为吸引资金扩大规模，打新基金增设交易成本更低的C类份额，相对于现有的A类份额，C类没有申购费，只收取更低的销售服务费，因此最近公告增加C类份额的基金通常都是打新基金。（5）打新基金为保证收益率，规模不能太大，因此暂停大额申购的混合型基金非常可能是打新基金。（6）大型基金公司往往会发行一系列打新基金，因此名称有些相似，比如国泰的打新基金都是国泰“X益”系列，比如民益、生益、兴益和浓益等。

比如，“鹏华弘泽”（001172）是否为打新基金？判断过程如下：（1）该基金最近公告增加C类份额；（2）自2015年6月1日开始暂停5万元以上的大额申购（就是限购）；（3）“管理费＋托管费”为1.1%不是1.5%；（4）基金净值在1元左右；（5）2015年6月30日公布的基金仓位中，股票所占份额很低仅为1.21%，债券和现金资产占绝对主导地位；（6）鹏华基金旗下“弘X”系列都是打新基金；（7）查找该基金的历史公告，已经中签不少新股。从这么多理由中不难判断出这是一只打新基金。

• 特点

（1）场内打新基金的净值溢价达到2%左右后就不能再购买了，因为基金每次打新最多有1%～2%的收益率，溢价2%直接把一次打新收益全都抹掉。(2) 场外基金无法像场内基金一样交易，基金公司需要支付费用寻找机构代销，与其额外付费，不如自己直销，因此基金公司都会推出把自家货币基金转换成自家其他基金的优惠费率，只有标准手续费的10%～20%，有些甚至能免费转换，投资者可以先申购无手续费的货币基金再转换成打新基金，要比直接申购打新基金节省不少费用。(3) 如何选择A类与C类份额？A类份额有认购费、申购费和赎回费，适合6个月以上的中长期投资；C类份额认购、申购无须缴费，但每年要收取0.2%～0.3%或更低的销售服务费，适合短期投资者，但是注意至少要持有30天，否则也要缴纳赎回费。

- 投资原则

(1) 打新基金的股票仓位要小，否则持有大量股票，一旦股市出现调整，打新收益还不够这些股票的亏损额度，因此选择的打新基金其持仓应以现金和债券为主；(2) 最好母公司的一系列打新基金收益率都不错，如果母公司只有个别基金的收益还行就有些差强人意了，前几年统计的数据显示，国泰、东方、中欧和国投瑞银等打新基金的整体收益率较高；(3) 打新基金规模要适中，既不能太大也不能太小，20亿～30亿元的规模比较合适，50亿元以上时收益率就明显下降，而规模太小的基金为保护原有投资者的利益都会不同程度的限购，个别基金的限购额度甚至只有5万元，怎么买？

笔者的现金管理策略：尽量参与新股申购，通常新股申购收益率远超其他的现金管理工具；月末、季度末和年末时，短期逆回购收益率会明显升高，可以适当参与；货币基金最好选择场内可申购、赎回的；进行两三天超短期投资的资金建议购买券商保证金理财产品，因为证券账户转银行的时间是T+1日，选择券商保证金理财产品可以多赚1天的利息。

保本基金与P2P理财

保本基金

现金管理工具解决了短期资金的保本增值问题，如果资金的使用时间在一年以上，希望在保本前提下尽可能有更高的收益率时，保本基金就是不错的选择。首先，保本基金都有一个保本周期——通常是3年，到期后会保证原始投资者至少能拿回当初的申购资金和申购费，比如1元申购保本基金，加上1%的申购费，总成本为1.01元，这部分本金在保本周期结束后保证能收回。其次，将基金资产分为两部分：（1）保本资产，以购买债券等固定收益产品为主；（2）风险资产，以投资股票为主。

● 收益率和费用

为了实现保本的目标，根据市场上3年的无风险收益利率，计算需要拿出多少资产进行保本。比如，初始规模为10亿元的保本基金，最终要保证3年后资产不低于10.1亿元。假设市场的无风险收益率年化后为5%，则3年共可获得15%的收益率，现在只需要投资8.78亿元，3年后的总资产就能达到10.1亿元，实现了保本的目标。这样剩余的1.32亿元就可以进行高风险、高收益的投资，即使这部分资产全部亏损也不影响保本的计划。另外，基金公司还会引入第三方担保机制，确定保本周期结束后初始本金和认购费用能悉数归还。

如果保本基金真的如此投资，收益率也不会高，即便3年内1.32亿元的高收益资产的利润率为100%，基金的总收益率也只有13.07%，还不如直接购买3年期国债呢。因此，基金经理会适度增加风险资产的比重，放大到2倍甚至更高，以追求更高的收益率。由于3年内保本资产要从8.78亿元增长到10.1亿元，根据证券市场的涨跌情况，计算出保本比例，动态调整股票和债券的投资比例，在保本线之上最大比例持有风险资产以获得更高收益。只要基金总资产在保本线之上，就继续持有风险资产，一旦接近保本线就将风险资产全部转换成保本资产。

投资者投资保本基金也要缴纳认购费（或申购费）、管理费和托管费：（1）认购期内认购并持有到期，不需要支付赎回费、基金转换费或转入下一周期的申购费等任何费用；（2）到保本期前赎回或转换要缴纳赎回费；（3）保本期内申购，即使持有到期也要缴纳赎回费，当然也有例外，比如“南方恒元保本”（202211）即使在保本期内申购并持有到期，也不需要支付赎回费，但毕竟凤毛麟角。

保本基金是针对一个完整周期的保本，如果中途申购或提前赎回，将不享受保本待遇，而且保本基金赎回费率较高，最高可达2%，并不适合短期投资。如果投资者在到期前急需资金而赎回基金，那就无法保证保本，只能按当时净值赎回并且支付赎回费。因此，在投资保本基金前，投资者要充分考虑自身资金的使用周期是否与3年的保本周期相匹配。

追溯历史业绩，保本基金不但全部实现了保本目标，而且长期内还有一定收益率。比如，2004年2月16日发行的国内首只保本基金——“银华保本增值”（180002），至今的累计收益率为127%，复合年化收益率为7.25%。保本型基金分为3种：完全保本但不保息、完全保本和保障利息，以及完全保本、保障利息和费用。

如表4－1所示，保本基金的业绩非常稳健，从2016年1月1日开始向前追述近3年的收益率，即便经历了2015年股市的两次大跌，优秀的保本基金3年内仍能获得40%的累计收益率，复合年化收益率约为11.8%。而即使是近3年业绩排名最后的“金元顺安保本”（620007），3年的累计收益率也有11.47%，基本与CPI相当，因此保本基金基本能达到“牛市喝汤、熊市保本”的要求。

表4－1　3种保本基金近3年的收益率排行

序号	基金代码	基金简称	近1年收益率	近2年收益率	近3年收益率
完全保本但不保息（目前仅有一只）					
1	020018	国泰金鹿保本	11.01%	23.23%	25.58%
完全保本和保障利息					
1	200016	长城保本	24.78%	48.73%	51.64%
2	180028	银华永祥保本	19.28%	35.67%	38.61%
3	217020	招商安达保本	1.20%	25.65%	35.92%
完全保本、保利息和费用					
1	202213	南方安心	21.28%	53.50%	53.81%
2	320020	诺安汇鑫保本	15.78%	39.11%	43.33%
3	206013	鹏华金刚保本	14.65%	38.82%	37.47%

• 选择原则

（1）基金经理，优秀的投资团队是决定收益率高低的关键因素，选择保本基金要仔细研究招募说明书中基金经理的从业经历；（2）入市时机，投资结构决定了保本的特征，但如果要获取较好收益率，最好选择在股市整体低估时发行的保本基金，这样风险类资产发行后就能有收益并且越来越大，到保本周期结束时，收益率就很可观；（3）费率，保本基金的费用主要有认购费、申购费、赎回费、管理费和托管费等，费率与投资者持有基金的时间长短相关，赎回越晚费率越低；（4）免费转换，先通过基金公司直销网站申购货币基金，然后再转换变成保本基金，由于货币基金的申购完全免费，大部分基金公司也免费转换，如此投资者就变相节省了申购费。

P2P 理财

P2P（Peer to Peer）是指个人通过第三方平台这个中介机构向其他人提供小额借贷的新型理财模式，借款方可以是抵押或无抵押贷款，而中介收取手续费或赚取一定息差。借款者可自行发布借款信息，包括金额、利息、还款方式和时间，借出资金者根据借款者发布的信息，自行决定借出金额，实现自助式借贷。

• 特点

P2P 的借款者主要是小微企业，他们对资金有强烈需求，但很难通过银行贷款，因为银行为规避风险，贷款主要流向政府平台和大型企业。因此，只要能解决应急需求，小微企业能够承受小部分资金短期的较高利息，客户的资金需求形成了 P2P 理财的两大特点：（1）高收益，年化收益率在 8% 以上；（2）网投便利，通过互联网平台即可完成融资行为。这几年 P2P 金融平台从呱呱坠地发展到目前的 2000 多家，贷款余额超过 3000 亿元，趋势迅猛。虽然饱受争议，但随着监管日趋完善，未来 P2P 金融必将成为重要的融资与投资渠道。

• “跑路”原因

通常都是两个原因：（1）恶意诈骗卷钱闪人，这类不良平台往往企业信息比如营业许可证等“五证”不全，比较容易辨别；（2）平台运营能力欠佳，没有控制好风险，导致大量坏账，最终压垮平台。信用贷一直是坏账重灾区，没有业务精湛的风控团队审核借款项目，累计坏账会造成平台的资金链断裂，后果不堪设想。随着监管政策逐步规范，P2P平台跑路现象有所缓解，但投资者还是要严格挑选，保证本金安全。

- 投资原则

（1）优选平台。目前出现跑路、提现困难等问题的平台有900家，占平台总数的40%，因此精选平台是P2P理财的重中之重，平台越大风险管控就越严格，每笔债权都经过严格审核，才会转让给出借者。首先，选择注册资金和规模较大，信誉好的P2P平台，了解是否有第三方（主要是银行）对资金进行有效托管，P2P平台的资金投资账户是否独立运作；其次，选择有品牌背景的平台，比如“陆金所”等；最后，优先选择有不动产抵押的P2P理财产品，这样能将风险降到最低。P2P投资应以安全为主，兼顾收益率，年化收益率在8%左右，见到12%以上时投资者千万要谨慎。

（2）产品风控和配比。P2P理财产品是否规范？是否有抵押？是否有严格信审流程？是否有成熟风控团队？是否有还款风险金？是否每笔债权都透明？是否每月都会给客户邮寄账单和债权列表？以上问题的答案都能显示P2P理财产品的风控情况。同时还要考虑理财产品的期限，笔者的分配比例是3个月以内的占50%，3～6个月的占30%，6个月以上的占20%。还有分散原则：P2P理财与现金管理工具相比毕竟有些风险，因此资金量要适度，P2P理财产品的占比最高不能超过20%，投资平台的数量也要分散在3个以上。

（3）投资小技巧：第一，首次注册和投标有优惠或返现，有些平台的优惠幅度还较大，错过别捶胸顿足；第二，多关注平台的回馈活动，P2P平台竞争激烈，隔段时间就会搞些特惠活动，有时1个月的年化收益率比平时12个月的还高，“走过路过不要错过”；第三，非工作日基本都不能提现，因此急需资金周转尽量避开周末与节假日；第四，善用手机APP，P2P平台基本都有手机APP，投资者随时可以投资和管理账户，甚至有些平台在投资者使用手机APP时还有签到奖励、加息和返现等回馈活动。

（4）以下平台慎投：第一，借款人信息不透明，借款人姓名、地址、资信、财产证明和借款手续不齐全。正规平台上传的证明文件很多，比如身份证、房产证和车辆发票等。第二，平台的权责没写清，特别是对借款逾期处理方式不明确的平台慎投。那些逾期后24小时无条件垫付的平台优先考虑，逾期几天才处理的直接剔除。第三，收取提现费、充值费、利息管理费和VIP费的平台慎投，说明其维持运营困难；实力雄厚的平台不靠这种模式盈利，而是利用低息揽储、高息抛贷的方式赚取差价。第四，无风险保证金，有的话相对风险会小点。

第二节　低风险交易模式——学会套利

套利

无风险交易模式几乎没有风险，但年化收益率最多只有8%，如果本金能够承受10%的低风险损失，就能将年化收益率提高到12%左右。低风险交易的最大法宝就是套利——在相同或不同市场中，同一证券或有价格关联的不同证券之间出现差价（也叫“价格扭曲”），同时卖出价高者和买入价低者赚取差价的行为就叫“套利”。套利分为无风险套利和统计套利两类。

无风险套利

无风险套利包括价差套利和对冲套利。

• 价差套利

价差套利是同一证券或完全关联的两种证券出现价格扭曲，交易者同时买入低价证券和卖出高价证券，从中赚取差价的行为。还记得可转债的套利方法吗？其实就是价差套利。

比如，正股A价格为11元，可转债B面值为100元，转股价为10元/股，可转债B价格应该为110元，由于市场中不同交易者的投资思路不同，导致可转债B在某时的价格为109元，此时可卖出持有的正股A，立刻买入可转债B，再将可转债B转股，当晚交割后就能赚到差价。由于转股价固定，正股和可转债是完全关联的两种证券，正股11元的价格和可转债109元的价格之间出现价格扭曲，因此卖出相对高价的正股同时买入相对低价的可转债，赚取差价的行为就是价差套利。价差套利有两个特点：(1) 盈利幅度确定；(2) 套利周期瞬间完成。

- 对冲套利

对冲套利是指具有一定关联性的两种证券出现价格扭曲时，同时买入低价证券和卖出高价证券，等待两种证券在未来特定时间完全关联后从中赚取差价的行为。比如期现套利，当期指合约升水时，同时买入ETF指数基金和卖出期指空单进行对冲，到交割日期指合约与现货指数的价格扭曲必然收敛，通过对冲套利就稳赚期指合约相对现货升水的差价。期现套利是按照截止到交割日期指合约与现货指数的价格收敛来计算收益率的，持有过程中可能还没到交割日就会出现价格收敛甚至反向扭曲现象，此时投资者可以直接卖出ETF和平仓期指空单，提前锁定利润。

重申重点：套利基础是相关证券之间出现价格扭曲，没有这个前提根本无法套利。

统计套利

统计套利是对历史数据进行统计分析，根据相关变量的概率分布，并结合基本面数据进行分析，来指导套利交易。统计套利增加了少许风险，但获得的利润将数倍于无风险套利。统计套利并不能保证每笔套利交易都赚钱，但是盈利概率很大。

比如，分级基金A和B的溢价分拆套利需要承担T+1日整日和T+2日开盘的价格波动风险，还有折价合并套利需要承担母基金T+1日的价格波动风险，但是如果操作100次有80%以上的概率盈利就是典型的统计套利。统计套利单次操作略有风险，机构不敢通过计算机自动套利，参与者人数减少导致收益率高于无风险套利，因此统计套利需要分散操作，而无风险套利可以全仓杀入。先看看风险最小的债券基金如何进行统计套利。

- 利用债券基金套利新股申购

2007年10月8日和9日，恰逢大牛市，整体市场的平均PE较高，新股“中国神华”（601088）发行数量巨大，申购中签率较高。根据中国神华的上市公告，中信稳定双利债券基金（以下简称“中信双利”）（288102）重仓申购中国神华，并且该基金当时还没有暂停申购。10 月 8 日是套利中国神华新股的最佳介入时间点，此时中信双利已经获配该股，但还是按照中国神华的发行价计入基金净值。

10 月 9 日中国神华上市，如表 4 -2 所示，中信双利净值上涨 2.03%，当日赎回该基金。中信双利没有申购费，持有不足 1 个月收取 0.1% 的赎回费，2 天的套利收益率 =（1.1032 元 ×99.9% -1.0812 元）÷1.0812 元 ×100% =1.93%。同理，2007 年 11 月 1—5 日，利用“博时稳定价值债券”套利中国石油，5 天的套利收益率为 2.4%。因此，牛市中发行规模大的新股完全可以先用自有资金申购，不中签的剩余资金再利用债券基金套利新股申购，“一鱼两吃”把打新这根“甘蔗”嚼得干干净净。

表 4 -2　2007 年 10 月 8—9 日中信双利的净值变化表　　单位：元

日期	中国神华 IPO	中国神华股价	中信双利净值	具体操作
10 月 8 日	上市前一日	36.99（发行价）	1.0812	申购基金
10 月 9 日	上市日	69.30（收盘价）	1.1032	赎回基金

债券基金套利新股申购的要点：（1）新股发行规模要大，中签新股占债券基金净值的比例越大越好；（2）一旦新股上市无论盈亏，首日必须赎回债券基金，这是铁的纪律，中国神华上市第 2 日开始连续 3 个涨停板，但中国石油上市首日就出现了最高价，套利不参与二级市场的价格波动；（3）这种套利的唯一风险在于持有债券基金期间净值的波动，由于债券基金只投资企业债和新股，如果同时市场又处于牛市中，那么净值下跌的风险极小。

目前，由于人民群众参与这种套利模式的热情日趋高涨，导致该套利模式的收益率下降不少。比如，2014 年底券商股大涨，恰巧此时“国信证券”（002736）发行新股，12 月 23 日配售结果显示共有 27 只基金网下获配，为防止因套利资金进入而摊薄原先持有者的收益，获配新股数量较多的基金纷纷暂停申购。当时，“国泰民益”（160220）共获配国信证券 1076 万股，市值占该基金三季度末净值的 4.56%，直至 26 日该基金才完全停止申购，由于该基金以打新为主不持有其他股票，如果三季度末以来基金规模没有大幅变动，理论上国信证券上市日基金净值应该上涨 2%，但实际涨幅只有 0.64%，说明该基金在这期间出现了大规模的净申购，原先投资者的利益被大幅摊薄。

• 债券基金套利停牌股的可转债

2013 年 5 月 17 日，“中国重工”（601989）发布公告称拟进行资产重组，中国重工正股与可转债同时开始停牌，直至同年 9 月 5 日披露了重大事项的进展公告：复牌时间不晚于 9 月 30 日，有望近日复牌。

公告说明中国重工复牌在即，由于停牌期间军工板块大幅上涨，整个行业的 PE 已经普遍升高，因此预计中国重工复牌后可能大涨。笔者仔细寻找哪些开放式基金重仓持有中国重工，很遗憾没有找到理想的目标；继续搜索持有重工转债的债券基金，发现“华安可转债债券 B”（040023）持有重工转债 143.62 万张，占基金资产净值的 21.8%。重工转债停牌前价格为 109.82 元，相比 100 元的面值有一定的安全边际，非常有可能与中国重工同步上涨。

套利者可于 9 月 6 日申购该基金，11 日中国重工公告复牌，重工转债从 109.82 元直接涨至 133.02 元，涨幅达到了 21%，按照套利纪律当日赎回。如表 4－3 所示，11 日该债券基金净值的涨幅为 2.96%，都是重工转债上涨贡献的，其实理论上基金净值当日的涨幅应该在 4%，显然由于参与套利的群众太积极，摊薄了该基金的净值。

表 4－3　2013 年 9 月 5—11 日华安可转债基金单位净值表　　单位：元

日期	基金单位净值	涨跌幅
9 月 5 日	1.039	0.29%
9 月 6 日	1.041	0.19%
9 月 9 日	1.069	2.69%
9 月 10 日	1.080	1.03%
9 月 11 日	1.112	2.96%

注：2013 年 9 月 7 日和 8 日为周六和周日，股市停盘。

套利要点：（1）停牌的可转债占基金净值的比例要高，最少要 10%；（2）复牌当日不管套利盈利与否，必须赎回；（3）停牌前可转债价格相对于正股的溢价率不能太高，否则开盘后正股大幅上涨，转债不涨正好抹平溢价，“机关算尽反误了卿卿性命”；（4）持有可转债的基金净值的波动幅度比纯债打新基金要大，净值中其他品种可转债的下跌会侵蚀套利的涨幅，这项风险是该套利模式中最难控制的。

开放式基金套利

LOF 申购、赎回套利

开放式基金中有一种上市型开放式基金（LOF），特点是同时有两个交易价格：（1）每个交易日申购与赎回，价格严格按照收盘后的净值计算，称为“场外交易价格”；（2）与股票一样在交易所按市场价自由买卖，称为“场内交易价格”。目前，LOF 场外交易申购费率通常为 1.5%，交易量大于 1000 万元时申购费以 1000 元封顶，赎回费率为 0.5%，场内交易仅收取佣金，费率为 0.03% ~0.3%。

LOF 交易流程：（1）场外交易采用 T 日申购，T+1 日交易确认，申购份额 T+2 日才能赎回，资金 T+3 日或以后才能从基金公司划出，还需要经过托管银行、代销商划转，最迟 T+7 日才收到资金；（2）场内交易 T 日买入，T+1 日就可以卖出，卖出资金当天就能参与交易，T+2 日可提取现金，与场外交易相比，买入比申购提前 1 日，卖出比赎回最多可提前 6 日，显然场内交易速度快、费用低。当 LOF 两种交易价格出现扭曲时，导致套利行为发生。

- LOF 申购套利

股市处于牛市或趋势向上时，场内交易价超过净值，溢价幅度大于交易费率（申购费率 1.5% + 交易费率 0.3% 共 1.8%），就能进行申购套利。具体操作：（1）T 日收盘前打开证券交易账户，选择“股票”项目中的“场内基金申赎”，输入 LOF 代码，点击“申购”，完成基金申购；

（2）T+2日基金份额到账户内，比如周一申购周三份额到账，从T+2日开始就可以按市场价在场外卖出完成申购套利。

比如，在2006年底的大牛市中不少基金收获颇丰，选择大比例分红的分配方式，博时主题行业混合（LOF）推出了0.83元/份的分红方案，引发市场狂热追捧，12月15—22日，场内交易价比净值大幅溢价，最高时近15%，套利机会降临，具体数据见表4-4。如果18日收盘前申购，成本价为1.8744元，减去0.83元后为1.0444元，20日按市场价1.205元卖出，收益率=(1.205元×99.7%-1.0444元×101.5%)÷(1.0444元×101.5%)×100%=13.3%，3天套利收益率达13.3%，您信不信？反正我是信了！

表4-4 2006年12月15—22日博时主题行业混合（LOF）场外、场内价格表

单位：元

日期	场外价格（基金单位净值）	场内价格	溢价率
12月15日	1.8603	1.968	5.79%
12月18日	1.8744	2.165	15.5%
12月19日	1.0466（分红0.83）	1.202	14.85%
12月20日	1.0577	1.205	13.93%
12月21日	1.0505	1.100	4.71%
12月22日	1.0476	1.082	3.28%

注：2006年12月16日和17日为周六和周日，股市停盘。

有以下情况的LOF容易出现高溢价，导致出现足够大的套利空间：（1）大牛市中LOF上市首日或初期，二级市场溢价率都较高；（2）大牛市中高比例分红的LOF，如2006年12月的博时主题行业混合（LOF）就处在高分红阶段；（3）规模较小的LOF，容易引发高溢价，例如“鹏华盛世创新混合（LOF）”（160613）、“天治核心成长混合（LOF）”（163503）等都出现过高溢价现象。

- LOF赎回套利

股市处于熊市或整体下跌时，场内交易价低于净值，折价幅度超过交易费率（交易费率0.3%+赎回费率0.5%共0.8%），就能进行赎回套利。具体操作：（1）T 日收盘前打开账户，选择股票交易，输入基金代码买入，注意不是进入“场内基金申赎”，而是进行 LOF 的场内交易（与买卖股票相同）；（2）T+1 日基金份额到账户内，当日在股票交易项目中“场内基金申赎”中赎回就完成套利了。比如，2006 年 11 月 21 日收盘时场内交易买入“广发小盘成长混合（LOF）”（162703），成交价为 1.805 元/份，当日基金净值为 1.8428 元/份，折价率 =（1.8428 元/份 - 1.805 元/份）÷ 1.8428 元/份 ×100% =2.05%，第二日赎回基金净值是 1.8561 元/份，扣除交易费的收益率 =（1.8561 元/份 ×99.5% -1.805 元/份 ×100.3%）÷（1.805 元/份 ×100.3%）×100% =2%。

LOF 申购、赎回套利风险：（1）这种套利要谨慎，LOF 交易价相对净值有折、溢价时，必须达到足够空间才能套利，因为套利过程要承受基金 1 ~2 天的价格波动，因此笔者要求申购套利有 8% 以上的溢价率，赎回套利有 3% 以上的折价率时才能操作。（2）LOF 规模要大，流动性要好，尤其申购套利当 T+2 日大量套利盘在二级市场卖出时，巨大抛盘可能直接将交易价从溢价打成折价，赎回套利相对好些，基金通常不会拒赎，否则形象都毁了。LOF 申购、赎回套利不能保证必然盈利，但基金净值在那不确定的 2 天中总是有涨有跌，因此分批多次套利最终必定盈利。（3）如果恰好长期持有该基金，就变成底仓无风险套利，留个思考题请读者朋友动脑筋想想为什么。

开放式基金套利停牌股

利用开放式基金套利停牌股之前，先搞清楚停牌股如何影响基金净值。基金采用指数收益法，把停牌期间行业指数的涨跌幅视为停牌股的涨跌幅，来计算停牌期间的基金净值。一旦行业指数涨跌幅与停牌股复牌后的实际涨跌幅之间产生偏差，基金净值就要填补差额，目前，基金公司采用中基协基金估值行业分类指数（简称“AMAC 行业指数”）来计算行业涨跌幅。比如民生银行停牌期间，基金份额中与民生银行有关的那部分净值就会按照整个银行指数的涨跌幅来计算，如果停牌期间行业指数涨幅为 10%，那基金涉及民生银行的那部分净值也算成上涨 10%，但民生银行复牌后可能上涨30%，套利就是要赚取那多涨的20%。

最近的经典案例就是利用开基套利“中国南车”（601766）和“中国北车”（601299）的合并。南车、北车由于策划重大事项停牌，于2014年12月31日复牌，其间显然无法购买停牌中的南、北车股票，搜索发现“长城品牌优选”（200008）基金持仓这两只股票，市值合计占基金净值的比例高达17.2%，在三季度末该基金分别持有中国北车1.4亿股和中国南车1.27亿股。“中国中车”（南车、北车合并后的名称）（601766）复牌后连续6个涨停，长城品牌优选净值，在这6个交易日内上涨了近8%（见表4-5）。

表4-5　2014年12月31日—2015年1月9日长城品牌优选基金的单位净值

单位：元

日期	基金单位净值	单位净值当日涨幅
12月31日	0.9350	1.76%
1月5日	0.9620	2.89%
1月6日	0.9737	1.22%
1月7日	0.9829	0.94%
1月8日	0.9809	-0.20%
1月9日	0.9925	1.18%

注：2015年1月1—4日因元旦放假，股市停盘。

再比如，2013年“广州药业”（600332）换股合并“白云山A”（000522）上市，笔者5月7日开始利用“平安大华策略先锋”（700003）套利停牌股白云山A，至20日赎回，收益率约为7%。如果用LOF进行套利的话，操作上还有小技巧：由于LOF有市场价和申购价两个价格，谁便宜就买谁，当然1.5%的申购费率也要考虑在内，卖出时同样在市场价和赎回价中选择价高者。

这种套利方式并非稳赚不赔，比如“泰达宏利品质生活”（162211）于2014年四季度持仓“掌趣科技”（300315），市值占净值的19.5%。掌趣科技停牌期间的“AMAC信息”（H11044）涨幅为65%，掌趣科技于2015年2月16日复牌，第3个涨停板就被打开，明显低于行业指数的涨幅，按照基金对停牌股复牌后的计算方法，对停牌股估值由指数收益法切换为市值估值法，导致泰达宏利品质的净值随后大跌5%。

这种套利模式必须仔细斟酌：（1）如果停牌股对应的行业指数涨幅落后于大盘，而预期停牌股复牌后涨幅较大，则套利的成功率就较大（比如南车、北车的套利）；（2）如果行业指数涨幅过大（比如掌趣科技），就要考虑复牌后基金的净值在行业涨幅基础上是否还有上行空间，否则套利可能变套牢；（3）基金规模及是否限制大额申赎，如果可以大额申购，可能套利者太多导致基金净值被严重稀释；（4）套利期间基金持有的其他股票是否下跌，是否会吞噬停牌股上涨带来的利润，这是最大的不确定因素。

ETF 套利

ETF 简介

ETF 与 LOF 一样有两套交易系统，既可以按照基金净值申购赎回，又能按市场价买卖。

根据投资方法的不同，ETF 分为指数基金和积极管理型基金，但绝大多数 ETF 是指数基金。ETF 指数基金代表一揽子股票的所有权，可以像股票一样交易，其交易价格、基金份额净值走势与所跟踪的指数基本一致。因此，投资 ETF 等同于投资它所跟踪的指数，可取得与该指数基本一致的收益率。

但 ETF 的申购和赎回有些特殊：比如上证 50ETF 的申购必须按比例先买入上证 50 指数的 50 只股票，然后以这一揽子股票申购 50ETF 份额；赎回则以基金份额换回一揽子股票，由于 ETF 申购与赎回的最小单位为 100 万份（注意不是 100 万元），必须按照 100 万份的整倍数成交，因此 ETF 套利只适合资金量较大的投资者。而且有资格开展 ETF 申购赎回的只有 30 来家规模较大的券商，投资者开户时要问清楚，没有资质的券商无法进行 ETF 套利。还有一下子买入 50 只甚至更多股票，岂不晕死？不用担心，券商会提供专门的软件，可以一键申购或赎回 ETF。由于 ETF 同时存在两套价格机制，投资者可以在市场价与基金净值之间存在价差时快速进行套利，使 ETF 避免了封闭式基金普遍存在的折价问题。

ETF 套利方式

- 期限套利

期现套利是指期指合约升水时，买入 ETF 和卖出期指空单；期指合约贴水时，融券卖出 ETF 和买入期指多单，锁定升水或贴水的差价。

- 瞬间套利

瞬间套利的原理与 LOF 申购、赎回套利相同，当 ETF 市场价与净值间存在较大差价时，就有套利空间。由于 ETF 申购、赎回套利可在 1 天内完成，市场在当天的波动幅度不会太大，因此只要套利空间足够，瞬间套利的确定性比 LOF 套利要高。当然 ETF 套利风险小，参与群众就多，收益率偏低。

（1）申购套利。当场内交易价超过净值（即溢价）时，T 日用专业软件先买入一揽子股票，然后用这一揽子股票直接申购 ETF，最后按市场价将 ETF 份额卖出，这 3 步操作在当日瞬间就能完成套利。注意，ETF 申购得到的份额当日不能赎回，但可以按市场价卖出。至于如何具体使用套利软件，可以咨询您的券商。

（2）赎回套利。当场内交易价低于净值（即折价）时，T 日在二级市场买入 ETF 份额，然后在一级市场赎回一揽子股票，最后将股票在二级市场卖出，这 3 步操作也能瞬间完成。买入的 ETF 份额当日不能卖出，但可以赎回。赎回得到的股票可以当日卖出，但不能再申购 ETF。

- 事件套利

事件套利是指当 ETF 指数成分股停牌时，利用 ETF 进行事件套利，套取看涨的股票或者减持看空的股票。

（1）利用 ETF 套利停牌股。如果 ETF 中某个成分股停牌，预计复牌后会大幅上涨，先以市场价买入 ETF，然后赎回得到一揽子股票组合，卖出其他股票，留下停牌股等待上涨。

例如，2012 年 12 月 25 日“万科 A”（000002）收盘价 10. 12 元，公司突发公告称因筹划重大事项 A、B 股自次日起联袂停牌。此时正值中集集团成功试点 B 转 H，万科停牌行为引发市场猜想，但投资者苦于无法直接购买停牌股。万科在多个ETF中权重较高，其中“深成ETF”（159903）流动性好，卖出股票需要0.1%的单向印花税率和0.03%的佣金率的交易成本。2013年1月11日，深成ETF的市场价较净值溢价率为0.38%，计算万科占深成指的权重比例，先买入深成ETF再赎回，卖出其他股票仅留下万科，此时的成本价为10.78元，较停牌价10.12元的溢价率为6.5%。1月21日万科复牌首日涨停，价格为11.13元，第二日没有涨停，以11.69元开盘，此时投资者可直接卖出，收益率为8.4%。

再比如，2008年10月9日“长安汽车”（000625）停牌，2009年2月16日复牌，这期间深证100指数的涨幅为32%，汽车行业因政策刺激涨幅更大，预计长安汽车复牌后会连续涨停。投资者可先按市场价买入“深100ETF”（159901）然后再赎回，卖出其他股票仅留下长安汽车。

（2）利用ETF逃离停牌股。如果持有某个ETF成分股停牌，其间整体股市大幅下跌，预计复牌后该股也难逃厄运，可以利用ETF按停牌前股价卖出，具体步骤：先按比例买入ETF其他成分股，合并持有的停牌股，然后用一揽子股票组合申购ETF，最后以市场价卖出ETF，2008年的“长江电力”（600900）就是这种套利的典型。

2008年5月8日，长江电力宣布停牌，此后沪深股市大幅下挫，上证指数从停牌时的3579点一路暴跌至2000点以下，跌幅近50%。这意味着如果长江电力复牌也可能损失50%，投资者可利用ETF套现长江电力减少损失。具体步骤：第一，按照当时50ETF市场价格，申购100万份最少需要准备150万元资金；第二，利用套利软件买入除长江电力外的其余49只成分股，并申购成50ETF；第三，按市场价卖出ETF解救长江电力。

如何把握解救停牌股的最佳时机？主要考虑两项成本：第一，交易费用率，包括买入股票、申购和卖出ETF这3项的费率，共计0.2%+0.25%+0.1%=0.55%；第二，折价率，是指ETF市场价相对于净值的折价率。仍以长江电力为例，由于长江电力占上证50的权重为4%，说明该股跌1个跌停板将导致50ETF净值下跌0.4%，50ETF的折价率为0时解救长江电力的成本仅为ETF交易金额的0.55%，相当于长江电力开盘后下跌13.75%，因此最佳解救时机是50ETF溢价率在0.55%以上时，此时套利就能完全抵消交易费用。

股指期货套利封基

套利原理

封闭式基金折价是交易价低于净值，随着封基转开基的到期，折价率将逐渐降低，投资者可获取折价率消失带来的额外收益。但如果持有到期的封基净值下跌幅度大于折价率，这笔投资最终还是亏损。股指期货的出现使这种风险大为降低，买入折价封基，同时开仓期指空单对冲封基净值的涨跌，锁定折价利润，也可以理解为在期现套利中把 ETF 换成折价封基。

单纯持有折价封基到期的收益率 = 折价率 + 净值涨幅（下跌则为负数）；而期指套利封基由于期指空单对冲抵消了封基净值下跌造成的亏损，收益率 = 折价率。因此，从表面看上述套利收益率并不高，传统封基的折价率平均到剩余年限也只有年化 5% 左右，与国债相比没有明显优势。但大家忽略了这种套利还有两部分收益：封基的阿尔法收益和期指的升水收益。

封基收益不仅来自折价率，还有基金经理精心选择的投资目标超越指数带来的收益，即阿尔法收益。封基收益分为两部分：一部分是整体市场的涨跌称为贝塔收益；另一部分是基金投资超越大盘指数涨跌带来的阿尔法收益。期指空单只能抵消封基的贝塔收益，至于期指的升水收益到交割日必然兑现，下面将实战检验期指套利封基的收益率到底如何。

实盘套利

不少封基在 2014 年 4、5 月集中到期，2013 年 3 月 8 日随意挑选一只封基比如“基金同益”（184690），市场交易价为 0.83 元，净值为 0.9013 元，折价率为 8.87%。当时的沪深 300 指数为 2606 点，选择做空最远期的期指合约“IF1309”，价格为 2664 点，升水 58 点。计算 1 手期指的价值为 2664 点 × 300 元/点 = 79.92 万元，保证金比率为 12%，为防止要求追加可按 50% 的比率准备保证金为 39.96 万元，同时买入 79.92 万元的基金同益。持有过程中由于IF1309在9月18日交割，故当日在2432点平仓IF1309，在2471点开仓当时最远期的“IF1403”合约，此次移仓获得了39点（2471点与2432点之差）IF1309的升水收益。2014年3月21日是IF1403合约的交割日，基金同益的交易价为0.99元，净值为1.0163元，折价几乎消失，而且4月8日到期封转开，就此结束套利，此时的沪深300指数为2158点，IF1403收盘在2143点。

盘点收益：投入资金成本为(39.96万元+79.92万元)=119.88万元，期指收益=(2664点-2143点+39点)×300元/点=16.8万元，封基收益=(0.99元-0.83元)÷0.83元×79.92万元=15.4万元，收益率=(16.8万元+15.4万元)÷119.88万元×100%=26.9%，时间差不多为1年，同期沪深300指数下跌了17.2%，跑赢指数44%，因收益率较高就不再计算交易费用了。其实，封基折价率只有8%，其余都是期指升水收益和封基阿尔法收益。如果计算同样2014年4、5月到期的“基金景宏”(184691)、“基金泰和”（500002）等，收益率都差不多。

套利原则

期指套利封基原则：（1）封基与大盘指数的相关系数越高，基金的系统风险就被对冲得越充分。（2）如果系统风险能被有效对冲，封基的年均折价率越高，套利收益率也越高。（3）封基剩余封闭期越长，表示套利周期越长，则套利期间出现意外的概率就越大；封闭期限短，折价率小，套利就有可能亏损。笔者认为，剩余封闭期在1年左右最合适。（4）期指升水幅度越大，到期收益率越高，所以尽量选择升水幅度较大的远期期指合约进行套利。（5）封基阿尔法收益的稳定性和持续性较差，即便历史数据一直为正收益率，也不代表未来就能获利，因此这种套利模式的决定性因素还是年均折价率，再辅以把封基的套利个数分散到3只以上来进行。（6）这种套利模式不要求把封基持有到期，随着到期日临近，折价率相应缩窄，投资者应根据折价率的收敛程度来决定是否提前结束套利行为。

趋势套利

• 合格套利的条件

投资者都梦寐以求先看底牌再下注，套利就是这种低风险高收益的交易模式，能实现收益率的持续增长，是投资的最高境界，合格套利需要3个条件：（1）熟悉各类证券交易规则；（2）坚持套利理念；（3）未雨绸缪提前为可能出现的套利做好准备，一旦机会来临就果断出击。

• 趋势套利

无论无风险套利还是统计套利收益率都不太高，如果能在市场低估时重仓、高估时轻仓，那么套利收益率还能更上一层楼，趋势套利就是将趋势和套利结合起来的交易模式：（1）市场低估时，笔者的判断标准是市场整体的PE为10倍，套利尽可能选择股票、基金等权益类品种，当市场整体上涨时，套利收益率要超过大盘涨幅，比如单纯买入大幅折价封基、利用期指套利封基、利用基金套利停牌股、进行私有化套利和购买定增基金（即定向增发投资基金）等；（2）市场高估时，标准为市场整体的PE超过20倍，套利最好选择债券等固定收益类品种或进行无风险套利，以后市场即使进入熊市也能获得正收益，比如单纯申购新股、债券基金套利新股申购、债券基金套利停牌股的可转债、借道ETF解救停牌股和期现套利等。

但是，市场对品种的估值并非时刻都是理性的，低估的可能会更低估，高估的也可能会更高估，因此投资者要合理控制仓位，适当调整权益类套利和固定收益类套利之间的比例，实现收益最大化。

中概股私有化套利与定增基金

私有化原理

私有化是指将上市公司停止公开交易的商业行为，比如被第三方收购成为全资子公司，并退出证券市场，实质就是控股股东或第三方把其余小股东手中的股份全部买下并退市。目前，私有化最主要的方式是现金要约收购，收购人公开向被收购企业发出收购公告，待被收购方确认后方可收购该企业。

- 私有化的益处

（1）企业在证券市场上长期被低估时，私有化能全面提升企业价值；（2）私有化能让管理层专注于企业的长期发展，不用去迎合市场短期的喜好；（3）市场低迷时为小股东提供实现价值最大化的机会。

- 私有化的不利影响

（1）如果是不完全私有化，市场流通股大量减少，剩余股票的流动性变差；（2）企业无法通过资本市场再次募集资金。

按照惯例，私有化要约收购价比宣布前的交易价要溢价25%～30%，随着私有化程序推进，市场价会像债券一样不温不火慢慢上涨，在要约日来临之前将溢价抹平。目前，国内A股私有化现象还未大量出现，主要机会存在于在美国上市的中国科技股，简称“中概股”。

私有化套利

理论上私有化要约一旦发出，重新开盘后市场价应该直接与私有化收购价接轨。如表4－6所示，这是2015年7月14日部分中概股发起私有化收购行动后的市场价格，与私有化价格之间存在平均20%以上的套利空间，只要在1年之内公司顺利私有化退市，要约价和市场价之间的溢价会被抹平，投资收益率就有20%。

表4－6　2015年7月14日部分中概股发起私有化收购行动后的价格表

单位：美元

企业名称	交易代码	私有化价格	市场股价	套利空间
中国信息技术	CNIT	4.33	2.64	68%
中星微电子	VIMC	13.5	10.04	34%
晶澳太阳能	JASO	9.69	7.5	29%
空中网	KZ	8.56	6.77	26%

续表

企业名称	交易代码	私有化价格	市场股价	套利空间
航美传媒	AMCN	6	4. 81	25%
易居中国	EJ	7. 38	5. 96	24%
陌陌	MOMO	18. 9	15. 28	24%
创梦天地	DSKY	14	11. 36	23%
奇虎 360	QIHU	77	62. 54	23%
淘米网	TAOM	3. 58	2. 95	21%
人人公司	RENN	4. 2	3. 5	20%
当当	DANG	7. 81	6. 57	19%
博纳影业	BONA	13. 7	11. 54	19%
世纪互联	VNET	23	19. 5	18%
欢聚时代	YY	68. 5	59. 36	15%
迈瑞医疗	MR	30	26. 11	15%

• 风险

私有化出现如此巨大的套利空间当然是因为风险不小：（1）股东大会投票通过的私有化基本没有风险，但套利空间也会很小，私有化刚宣布还没通过股东大会表决，如果失败股价可能暴跌，因此套利空间比较大；（2）时间成本，完成私有化全部过程最快 3 个月，绝大多数需要 6 个月，甚至超过 1 年，私有化过程的长短也决定了套利收益率的高低，所以才有这看起来很美的 20% 利润。

• 完成条件

私有化过程是否能顺利完成取决于 3 点：（1）私有化对企业管理层有利；（2）有足够资金进行私有化；（3）股权结构简单，“墙头草”似的小散户占有流通股的比例不高。

• 方式

私有化套利方式有两种：（1）未宣布私有化之前提前埋伏，因为私有化的要约价通常会溢价 25% 以上，应竭尽全力赚取私有化宣布时的一次性收益，但这种方式对普通投资者来说显然难度太大，不予考虑；（2）已经公布将进行私有化的企业，但市场价和要约价存在 20% 以上的套利空间。

• 原则

（1）风险第一，首选那些即便私有化失败，估值也值得长期持有的企业；（2）中概股大多在开曼群岛注册，按照当地的公司法，私有化需要股东大会不少于2/3 有表决权的股东通过，因此最好选择大股东持股比例较高的企业，表决通过率较高；（3）如果平时就关注目标企业，有可能在私有化未宣布时提前埋伏，获得超额收益；（4）公司考虑再周全私有化也可能会失败，因此投资者的资金要分散投资 5 家以上的企业。

定增基金

• 认识定增基金

定增（即定向增发）是上市公司向符合条件的少数特定投资者非公开发行股份，规定发行对象不得超过 10 人，发行价不得低于公告前 20 个交易日股票平均交易价格的 90%，发行股份后 12 个月内（认购后变成控股股东或拥有实际控制权的股东为 36 个月内）不得转让。定增基金主要投资于上市公司非公开发行的股票。

上市公司定增募集的资金主要为了收购优质资产，定增价通常远高于每股净资产，对企业是好事，定增后股价上涨的概率较大。由于发行对象有数量和资金的限制，普通投资者很难参与，而定增基金就起了桥梁作用，以机构名义参与定增，让普通投资者变相参与。

定增基金是低风险投资，因为有三大优势：（1）发行折价，增发价为基准日前 20 个交易日的均价再打九折，首先获得 10% 的“安全垫”；（2）增发利好，定增意味着企业将被注入优质资产，能提升企业的盈利能力；（3）企业本身质地优良，实施定增的通常都是优质企业，具备长期投资价值。

定增基金每天净值的计算方法与普通基金不同，比如投资的某个定增股票公告前 20 个交易日的均价为 10 元，则定增价为 9 元。如果市场价是 8 元，相比定增价是亏损，就与普通基金一样按 8 元计入净值。如果市场价是 12.65 元，高于定增价 3.65 元，就把差价除以 365 天等于 0.01 元，然后每天加 0.01 元，就像企业债的利息，即盈利部分在锁定期摊销计入，

计入净值的部分 = 成本 +（盈利 ÷ 365）× 已增发天数，因此定增基金公布的净值相对于真正净值是打折的。

• 投资原则

（1）原来投资定增基金的起步价较高，为 100 万元，2015 年起有所变革，比如“国投瑞银瑞利混合”（161222）将起步价降至 1000 元，打破了定增基金百万元级的认购门槛，千元起购“白菜价”让普通投资者也能分享牛市定增盛宴。还有定增基金退出时间都较长，中途无法退出，但可以按市场价交易，因此最好用闲置资金投资，而不是随时要用的流动资金。退出时间多为“12 + 6”个月，12 个月是定增股票锁定期，6 个月是留给基金经理在二级市场选择交易时机的缓冲时间。

（2）不同定增基金的投资目标和管理风格迥异：有些分散投资 10 个以上的定增项目，风险就小得多；而有些定增基金则只有三四个定增项目，投资目标过于集中，风险就相对较大。如果定增项目涨幅不错，基金净值也会风生水起，反之则可能伤痕累累。因此，投资前最好先了解清楚定增基金的投资目标。

（3）尽管定增基金对资金规模较大的投资者很有吸引力，但 1 年的锁定期还是略长，一旦市场出现整体下跌，定增基金纵使有 10% 的折价优势也无力回天。1 年后当增发的股票可流通变现时，市场价有可能低于增发价，这是定增基金面临的最主要风险。当然，从历史统计数据来看定增基金都有一定的收益率。

比如，“财通精选”（501001）是唯一一只所有持仓都是定增股票的基金，持仓标的透明，每日净值都能及时估值，根据公告当日收盘市场价为 0.863 元，名义净值 0.931 元，实际净值 0.975 元，实际折价率 11.5%，大于传统封基。

其他低风险投资模式

低风险投资的模式还有很多，比如可转债和分级基金 A 类的组合，长期内完全可以战胜市场。熊市中分散买入价格为 100 元左右的可转债，价格越低越好，甚至可以上 20% 的杠杆。由于可转债极限价格在 90 元左右，因此资金回撤幅度不会超过 10%，不用担心爆仓，可一路持有。由于牛市中分级基金 B 会大幅度溢价，这样 A 就会折价，分批换成折价的分级基金 A 类，反复轮动交易，哪个修正收益率高就轮动到哪个。万一遇到牛市大回调或见顶回落，还能吃到下折的一次性高收益。不停轮动与吃下折，直到再次出现 100 元左右的可转债。

再比如，当市场无风险利率较高时，国债和企业债的年化收益率也较高，选择国债或信用等级极高的企业债，加上正回购。假如国债的年化收益率最低 5%，再加两倍杠杆，正回购额成本比例假如为 2.5%，则每年的收益率为 $[5\% + (5\% - 2.5\%)] \times 2 = 10\%$，而且由于高利率不可持续，还能赚到利率下降的差价。总之，低风险投资与套利的模式众多，但不是想做哪个就做哪个，而是要看目前市场中哪个有机会就操作哪个。

第三节　ETF 与动态再平衡——权衡风险与收益

指数基金

最好的投资品种——股票

投资者如果能承受 30% 左右的浮动亏损，当然希望选择回报率最高的品种进行投资，那么相对容易变现的资产比如黄金、国债、企业债和股票，长期收益率哪个更高？如表 4－7 所示，这是西格尔教授在《股市长线法宝》中统计的美国各类资产 1802—2006 年的实际总体回报率，考虑到物价变化，反映的是各类资产的实际购买力。经过 200 多年的洗礼，持有 1 美元现金到现在只能购买 0.06 美元的商品，黄金基本能保值，国债与债券还能升值，只有股票的收益率一骑绝尘。

表 4 –7　1802—2006 年美国各类资产的实际回报率　　单位：美元

1802 年价值为 1 美元的资产	2006 年的实际购买力
现金	0.06
黄金	1.95
国债	301
债券	1083
股票	755163

那是不是只有美国这个超级大国的股票才有如此高的收益？西格尔教授又统计了 2006 年之前 112 年的世界各国股市的收益情况，平均年复合收益率为 5%，注意这是扣除通货膨胀后的真实回报率。简单起见只摘录几个主要国家的数据，而债券这个稳健投资标的的收益率在扣除通胀后所剩无几（见表 4 –8）。

表 4 –8　世界几个主要国家的股市在 112 年期限内的收益

国家	股票年复合收益率（扣除通胀后）	股票总回报倍数（倍）	债券年复合收益率（扣除通胀后）	债券总回报倍数（倍）
澳大利亚	7.2%	2459	1.6%	5.7
加拿大	5.7%	492	2.2%	11.7
法国	2.9%	24	–0.1%	0.89
德国	2.9%	24	–1.8%	0.14
意大利	1.7%	6	–1.7%	0.14
日本	3.6%	53	–1.1%	0.3
西班牙	3.4%	43	1.3%	4.3
英国	5.2%	291	1.5%	5.4
美国	6.2%	834	2.0%	9.3
世界平均	5.4%	334	1.7%	7

但还有房地产呢！最近 15 年国内一二线城市的平均房价涨幅达到了 10 倍，北上广深更甚。估计以后不可能再出现如此大的涨幅，理由：（1）这15 年是我国城镇化率快速发展时期，以后速度会明显减缓；（2）人口结构老龄化；（3）同期三四线城市房价的涨幅最多为 3 倍；（4）即便 15 年 10 倍的涨幅，其年复合收益率也只有 16.67%（后面章节将演示如何在股市轻松获取

这样的年复合收益率)。还有，房产的变现能力比证券略差，至于古玩等收藏品的变现能力就更差，并且还需要收藏者有渊博的专业知识。

指数基金与主动投资

确定了股票这个投资目标后，就要考虑收益率多少才算合格？先看有史以来最牛股神巴菲特的业绩：1957—2012 年 56 年内的总收益率为 35732 倍，但年复合收益率也仅有 20.6%，具体到每年的收益率中，除了 2001 年为 -6.2% 和 2008 年为 -9.6% 外，其余 54 年都获得了正收益，收益率超过 50% 的年份仅有 1976 年，为 59.3%。从股神业绩中可以得出以下结论：（1）长期年复合收益率为 20% 就能取得巨大回报，但这是人类智慧的极限；（2）在资本市场取得成功靠的不是高收益，而是不亏损。

投资者基本不会投资指数基金，而是购买股票或主动型股票基金，因为他们觉得自己或自己所选择的基金经理肯定能战胜笨重的大盘。

加州大学的巴波与欧汀教授详细统计了 1991—1997 年美国 3.5 万名专业个人投资者的股票交易数据。其间美国标准普尔 500 指数的年复合收益率为 18%，相应指数基金的年复合收益率为 17.8%（扣除交易费与管理费）；而专业个人投资者的年复合收益率仅为 16.1%，低于指数基金。

那主动型基金呢？1980—2001 年美国共同基金（相当于我国的主动型基金）数量超过 1 万家，只有 2073 家的存活期在 10 年以上。这 2000 多家基金的选股风格各不相同，都想超越大盘指数，但 10 年中这些相对优秀的基金年复合收益率仅为 9.85%，而同期美国所有上市公司加权指数的平均年回报率为 18.26%。

除共同基金外，美国还有约 6000 家对冲基金，对冲基金与共同基金的主要区别为：投资对象与策略仅受基金与客户之间的合约限制，但客户必须财力雄厚，不能面向大众集资，有些类似中国的私募基金，既能做空也能做多不受管制。不幸的是存活期在 5 年以上的只有 473 家，这些佼佼者的年复合收益率平均为 19.93%，高于同期共同基金的 11.90%，但还是低于同期美国加权指数的年复合收益率（为 27.02%）。此外，这 473 家中只有 21% 即 101 家基金的收益率超过了指数涨幅。

以上数据只是基于存活期为10年的共同基金和存活期为5年的对冲基金，它们已经是幸存者，还有更多基金直接被淘汰。但即便是这些“好学生”，长期收益率还是不如指数基金的涨幅，那刚兴起的中国基金是否会比这些老牌资本主义国家的基金能力强些?

以波动相对稳定的深综指为例，有据可查，从1996年5月10日152.5点至2015年5月8日2272.17点，19年的年复合收益率为15.28%，超过了GDP近20年内10倍的增速。因此，我国一二线城市房地产在15年暴利期间取得的16.6%的年复合收益率也没啥了不起。

上证指数由于中途加入的大盘股太多而导致指数失真，而且发行大盘股时基本都是在牛市中，并在大盘平均PE很高时计入指数，以后这些大盘股的大跌必然拖累上证指数也大幅下跌。可即便如此，上证指数从1996年5月10日的661点至2015年5月8日的4206点，这19年的年复合收益率也达到了10.23%。

那主动型股票基金的业绩如何呢?由于我国基金业的历史较短只能比较10年的业绩。深综指从2005年5月9日的274点至2015年5月8日的2272.17点，10年内的总收益率为729%，年复合收益率为23.56%，这10年存活下来的主动型股票基金共有80家，其中收益率超过深综指涨幅的只有14家，占比为17.5%。

剖析指数基金

• 股神的忠告

“购买指数基金，然后努力工作”，股神巴菲特从不推荐具体投资标的，但推荐指数基金的次数已经不下10次。1993年，股神第一次推荐指数基金时称“通过定期投资指数基金，业余投资者能战胜大部分专业投资者”。2007年，股神强调：对于绝大多数没有时间研究上市公司基本面的中小投资者，成本低廉的指数基金是其最佳选择。2014年，股神毫不避讳地宣称：若立遗嘱，其名下90%的现金将用来购买指数基金。

股神为什么一再推荐指数基金?其实源于对人性的弱点——恐惧与贪

婪的深刻理解，如果您无法比“市场先生”更了解企业并正确估值，就不要参加游戏。大多数投资者过于频繁交易，依靠“内幕”消息，盲目追涨杀跌，无法理性对待市场波动。投资指数基金能轻松分享所有企业创造的利润，投资业绩不至于惨不忍睹。

巴菲特推荐购买指数基金其实也是出于无奈，主动投资理念虽然简单却知易行难，投资理念、金融知识和投入精力等要素缺一不可，适合的永远只是少数人。投资者最需要了解自己的“能力圈”，与其选错时机、股票和盲目交易导致亏损，不如退而求其次，通过购买指数基金来获得稳定的收益率。

- 国内指数基金

不少投资者认为国内市场没有多少值得投资的企业。确实，由于企业治理结构不完善及估值太高等原因，国内值得投资的企业或许真不多。投资者如果没有出色的行业和企业分析能力，又想分享中国经济高速增长的成果，就只能投资指数基金。

虽然指数基金中也曾经包括了蓝田股份和银广夏这样的问题企业，但指数基金的最大优势是分散投资，这就降低了投资风险，并且大盘指数并不是一成不变的，会将不符合标准的企业剔除。比如，道琼斯指数最初建立时只有 12 家成分股，虽然都是当时美国最顶尖的大企业，但只有通用电气存活至今，而不断补充新鲜“血液”的道琼斯指数至今已上涨了 400 多倍。

投资指数基金是被动投资策略，无须人为选股，完全回避了投机取巧的心态，基金经理没有自主交易机会。这种“傻瓜式”投资方法看似简单，长期内却能战胜绝大多数依靠人为判断来投资的主动型基金，这也是全世界资本市场几十年的定论。指数基金的主要优势是分散投资和避免恐惧与贪婪情绪的干扰，交易成本和管理费也最低。

ETF 与再平衡

ETF 与指数基金

自从上交所推出国内第一只 ETF——上证 50ETF 后，可以用 ETF 替代指数基金作为投资标的，因为 ETF 身兼股票与基金两者的长处，比单纯的指数基金更有优势。

• 申购方式

ETF 是跟踪指数的基金，既可以在场外申购赎回，也能在场内像股票一样交易，总体规模还可变化。由于 ETF 在场内、场外出现折价或溢价机会时，投资者会迅速套利，这个机制促使 ETF 的交易价格通常不会偏离净值 0.5% 以上。

• 成本

ETF 是成本最低的投资基金。普通指数型基金成本已经很低了，1 年总费用比率在 2% 左右；而 ETF 的管理费率为 0.5%、托管费率为 0.1%，如果在场内交易还没有申购赎回费。单边交易时的佣金费率不超过 0.03%，最低为 5 元，ETF 不需交纳印花税，分红也免交所得税。

• 净值

普通指数型基金每个交易日结束后公布净值，但对申购或赎回基金份额时的净值未知；而 ETF 每隔 15 秒计算一次基金份额的参考净值（IOPV），这样投资者在交易时对买卖点的掌握会更精确。

• 标的物

申购 ETF 是通过购买一揽子股票以换取 ETF 份额，同样赎回的是一揽子股票而不是现金。

• 门槛

ETF 交易门槛低，场内交易申报数量为 100 份或其整数倍，代销网点则要求每个基金账户的单笔申购金额最低为 1000 元，但申购的基本单位为 30 万份至 100 万份不等。

• 优势

ETF 跟踪指数更加准确，普通指数型基金的年化跟踪偏差平均在 3% 左右，而 ETF 的年化跟踪偏差小于 2%。这是由持仓的结构来决定的，指数基金的股票仓位最高为 95%，剩余的 5% 可投资于债券等固定收益产品，而 ETF 则必须 100% 的投资于股票，当然偏差会更小。

ETF 投资要点

- 份额

不少在发行期认购 ETF 的投资者无法理解基金在上市后份额的变化，ETF 规模怎么突然大幅缩水？其实 ETF 成立时和运作后份额不同，每只 ETF 建仓完毕正式上市之前，都要进行“份额折算”，导致其单位净值发生变化，使基金的净值与所跟踪的指数建立起更直观的联系。比如，2011 年 3 月 11 日的上证综合指数收盘位在 2933 点，“富国上证综指 ETF”（510210）折算前的基金单位净值为 1.004 元，折算后提升为 2.934 元，对基金份额按 0.342 的比例进行了缩减。

- 名称

有些投资者光看名称投资 ETF，并且自以为是，笔者建议购买前要先了解 ETF 跟踪的指数：（1）要了解指数 ETF 所跟踪指数涵盖成分股的基本范围；（2）要了解行业 ETF 跟踪的行业所包含的成分股。比如，“上证 180 成长 ETF”（510280）的简称为“成长 ETF”，不少投资者只看简称就主观认为基金跟踪的是中小板或创业板这些成长股的指数。其实，该指数是以上证 180 指数成分股为样本空间，选出其中业绩最稳定、成长最快的 60 只个股作为指数成分股。

- 分红

大部分 ETF 规定：当累计净值跑赢基准指数 1% 以上时，基金管理人便可进行收益分配，通常以现金形式分红，是否分红跟当年指数的涨跌无关。比如，“上证红利 ETF”（510880）的成分股大部分都会高比例分红，累计净值涨幅每年都会超出基准指数 1% 以上，因此每年都能分红。

- 流动性

绝大多数投资者的资金量无法满足 ETF 申购赎回的 100 万份的起步要求，只能在场内交易，如果投资的 ETF 交易量低、流动性差，很难抛售兑现利润。当然，流动性差也容易造成基金出现较大的折价或溢价现象，可以通过计算交易量来判断是否能分批套利。

- 境外投资

目前，国内投资者暂时无法直接投资境外市场，但 ETF 能帮您达成这个夙愿。比如南方基金的“恒指 ETF”（513603）跟踪的恒生指数，由中国香港交易所50 只市值最大及成交最活跃的股票组成，是港股的代表性指数。还有华安基金的“德国 30ETF”（513030）跟踪的是德国 30（DAX）指数，涵盖德国股市中市值最大、表现最好的 30 只蓝筹股，囊括了宝马、大众等知名企业。由于国外指数与国内市场同步涨跌的可能性较小，国内投资者通过配置部分境外的 ETF，可进一步分散投资风险。

- 联接基金

俗称“ETF 中的 ETF”，90% 以上的资产都投资于一只 ETF 指数基金，剩余资金则通过主动投资来增加收益率。国内第一只 ETF 联接基金是“华安上证 180 ETF 联接”（040180），它可以场内、场外同时交易，而且 ETF 联接基金的认购门槛仅为 1000 份。到目前为止，ETF 联接基金的业绩都略低于普通 ETF 的，因此笔者对 ETF 联接基金不太感冒。

- 市值加权 ETF 与等权重 ETF

指数的构建方式主要有两种：（1）市值加权法以等市值方式构建，每只股票在指数中所占权重由其市值决定，市值越大的股票对指数的影响力也越大，绝大部分的指数都是通过这种方式来构建的；（2）等权重法则是所有成分股都被赋予同等权重，如果有 40 只成分股则每个的权重都是 2.5%，等权重其实就是提高了中小企业在指数中的地位，让它们的成长性能得到更好体现。因此，两者的收益率在短期内不会相差太大，但中长期来看等权重法的收益率更高，而且等权重法的计算方法更简单，ETF 跟踪指数也更精准。目前，国内等权重 ETF 的数量并不多，比如“景顺长城沪深 300 等权重 ETF”（159924）。

“50 – 50”再平衡模型

长期持有 ETF 的收益率不错，买入 ETF 的时机大致在市场估值为 10

倍 PE 时，但什么时候卖出呢？历史上大牛市顶峰时市场的整体 PE 各不相同，有 40 倍、50 倍甚至 60 倍，到底按哪个标准？还有整体市场的走势长期看是波浪式上升，但其中的波动幅度也蛮大，能否把这些波动带来的利润顺便吃干抹净？

先看个简单的投资模型——ETF（以上证指数替代）及固定收益品种（对应债券投资）各占 50% 比例的组合模式，称为“‘50－50’再平衡模型”。用此模型进行测试，具体规则：假设起始总资金为 1 万元，每年底都将 ETF 和债券的资产比例重新平衡，让两者始终保持 50% 的占比，债券类资产按 4% 的固定年化收益率进行测试，以 2000 年末上证指数收盘点位为参照点，测试的期限为 2001 年 1 月 1 日—2010 年 12 月 31 日这 10 年（见表 4－9）。

表 4－9　“50－50”再平衡模型 10 年期限收益表

年份	上证指数收盘点位（点）	年末再平衡前的资产（元）		年末再平衡后的资产（元）	
		ETF	债券类资产	ETF	债券类资产
2000 年末	2073	5000	5000	5000	5000
2001 年末	1646	3970	5200	4585	4585
2002 年末	1358	3783	4768	4275	4275
2003 年末	1497	4713	4446	4580	4580
2004 年末	1267	3876	4763	4320	4320
2005 年末	1161	3959	4493	4226	4226
2006 年末	2675	9737	4395	7066	7066
2007 年末	5262	13900	7349	10624	10624
2008 年末	1821	3677	11049	7363	7363
2009 年末	3277	13250	7658	10454	10454
2010 年末	2808	8958	10872	9915	9915
10 年总计	指数总涨幅（代表指数的总收益率）：35.45%，年复合收益率：3.08%				
	“50－50”再平衡模型的总收益率：98.3%，年复合收益率：7.09%				

注：上证指数收盘点位按照四舍五入法取整。

如表 4－9 所示，在测试期内，该模型的收益率远超同期指数的涨幅，而且该模型总资产的回撤率也小很多，这对缓解长期投资者的心理压力有很大帮助。对于该模型需要提醒投资者的是：

（1）这10年指数涨幅所代表的年复合收益率只有3.08%，因为2001年初市场的整体PE为59倍，2010年末则是21倍，市场其实是从前面牛市的顶端位置到了后面熊市的中间阶段，当然收益率不高，本书只阐述模型效果不纠结于这点。

（2）模型的收益率高于指数涨幅的本质是系统强行将部分ETF进行了高抛低吸。当高估值状态的ETF资产占比高于债券类资产时，就卖掉部分ETF并将资金平衡到债券；当低估值状态的ETF资产占比低于债券类资产时，就卖掉部分债券并将资金平衡到ETF。

（3）更科学的再平衡标准应该是根据PE的大小，比如分别在10倍、20倍、30倍和40倍时均采用“50－50”再平衡方法。每年底固定平衡一次的思路太僵化，有时两个年底的指数没啥变化再平衡意义就不大；而有时一年中指数上蹿下跳反而没有再平衡到。这里采用每年底再平衡的方法只是为了让读者更容易理解。

（4）将再平衡的频率提高些，比如每个季度末或市盈率每相隔5倍就再平衡一次，收益率是否更高？您可以自己测试数据。采用每个季度末再平衡方法的总收益率为74.1%，比年末再平衡方法的略低，原因是高抛低吸的空间太小反而收益降低。那频率再低些？可能牛市都到顶了，都还没到您的再平衡点。

（5）“50－50”再平衡模型的最大缺点是在大牛市中指数的直线飙升阶段，收益率要低于单纯持有ETF，比如在表4－9中截止到2007年底计算的收益率。原因很简单：模型只有50%资金能享受牛市带来的涨幅，而飙升阶段又赚不到再平衡时来回高抛低吸的额外收益。

动态再平衡与基金定投

PE动态再平衡

“50－50”再平衡模型用事实证明：在大部分时间内，其收益率明显高于单纯长期持有一个品种的收益率。那该模型还能不能再优化一下以取得更高的收益率？理论上考虑：高 PE 时应该降低 ETF 的仓位，使其 < 50%；低 PE 时应该提高 ETF 的仓位，使其 > 50%。由于上证指数 2001—2010 年的整体 PE 在 10 ~ 60 倍波动，因此，当 PE 为 30 ~ 40 倍时，确定股债比例为 50%∶50%，PE 越低时 ETF 资产的占比就越大，PE 越高时 ETF 资产的占比就越小（见表 4－10）。

具体规则：假设起始总资金为 1 万元，按照表 4－10 中罗列的股票类资产与债券类资产的配置标准，统计上证指数的月末 PE，并按既定比例进行股债比例的动态再平衡，债券类资产按年化 4% 的固定年化收益率进行测试，测试期限为 2001 年 1 月 1 日—2010 年 12 月 31 日的整 10 年。

表 4－10　上证 PE 大小与匹配的股债比例

上证 PE（倍）	股票类资产的占比	债券类资产的占比
<10	100%	0
≥10 ~ <15	90%	10%
≥15 ~ <20	80%	20%
≥20 ~ <25	70%	30%
≥25 ~ <30	60%	40%
≥30 ~ <40	50%	50%
≥40 ~ <45	30%	70%
≥45 ~ ≤50	10%	90%
>50	0	100%

如表 4－11 所示，10 年时间 PE 动态再平衡模型的收益率超越了“50－50”再平衡模型的，但总资产的回撤率比“50－50”再平衡模型稍大。原因很简单：PE 动态再平衡做高抛低吸的资产比例比“50－50”再平衡模型的更大，当然收益率更高。指数波动越大，PE 动态再平衡模型超越指数的收益率就越高。

表 4－11　上证指数 10 年时间的 PE 动态再平衡收益表

日期	上证 PE（倍）	股债比例	期末上证指数收盘点位（点）	动态再平衡前的资产（元）		动态再平衡后的资产（元）	
				ETF	债券	ETF	债券
2001 年 1—6 月	>50	0∶100%	1920	0	10200	1020	9180

续表

日期	上证 PE（倍）	股债比例	期末上证指数收盘点位（点）	动态再平衡前的资产（元）		动态再平衡后的资产（元）	
				ETF	债券	ETF	债券
2001 年 7 月	>45 ~ ≤50	10%：90%	1834	974	9211	3056	7129
2001 年 8—9 月	>40 ~ ≤45	30%：70%	1689	2814	7177	4996	4996
2001 年 10 月	>30 ~ ≤40	50%：50%	1748	5171	5012	3055	7128
2001 年 11 月	>40 ~ ≤45	30%：70%	1646	2877	7152	5015	5015
2001 年 12 月—2002 年 5 月	>30 ~ ≤40	50%：50%	1733	5280	5115	3119	7277
2002 年 6—9 月	>40 ~ ≤45	30%：70%	1508	2714	7374	5044	5044
2002 年 10 月—2004 年 1 月	>30 ~ ≤40	50%：50%	1675	5603	5313	3275	7641
2004 年 2—3 月	>40 ~ ≤45	30%：70%	1596	3121	7692	5407	5407
2004 年 4 月	>30 ~ ≤40	50%：50%	1556	5271	5425	6418	4278
2004 年 5—11 月	>25 ~ ≤30	60%：40%	1267	5226	4378	6723	2881
2004 年 12 月—2005 年 4 月	>20 ~ ≤25	70%：30%	1061	5630	2929	6847	1712
2005 年 5 月—2006 年 6 月	>15 ~ ≤20	80%：20%	1613	10409	1792	8541	3660
2006 年 7—10 月	>20 ~ ≤25	70%：30%	2099	11114	3708	8893	5929
2006 年 11 月	>25 ~ ≤30	60%：40%	2675	11333	5949	8641	8641
2006 年 12 月—2007 年 2 月	>30 ~ ≤40	50%：50%	3184	10285	8727	5704	13308
2007 年 3 月	>40 ~ ≤45	30%：70%	3841	6881	13352	0	20233
2007 年 4 月	>50	0：100%	4110	0	20300	6090	14210
2007 年 5—6 月	>40 ~ ≤45	30%：70%	4471	6625	15157	0	21782
2007 年 7—12 月	>50	0：100%	4383	0	22218	2223	19996
2008 年 1 月—2008 年 2 月	>45 ~ ≤50	10%：90%	3473	1761	20129	10945	10945
2008 年 3 月	>30 ~ ≤40	50%：50%	3693	11638	10981	6786	15833
2008 年 4 月	>40 ~ ≤45	30%：70%	3433	6308	15886	15536	6658
2008 年 5—7 月	>20 ~ ≤25	70%：30%	2397	10848	6725	14058	3515
2008 年 8—9 月	>15 ~ ≤20	80%：20%	1728	10435	3538	12576	1397

续表

日期	上证 PE（倍）	股债比例	期末上证指数收盘点位（点）	动态再平衡前的资产（元）		动态再平衡后的资产（元）	
				ETF	债券	ETF	债券
2008 年 10 月	>10～≤15	90%：10%	1871	13617	1402	12015	3004
2008 年 11 月	>15～≤20	80%：20%	1821	11694	3014	13237	1471
2008 年 12 月	>10～≤15	90%：10%	1991	14473	1476	12759	3190
2009 年 1—3 月	>15～≤20	80%：20%	2478	15880	3222	13371	5731
2009 年 4—5 月	>20～≤25	70%：30%	2959	15966	5769	13041	8694
2009 年 6—7 月	>25～≤30	60%：40%	2668	11758	8752	14357	6153
2009 年 8—9 月	>20～≤25	70%：30%	2996	16122	6194	13390	8926
2009 年 10 月—2010 年 4 月	>25～≤30	60%：40%	2592	11584	9134	16574	4144
2010 年 5—9 月	>15～≤20	80%：20%	1979	12654	4213	11807	5060
2010 年 10—12 月	>20～≤25	70%：30%	2808	16753	5110	总计：21863	
10 年总计：	指数总涨幅（代表指数的总收益率）：35.45%，年复合收益率：3.08%						
	“50－50”再平衡模型的总收益率：98.3%，年复合收益率：7.09%						
	PE 动态再平衡模型的总收益率：118.63%，年复合收益率：8.14%						

注：上证指数收盘点位按照四舍五入法取整。

PE 动态再平衡优化模型

既然 PE 动态再平衡模型能扩大收益率，投资者肯定会有如下疑问：15 倍 PE 以下 100% 持有 ETF 与 50 倍 PE 以上 100% 持有债券，收益率岂不是更高？从理论上讲这种做法完全正确，但谁能保证每次熊市底部 PE 都能到 15 倍以下？万一跌到 16 倍就是最低点怎么办？每次牛市顶部都能到 50 倍以上？万一涨到 49 倍就是最高点怎么办？况且有时还会出现 PE 为 20～30倍的小牛市怎么办？

因此，为保证熊市底部有足够仓位，牛市顶部必须抛掉部分高估的资产，将以上动态再平衡模型优化如下：牛市中在 PE 从 10 倍到 45 倍的增高过程中，配置比例仍按前面的原则；但 PE 达到最高点后 ETF 占比较少，熊市中在 PE 慢慢下降过程中不调整比例，直到 PE 下降至 20 倍以下进入合理区域后，再按照既定比例调整。比如熊市底部 PE 为 13 倍，则股债比例为 90% ：10%，牛市开始 PE 一路上升继续调整股债比例，到牛市顶部 PE 为 42 倍时股债比例应该是 30% ：70%，此后在 PE 下降过程中不再调整股债比例（维持在 30% ：70%），直到 PE 降为 20 倍以下时直接调整为 80% ：20%。

PE 动态再平衡优化模型的规则是：假设起始总资金为 1 万元，统计上证指数的月末 PE，按照 PE 动态再平衡优化模型设定的股债比例配置标准进行再平衡，债券类资产按 4% 的固定年化收益率标准进行测试，期限仍然取 2001 年 1 月 1 日—2010 年 12 月 31 日的这 10 年。

如表 4－12 所示，PE 动态再平衡优化模型的收益率大幅增长，主要原因是在 PE 从估值顶峰一路向下的过程中，不增加 ETF 比例，直到 PE 降至 20 倍以内的合理估值区间；从底部上涨过程中，PE 超过 20 倍以后，却是慢慢减少 ETF 比例，而不是一笔清仓，充分享受牛市溢价。这个优化模型的年复合收益率达到惊人的 13.56%，总资产回撤率也比前面要小，再次提醒这是 PE 从 59 倍至 21 倍的 10 年熊市期间取得的成绩，如果是 PE 首尾相同的 10 年呢？再如果是 PE 从 21 倍至 59 倍的 10 年呢？再如果是收益率更高的深圳指数呢？画面太美不敢想象。

表 4－12　上证指数 10 年时间 PE 动态再平衡优化模型收益表

日期区间	上证 PE（倍）	股债比例	期末上证指数收盘点位（点）	动态再平衡优化前的资产（元）		动态再平衡优化后的资产（元）	
				ETF	债券	ETF	债券
2001 年 1—6 月	>50	0：100%	1920	0	10200	0	10200
2001 年 7 月—2005 年 4 月	>20～≤50	0：100%	1061	0	11764	9411	2353
2005 年 5 月—2006 年 6 月	>15～≤20	80%：20%	1613	14307	2463	11739	5031
2006 年 7—10 月	>20～≤25	70%：30%	2099	15276	5098	12224	8150
2006 年 11 月	>25～≤30	60%：40%	2675	15578	8177	11878	11878
2006 年 12 月—2007 年 2 月	>30～≤40	50%：50%	3184	14138	11997	7841	18295

续表

日期 区间	上证 PE （倍）	股债比例	期末上证指数收盘点位（点）	动态再平衡优化前的资产（元）		动态再平衡优化后的资产（元）	
				ETF	债券	ETF	债券
2007 年 3 月	>40 ~ ≤45	30%：70%	3841	9459	18356	0	27815
2007 年 4 月—2008 年 7 月	>50	0：100%	2397	0	29298	23438	5860
2008 年 8—9 月	>15 ~ ≤20	80%：20%	1728	16896	5899	20516	2279
2008 年 10 月	>10 ~ ≤15	90%：10%	1871	22214	2287	19601	4900
2008 年 11 月	>15 ~ ≤20	80%：20%	1821	19077	4916	21594	2399
2008 年 12 月	>10 ~ ≤15	90%：10%	1991	23610	2407	20814	5203
2009 年 1—3 月	>15 ~ ≤20	80%：20%	2478	25905	5255	21812	9348
2009 年 4—5 月	>20 ~ ≤25	70%：30%	2959	26046	9410	21274	14182
2009 年 6—7 月	>25 ~ ≤30	60%：40%	2668	19182	14277	23421	10038
2009 年 8—9 月	>20 ~ ≤25	70%：30%	2996	26300	10105	21843	14562
2009 年 10 月—2010 年 4 月	>25 ~ ≤30	60%：40%	2592	18898	14902	27040	6760
2010 年 5—9 月	>15 ~ ≤20	80%：20%	1979	20645	6873	19263	8255
2010 年 10—12 月	>20 ~ ≤25	70%：30%	2808	27332	8338	总计：35670	
10 年总计：	指数总涨幅（代表指数的总收益率情况）：35.45%，年复合收益率：3.08%						
	“50 - 50”再平衡模型的总收益率：98.3%，年复合收益率：7.09%						
	PE 动态再平衡模型的总收益率：118.63%，年复合收益率：8.14%						
	PE 动态再平衡优化模型的总收益率：256.7%，年复合收益率：13.56%						

注：上证指数收盘点位按照四舍五入法取整。

大卫·斯文森指出：资产配置动态再平衡是“天上掉馅饼”，能够在收益率相同的情况下降低风险，或在风险相同时提高收益率。根据上证指数 PE 的大小来配置资产的收益情况说明动态再平衡模型具有以下优势：（1）这是一种彻底的被动式投资方法，不需要做任何主观判断（选股与选时），规避了由于受投资者情绪影响而随意决策导致的不必要亏损；（2）真正做到了高抛低吸，只不过是被动进行的，当然只是涉及其中的大部分资产；（3）操作简单，熊市中总资金额回撤率也较小，长期收益率却能甩大盘指数几条街，适合稳健型投资者使用。

其实，这个优化模型还能再进一步优化：（1）用无风险投资方法比如新股申购、无风险套利或银行理财等替代债券投资，收益率更高；（2）股债比例为50%：50%时的PE为30～40倍，如果初始设置改为PE为20～25倍时的股债比例为50%：50%，则还能提高总收益率；（3）如果对行业和企业发展有足够把握，也可以用10只以上的股票组合替代ETF类资产。

ETF定投

• 基金定投

基金定投就是在固定周期用固定金额投资固定的基金，比如每个月的第一个交易日投入1万元资金固定买入某个基金，为了避免主动型基金的人为判断风险，定投通常选择ETF。基金定投模式来源于中国台湾，门槛不高、逻辑简单、风险分散。长期定投ETF的原理：不管市场整体PE的高低都“傻瓜式”买入，由于每次投入的金额固定，导致在市场处于低位时买入筹码的比例更高，这种方式投资的平均成本就比市场的长期平均成本要低，收益率=成本的折价率+ETF本身的增长率。

定投模式采用小额多次买入ETF的方式，通过获得低于平均价的成本来平滑风险，获取长期的投资收益率，因此不注重入市时机。但定投时间必须超过一个完整的牛熊周期，这样成本最终才能趋于稳定，与入市时机的关联度就低。最合适ETF定投的市场环境：（1）牛短熊长，这样在较长熊市中能买入更多数量的低PE筹码，平均成本更低；（2）估值波动大，这样更容易在市场高估值时兑现利润。

定投模式最重要的因素是坚持，不能因为市场波动就放弃，指数大跌时就是定投的黄金时刻。定投过程枯燥乏味：每月发薪水的第二天就“傻瓜式”买入，然后等待下个月的发薪时刻。定投模式的最大障碍是心理作用和执行力，定投策略一旦制定就必须一丝不苟去执行，定投模式的优势在于远离股市，完全不受市场情绪的影响，暴跌暴涨都是浮云，任它雨打风吹，您尽管闲庭信步。

● ETF 定投实战统计

定投标的选择 2007 年 1 月 18 日上市的上证红利 ETF，该基金跟踪复制上证红利指数，成分股由股息率最高、现金分红最多的 50 只股票组成，是上证 A 股的核心优质资产，同时也是笔者的私人最爱，而且根据每年分红情况的最新排名优胜劣汰，具有很高的投资价值。截至 2016 年 1 月 18 日，红利 ETF 已经上市 9 年多时间，如表 4－13 所示，采取 4 种定投策略进行测试，整个定投过程只买不卖，所有价格用前复权价格计算（与没复权的价格相比可能有微小差别），测试期限是 9 年。

表 4－13　红利 ETF 的 4 种定投策略 9 年期限收益和总资金回撤情况

定投策略	年复合收益率	总资金最大回撤率
上市当日买入持有 9 年	3.93%	75.68%
“傻瓜式”每月开盘等额定投	7.34%	56.36%
红利指数 PE <15 倍时每月开盘等额定投	15.49%	45.87%
红利指数 PE <10 倍时每月开盘等额定投	21.73%	47.89%

统计结果表明：（1）“傻瓜式”定投 ETF 比单纯持有收益率要高，总资金的回撤率也要小；（2）低 PE 定投 ETF，明显提高收益率还能降低总资金回撤率，控制风险；（3）低 PE 定投不需要每个月都买入，因此投入的资金总量要少些，实战中的弥补对策是投资者可在 15 倍或 10 倍 PE 以下时，双倍甚至 3 倍资金量进行定投；（4）至于获利了结时机，可以选择动态再平衡模型采用的退出时机，在 20 或 30 倍以上 PE 时分批卖出，笔者是以该指数历史平均 PE 的 150% 为退出标准。

● ETF 投资策略

（1）定投策略。工薪阶层首选。初入职场的工薪族因为没有大量闲置资金可供投资，选择定投策略也是迫不得已，但好处是未来每个月都有薪酬作为稳定现金流收入。当然工薪族的定投可以灵活变通为定期不定额，因为未来的薪酬也就是可投资额度会越来越高，比如把每月收入的 50% 作为定投额度。这种方法久经考验，无论是美国养老金计划（401K）还是国内企业年金计划，都运用这种定投策略。

（2）动态平衡策略。高净值投资者的最爱，拥有大量闲置资金可供投资（比如500万元以上），但没有固定现金流收入的高净值人群，适合使用优化的动态再平衡策略，例如按比例配置沪深300ETF和债券类资产。注意，无论定投还是动态再平衡，这两个投资策略有个极端前提就是永续性，因此投资目标只能是ETF。比如100多年前美国道琼斯指数建立时有12家成分股，时至今日除通用电气外其余11家都消失了。如果以个股或主动型基金为投资标的，经历一轮漫长的牛熊周期后，投资标的有可能已经“灰飞烟灭”，更不要奢望获得收益率。

第四节　配对交易——风险对冲

ETF分散与再平衡

ETF折价交易

虽然ETF动态再平衡和定投策略的长期收益率都不错，但能不能像封闭式基金折价一样，用打折的同类证券来替代持有ETF类资产，就能再享受折价，使收益率更高呢？

- 股指期货合约替代ETF

期指合约由于受自身供求关系的影响，价格不可能与现货指数完全同步，大多数时间小幅升水，也偶尔会贴水，这个千载难逢的机会对长期持有ETF的投资者来说简直就是免费午餐。

比如，某个期指合约价格相对于现货指数贴水5%，那么到交割日双方价格必然一致，吃到这个折价率后，要么远期合约还有一定程度的贴水就继续换仓，要么贴水消失就平仓换回原来的ETF。用期指合约替代ETF唯一需要的注意就是：将期指合约和ETF对应的资金量计算清楚，剩余的购买不了1手期指合约的资金还是只能持有ETF。

极端实战案例：2015 年 7 月 8 日，中证 500 股指期货“IC1507”合约为 5957 点，现货指数为 6602 点，贴水 9.8%，至 7 月 17 日交割日吃到折价后，“IC1508”合约仍然贴水 6.5%，移仓至 IC1508 继续吃折价；至 8 月 21 日交割日吃到折价后，“IC1509”合约仍然贴水 6.9%，移仓至 IC1509 继续吃折价；至 9 月 18 日交割日吃到折价后，“IC1510”合约贴水只有 1.2%，放弃移仓期指改回持有 ETF，2 个月零 10 天共吃到 23.2% 的折价率。

- 分级基金替代 ETF

如果有些分级基金的母基金与您长期持有的 ETF 跟踪同一指数，就能以母基金替代 ETF 进行套利。分级基金的底仓折、溢价套利无风险，因此可以用母基金和分级基金 A + B 代替 ETF 进行套利。

比如长期持有深指 ETF，现在以“母基金‘申万深成’（163109）占 50% +‘深成指 A’（150022）占 25% +‘深成指 B’（150023）占 25%”替代，由于无法判断以后分级基金 A + B 到底是折价还是溢价，故母基金与分级基金 A + B 各占 50%。

（1）分级基金出现溢价，就是深成指 A + 深成指 B > 申万深成 ×2，收盘前进行溢价套利：按市场价卖出分级基金 A + B，再将母基金申万深成拆分成深成指 A 与深成指 B，最后用卖出深成指 A 和深成指 B 得到的资金申购母基金，如此折腾后第二天仍然持有的底仓为：母基金 50% + 深成指 A 25% + 深成指 B 25%，但无风险套利已将溢价的银子收入囊中。

（2）分级基金出现折价，就是深成指 A + 深成指 B < 申万深成 ×2，收盘前进行折价套利：按市场价买入深成指 A 和深成指 B，再将原先持有的底仓深成指 A 和深成指 B 合并成母基金，最后赎回底仓的母基金，第二天仍然持有的底仓为：母基金 50% + 深成指 A 25% + 深成指 B 25%，当然折价的银子也顺便笑纳。

套利要点：（1）以临近收盘时的折（溢）价率为标准，原因是母基金每天只有收盘后才公布净值；（2）扣除母基金申购、赎回和分级基金 A、B 的交易成本后要有 1% 以上的套利空间，并注意交易时对手盘的流动性；

（3）折价套利要有备用资金先买入分级基金 A 和分级基金 B，溢价套利则不需要；（4）尽可能选择没有下折条款的分级基金，比如母基金“H 股分级”（161831），可以不受下折影响长期持有，否则下折后多余的分级基金 A 将变成母基金，份额比例变化后还要重新调整；（5）千万别藐视这 1% 的套利利润，如果每月有 1 次机会，相当于增加总资金 0.5% 的收益率，1 年的额外收益率就有 6%。

分散优势

不少投资大师都强调集中投资，这样重仓的股票上涨就能获得丰厚利润。假如分散投资 10 只股票，就算其中 1 只上涨 10 倍，总资产收益率也就 100%；如果只投资 2 只股票，总资产收益率就是 500%。这在理论上完全正确，但是有多少投资者拥有如此能力？反正笔者在资本市场苦心钻研了 10 年还是不具备。

- 降低风险

集中投资万一遭遇黑天鹅，一夜之间财产归零，别说这不可能，连巴菲特都曾遭遇滑铁卢：1989 年以 3.58 亿美元投资美国航空公司优先股亏损率在 50% 以上；2012 年投资后来爆出财务丑闻的英国乐购，税后亏损 4 亿美元。如果分散投资 10 家企业，即便其中 2 家清零，也就损失 20%，还有卷土重来的资本；如果集中投资 2 家企业，1 家清零本金只剩 50%，另 1 家需要上涨 100% 才仅仅回本。股神都会阴沟翻船，更别说我等业余投资者了，ETF 就是因为分散才能永续。

- 提高收益

分散不仅降低风险还能提高收益率，比如精选 2 家质地差不多的企业 A 与 B 准备投资，预先无法判断未来哪家的收益率更高，事后企业 A 上涨 70%，企业 B 上涨 30%，则分散投资的收益率就是 50%，而且还能通过企业 A 与企业 B 相互再平衡或配对交易进一步提高收益率。集中投资时如果运气好选择了企业 A 当然更好，万一不幸挑选了企业 B，看着企业 A 不停上涨后悔不已，心态失衡又换成企业 A，结果两边主升浪都没享受，最后很可能连30%的收益率都没有。

- 减少总资金回撤率

集中投资如果重仓个股暴涨、暴跌大幅波动，对投资者心态是个巨大考验。暴跌当然极度不爽，暴涨也不可能正好在最高点退出，如果最后抛售价与最高价有不少差距导致心态变坏，则对后面的投资决策会有很大影响。如果将资金分散到多只股票上，虽然它们的跌幅各不相同，但平均下来就不会有太大损失。还有不少私募基金规定了下跌30%的清盘线，就是1元净值跌至0.7元时要清盘关门，因此基金管理人更需要分散投资。

不同风格ETF再平衡

个股分散投资益处多多，ETF跟踪指数本身就是分散投资，还有再分散的必要吗？分散不仅降低风险还能提高收益率，因此需要分散投资不同风格的ETF。比如分别代表蓝筹股的沪深300指数与成长股的创业板指数风格截然不同，1996年、1997年、2003年、2006年和2007年蓝筹股风起云涌，而成长股却死水微澜；但2000年、2007年初、2013—2015年成长股雄霸天下，蓝筹股却无人问津。美国市场同样也是两种风格各领风骚数年。因此需要在不同ETF之间进行再平衡。

（1）比如分散投资不同风格的ETF，简单起见只分成蓝筹类A与成长类B两只（以下分别简称“A”“B”）ETF。假设总资金为200万元，初始状态分成两部分：投资A的100万元按当时市场的PE，动态再平衡后的股债比例70%：30%，即70万元的ETF和30万元债券；投资B的100万元按当时市场的PE，动态再平衡后的股债比例50%：50%，即50万元ETF和50万元债券。

（2）假如随后市场比较青睐成长股，B的50万元ETF上涨了20%达到60万元，股债比例变成60万元：50万元=55%：45%，债券收益暂时忽略，整个B的股债总和为110万元，超过A总资金的10%。将A和B进行“50-50”再平衡，平衡后A与B各105万元，双方内部的股债比例不变：A为70%：30%，B为55%：45%

（3）如果市场继续溺爱成长股，蓝筹 A 的 ETF 市值继续纹丝不动，成长 B 的 ETF 市值在此基础上又涨了 4%，则 ETF 的市值为 105 万元 × 55% × 104% = 60.06 万元，债券市值为 105 万元 × 45% = 47.25 万元。这样成长 B 的 ETF 的 PE 由 30 倍涨至 40 倍，B 的股债比例应该由最初的 50% ∶ 50% 调整至 40% ∶ 60%，因此调整后的 ETF 市值为（60.06 万元 + 47.25 万元）× 40% = 42.92 万元，债券市值为（60.06 万元 + 47.25 万元）× 60% = 64.39 万元。

其实，不同风格 ETF 再平衡的原理很简单，就是 A 和 B 的总资金只要一方超出另一方 10%，就进行“50 - 50”再平衡，而 A 或 B 的内部再按 PE 变化进行股债比例动态再平衡。笔者将总资金分成不同风格的 4 部分，分别配置了红利 ETF、沪深 300ETF、中证 500ETF 和创业板 ETF 后，表面看比较烦琐，实际上只要真正掌握了上述原理再加上简单的四则运算，操作起来其实非常简单。

配对交易

精选组合替代 ETF

熟悉本书总结的规则后投资 ETF 是非常好的选择，如果一部分学有余力的投资者还想多分一杯羹，就要用精选的股票组合来代替 ETF 类资产，以便能获得超越指数涨幅的收益率。需要提醒投资者的是，这种能力不是一朝一夕就能获得的，需要长期学习并钻研本书的第二、三章内容。

- 宏观经济

笔者认为，“股市是经济的晴雨表”不完全靠谱，但是有良好经济状况做基础总是好的。宏观经济中市场无风险利率的高低最重要，表面看如果中长期的国债收益率为 5%，与企业的 20 倍 PE 相同，都是 20 年回本，但毕竟企业的不确定性高，对稳健投资者的吸引力就没有国债大。较低的无风险利率是产生牛市的必要条件，只是无法确定何时牛市会来临，但在高利率背景下出现不了牛市。

• 行业与估值

分散投资到至少4个不相关的行业。相关是指行业之间一荣俱荣一损俱损，比如水泥和钢铁这两个行业表面看牛马不相及，如果扩大基建，大家都“大碗喝酒、大块吃肉”，如果遇到宏观调控，两家只能抱头痛哭抱团取暖。而医药、白酒、银行和水泥这4个就是不相关行业。确定行业后还要选择合理估值时才能投资，非周期型行业由于有刚需托底，只要明确行业历史最低和平均的PE，在PE较低时介入就行。周期型行业利润会大起大落，投资应以防御目的为主，PE参考价值不大，此时应明确行业的历史最低和平均的PB，在PB为1倍左右时开始介入。投资者在实际操作中可分批买入，进一步摊薄成本。

• 同行选择

确定了行业的投资时机还不够，因为同行企业很多，到底选哪个企业？具体标准见本书“好企业”一节内容。注意：（1）有些行业老大通吃，老二基本就是“路人甲”，比如煤炭业的中国神华、水泥业的海螺水泥、保险业的中国平安等，这种行业选股标准一目了然无须赘述；（2）有些行业寡头垄断，比如白色家电的格力、美的和海尔，股份制银行的招商、兴业、浦发和民生，电商的阿里和京东，投资这些行业只能进行分散配置；（3）还有些行业群雄逐鹿，根本无法判断出哪家企业占据优势，只能简单粗暴直接配置行业ETF。

• 获利了结

何时落袋为安？这是世界性难题，巴菲特2007年抛售中石油港股后获利400%，结果之后股价继续上涨了将近1倍。谁都无法精准判断市场会高估到何种程度，因此，一旦市场的估值超过行业的历史平均PE或PB，就可以用动态再平衡方法分批置换成处于低估状态的其他行业，如果整个市场都高估实在下不了手，就持有债券或现金做无风险套利。分批置换或卖出的结果是要么筹码出光后市场还没到顶，要么部分筹码在高高的山顶上站岗，但总比凭感觉去逃顶要靠谱得多。

配对交易

- 历史起源

配对策略的雏形起源于美国的利弗莫尔，就是写出了著名的《股票大作手操盘术》的伙计，他在1920年首创出“姐妹对”交易策略，即在同行业中找出两只历史走势相近的股票，如果其中一只价格突然大幅拉升，而另一只价格不变时，就做空上涨的那只，同时做多走势较弱的另一只。以后要么上涨的下跌，要么不动的上涨，总之两者价格会再次接近，分别平仓两只股票就能赚到价格偏离正常比值的差价。

1987年，摩根士丹利发现通用汽车与福特汽车股价经常联动，极少各行其是，于是在通用股价上升而福特疲软时，买入福特做空通用，当双方股价又关联在一起时平仓。这是真正有记录的最早的配对交易，这种策略当年为摩根士丹利创造了5000万美元的利润。

与单纯的做多或做空不同，配对交易并不关心投资目标绝对价格的高低，只专注于两只质地相近股票间的相对价格（就是差价），即两只股票的价格分别是20元与24元还是10元与12元无关紧要，在配对交易者眼中都是20%的差价。这种方法与传统的单向交易方法相比，优点在于同时构建多头与空头仓位，对冲了大盘的波动风险，因此配对交易策略被认为是中性策略。

- 交易实例

建设银行和农业银行这两家大型国有银行行业地位相似，主营业务更是相近，两家公司受短期消息或大宗交易的影响可能会造成各自的股价相互偏离，由于两家银行的基本面无显著差别，股价偏离幅度应该不会太大，等到这些短期因素被市场逐渐消化后，两者又将会回归平衡。

2014年10月，观察到这两家银行前4年股价走势基本保持一致，可以将双方股价做些数学方面的处理，笔者方法是各取1000日均线值，就是双方4年的平均收盘价，得出建行：农行＝1.7，这个比值是两家银行的价值中轴，股价比值围绕此中轴的波动范围为1.6～1.8。

配对交易过程：11 月 3 日建行股价为 4.14 元，农行股价为 2.54 元，两者价格比值 1.63，说明近期农行走势明显强于建行，建行与农行的股价比值有回归均值比 1.7 的倾向，因此融券卖出 1 万股农行，获得 2.54 万元，同时买入建行股票，获得 2.54 万元 ÷ 4.14 元/股 = 0.61 万股股票 + 146 元现金。12 月 1 日建行股价为 4.79 元，农行股价为 2.82 元，股价比值回到 1.7，卖出 0.61 万股建行同时买入 1 万股农行并偿还融券。毛收益 = 4.79 元 × 0.61 万股 + 146 元 − 2.82 元 × 1 万股 = 1165 元。成本：交易印花税 0.1% + 双边佣金 0.03% × 2 = 0.16%，两次共 0.32%；融券利息年化为 10%，28 天为（28 天 ÷ 365 天）× 10% = 0.77%。交易手续费用为（4.79 元 × 0.61 万股）×（0.32% + 0.77%）= 318.5 元，净利润 = 1165 元 − 318.5 元 = 846.5 元。

2015 年 1 月 5 日两者的表现反过来了，建行与农行的股价比值变成 1.78，建行与农行的股价比值有回归均值比 1.7 的趋势，融券卖出建行同时买入农行。2 月 2 日建行与农行的股价比值回到均值 1.7，卖出农行买入建行并偿还融券获得差价收益。

● 注意事项

两个或两个以上企业的股价存在长期稳定的线性关系，理论基础是它们的内在价值有固定比值，因此股价比值受制于价值比值。由于市场上各种突发信息的冲击，使股价比值在短期内偏离价值比值，但中长期股价比值大概率会回归平衡，除非某只股票发生重组等重大事项，股价才完全重估。

配对交易的本质也是统计套利，最终收益率与交易时股价比值的偏离幅度相关，偏离幅度越大，回归均值后的配对交易收益率就越高，当然建仓阈值设置得越高，建仓机会也就越少。因此，配对交易前要确定交易规则，根据历史股价比值的范围，确定交易的触发条件、频率和平仓规则，及时调整套利模式与交易频率。

配对交易的缺点：（1）历史数据只能反映过去的规律却无法代表将来，完全依赖历史的统计结果来进行未来的配对交易，存在一定风险；

（2）股价比值回归均值所需时间无法估计，如果配对交易周期过长，对资金的成本是个考验，可能会出现亏损。

配对交易与再平衡

不知您是否注意，在建设银行与农业银行的配对交易中笔者故意留下两个破绽：（1）配对交易利润率很小，融券利息较高（年化后为10%），而且无法确定整个配对的交易周期有多长，可能会出现利润无法覆盖成本的情况；（2）目前国内的融券标的数量很少，如果无法融到需要的证券及数量，配对交易根本就是水中月镜中花。为避免这两个致命缺陷，笔者设计了中国式配对交易模式：

- 行业配对交易

如果准备长期持有两个行业A和B，仓位各占总资金的50%。假设目前行业A相对于B大幅上涨，或者A相对于B跌幅较小，在这种情况下的配对交易有两种方式：（1）稳健型，A仓位占比超出B达10%以上时，就进行“50－50”再平衡操作，B超过A时也同样处理；（2）激进型，保留A 50%的筹码作为底仓不动，剩余50%分成10份（每份5%），每次A价格相对于B超过10%就将1份5%的A换成B，这样要将50%的A全部换完需要A相对于B上涨100%。比如，A相对于B连续上涨20%，就在上涨10%和20%时分别将1份A换成B，但接着B相对A下跌10%，就把第二份换来的B换回A，这第二份筹码就完成配对交易，收益率为10%。接下来走势会有两种可能：第一，A相对于B继续下跌10%，就把第一份换来的B换回A，这第一份筹码也完成配对交易，收益率为10%；第二，A相对于B继续上涨10%，就把第二份由B换来的A再换回B，如此循环配对交易，赚取市场波动带来的额外利润。

由于配对交易的前提是双方内在价值有固定比例，而两个行业之间的这种比例关系并不恒定，因此行业间的配对交易还是建议采取稳健型方式。选择激进型方式必须确保相对上涨的行业只是由市场非理性引起，而不是未来业绩增长触发的，并且为以防万一判断失误，模型设置必须保留

50%的底仓。上述讲解仅涉及2个行业，在实战中分成4个或更多的行业也可以同样操作。

• 同行配对交易

有些行业是寡头垄断，几家大型企业并驾齐驱，只能进行分散投资，这就为同行企业配对交易提供了可能，方法与行业间完全一致，也分为稳健型和激进型。但进行企业间配对交易时，笔者更推崇激进型，因为本来就难分高下的同行企业，价值比值在中短期内不会发生巨大变化。某个企业的股价脱离群众飙升，大概率是概念炒作，最终股价必然回归，如果对行业内企业间状况的研究非常细致，甚至可以不必保留50%的底仓。

（1）确认同行企业A和B股价是否有相关性，方法是A与B的3年平均价（750日均线）比值和1年平均价（250日均线）比值是否接近，如果接近则表示价格有相关性；（2）如果价格有相关性，比如A：B范围为0.9～1.4，平均比值为1.1，那么在1.1以上分批按比例将A换成B，同样在1.1以下分批将B换成A，与行业间的激进型操作方式一样，配对的具体比例和价格间距根据自己的资金情况来决定；（3）如果价格没有相关性，比如A：B 1年均价比值为1.4，3年为1.6，两者相差较大，而比值的波动范围为1.1～1.8，这种情况就在1.6以上分批按比例将A换成B，而在1.4以下才分批将B换成A。

• 企业配对交易

同一家企业可以在不同的市场上市，比如民生银行同时在沪市（A股）和香港（H股）上市，或者同时发行不同品种的证券，比如既有股票也发行可转债。由于A股和H股两个市场的流动性、资金成本和投资者喜好都不同，因此同一家企业的A股与H股的股价比值基本不是1：1，比如民生银行A股与H股的股价比值范围为1.13～1.65，平均比值是1.33。

由于同一企业的A股和H股同股同权，直接使用不保留底仓的激进型配对交易方法，具体操作步骤同上不再赘述。注意：（1）通过沪港通卖出A股的资金马上能买入H股，但卖出H股的资金要T+2日后才能到账，这就需要投资者要么有备用资金，要么通过信用账户融资；（2）H股交易成本比 A 股高，配对交易的利润一定要能够覆盖两地的印花税、佣金和配对期间的港币汇率变化才行，当然如果长期持有仓位并多次交易，汇率有升有降会相互抵消；（3）A 股与 H 股配对交易的目标仅限处于低估值状态的蓝筹股，有些小盘股两市的股价相差近 10 倍，如何锚定价值比例？还有即便是蓝筹股，在高估值状态时也不建议进行配对交易。

如果是同一市场的 A 股和可转债就更好了，因为价值比就是 1，这不是配对交易而是直接无风险套利了。这个中国式配对交易模式把前面两个破绽都弥补了：（1）不需要融券；（2）支付利息更是无从谈起，这样配对交易就没有时间成本。

千万不要蔑视配对交易的这点蝇头小利，它们汇集起来也是星辰大海，笔者从 2012 年 6 月至 2016 年初，3 年半的收益率超过 200%，其中 1 个 100% 的收益率是由于持有股票所获，其余都是通过配对交易和套利方式获得，因此斗胆将本书起名为《超越专业投资》，底气正源于此。巴菲特说过 100 万～1000 万美元资金的投资收益率最高，资金太少时像期现套利等方式无法操作，太多时做配对交易投资标的就没有足够的流动性。最后提醒，操作配对交易有个变态的前提：交易目标必须是本来就准备长期持有的。

第五节　价值投资理念与规划——交易之道

投资理念

价值投资的核心：以低于企业内在价值的价格买入，比如 1 元购买内在价值 2 元的资产，相对长期持股直至价格回到或高于内在价值时再卖出，赚取企业利润与股价估值双重增长的收益。价格总是围绕内在价值上下波动，长期必然向价值回归，而内在价值可以通过各种方法估算。

令人费解的是有些经营实业的成功者，进入资本市场后与普通投资者一样追涨杀跌，而不再保持和使用投资企业的心态和方法。究其原因，他们见到经营能力远不如自己的交易者在某些时候的年收益率达到50%甚至100%，觉得采用价值投资方法肯定无法做到，认为自己也要赚快钱，要超越他们，但他却不想如此高的收益率或许只是碰运气而已，谁会和买彩票中大奖的幸运者赌运气？

投资者判断内在价值和估值高低只能追求大概率，无法做到精确定量，巴菲特称为“模糊的正确”。资本市场聚集了各行业的精英，竞争的残酷性超过了绝大多数行业，恪守底线只投资自己能够估算出内在价值的企业，投资者才能立于不败之地。格雷厄姆说：“不要被华尔街的时尚、幻想和追逐快钱引入歧途。成功的价值投资者不必是天才，只需要适当的智力、合理的原则和坚定的性格。”

价值投资也分两派：（1）保守派，以格雷厄姆为代表，注重以财务报表和安全边际为核心的定量分析，选择那些能够明确内在价值的普通企业，当它们被市场摒弃时以5～7折价格买入，再依靠分散投资来避免踩“地雷”，称为“烟蒂式”投资法；（2）成长派，以菲利普·费雪为代表，聚焦于企业经营利润增长的定性分析，认为企业高速发展就会带来股价不断提升，至于介入价格只要不是高得离谱就行。

价值投资只要遵循常识即可，尽量分散投资多只绩优蓝筹股，远离题材股，以低于内在价值的价格买入来确保足够高的安全边际。与题材股相比，蓝筹股两大优势：（1）业绩确定性高，蓝筹股就像是个“好学生”，未来继续考出好成绩的概率总比普通学生要大；（2）抗风险能力强，蓝筹股代表的是盈利能力较稳定的大企业，即便宏观经济再差也是最后才倒下。

巴菲特不厌其烦地告诫世人，投资只需要掌握好两个关键因素：（1）如何看待股市波动；（2）如何确定企业内在价值。前者通过套利、动态再平衡和配对交易能赚取市场部分波动带来的额外利润。价值投资大师塞斯·卡拉曼在经典著作《安全边际》中谈到，评估企业内在价值只有两种方法比较靠谱：（1）分析企业的清算价值；（2）现金流折现法，即计算企业未来可能产生的全部自由现金流的折现值。

这两种方法分化出两大流派：（1）寻找那些市场价低于重置成本的企

业，注重清算价值，是保守投资的经典方式；（2）寻找市场价低于未来自由现金流折现值的企业。两大流派的集大成者巴菲特早年是格雷厄姆的追随者，注重企业清算价值，以安全边际为主；后期由于掌控巨量资金，没那么多打折货供其选择，只能逐渐转向现金流折现法，完成他所宣称的“从猿到人的进化”。

企业资产重置成本法

资产重置成本法由格雷厄姆提出并完善，曾广泛用于对企业股权等金融资产的定价，主要关注企业拥有的净资产重置成本，即重新购置这些资产时要支付的价格。比如，企业拥有的厂房、机器和土地目前的市场价为1亿元，重置成本法即认为该企业的价值为1亿元。但重置成本法经常将难以估价的无形资产忽略，会造成对企业价值的低估，因此是很保守的评估方法，而且由于土地、厂房等固定资产的流动性差，很难精确估值。未来现金流折现法诞生后重置成本法逐渐没落，目前仅主要用于评估资源类、重工业等资本密集型企业，但它依然是保守型投资者的最爱。

采用重置成本法估值必须确定企业资产的范围：（1）确保企业资产的产权要清晰；（2）将闲置和无效资产剥离出去，以免虚增企业价值；（3）确定基准日，对资产及负债逐一加以评估。由于评估与折旧方法有差异，导致企业固定资产的账面价值与实际价值不符，因此掌握固定资产特别是盈利资产的真实价值至关重要。

重置成本法是静态评估法，对高科技中小企业进行评估时存在明显短板。因为创新型企业的价值主要在于拥有的专利或正在研发的技术，营销型企业的价值主要在于品牌或营销渠道，这些无形资产价值非凡且收益不菲。依靠无形资产盈利的企业更具竞争力，对于价格还没有体现无形资产价值的企业要重点关注，评估无形资产要用收益法，即这些资产能为企业创造多少利润。

重置成本法主要基于企业的现有资产，无法预计未来的动态发展情况，对于那些初创期固定资产占比较低且正在高速成长的企业，重置成本法显然无法全面反映其真实价值。因此，对这类企业的整体评估，越来越倾向于用未来净现金流折现法。重置成本法的落伍是因为过于保守，格雷厄姆的信徒们在账面价值基础上还要再打折才肯介入，当今资本市场上很难见到这种极端保守的价格，需要投资者极其耐心，仍然使用这种方法的投资者主要对预测企业盈利增长的准确性持怀疑态度。

净现金流折现法（DCF）

净现金流折现法以企业当前利润为基础，着眼于企业未来的经营业绩，综合行业的前景、投入和产出等因素，预测未来收益并适当折现成现值，来确定企业的价值。该方法目前被认为是最客观的价值评估方法，就是将企业以后能赚到的钱折算成现在的钱，这些钱就代表了企业的价值。

估值方法对比

常规估值方法：比如企业每年净利润是 1 亿元且无增长，社会的无风险利率为 5%，则该企业价值 = 1 亿元 ÷ 5% = 20 亿元，但经营企业有风险，打 5 折后为 10 亿元。常规估值方法认为正常情况下每年净利润是 1 亿元的企业的价值为 10 亿元。

使用 DCF 的投资者是这样想的：明年赚的 1 亿元对现在来说不值 1 亿元，因为钱会贬值因此要打折，明年的 1 亿元折算成今天的价值 = 1 亿元 ÷ (1 + 5%) = 0.95 亿元，后年的 1 亿元 = 1 亿元 ÷ $(1+5\%)^2$ = 0.91 亿元……其中 5% 是折现率，以后所有年份现金流的折现值总和就是企业的价值。

关键元素

DCF 有两个关键元素：折现率和自由现金流。折现率标准如何确定？如果是稳定型企业，由于风险较小，折现率 = 无风险收益率 + 风险补偿，笔者常用中长期国债收益率的两倍来替代，目前为 8% ~ 10%；如果是高风险高收益企业，折现率较高，常选用 25% ~ 30%。提醒一下：折现率只是预测的长期平均数，并不精确。前面简单说明时使用的是净利润，其实应该使用自由现金流，就是企业经营活动中获得的现金，减去维持今后运转必须投入的资本。

使用条件

不是任何企业都能用DCF估值，必须满足以下条件：（1）企业经营稳定且能长期存活，不会轻易被同行消灭或新技术颠覆，因此小型高科技企业不适合用DCF估值。（2）企业经营获取的现金，如果绝大部分需要再次投入以维持企业的运转（比如重资产行业），也不适合用DCF估值。只有大部分利润可以分配，即持续产生自由现金流的企业，才能用DCF估值。（3）用DCF估值时需要预测净利润增长率、净现金流、通货膨胀率和利率变化等不确定因素，使评估结果带有人为主观因素，要求投资者评估客观、态度严谨。（4）DCF评估的结果仅仅是企业的正常价值，价值投资需要有安全边际，因此价格打折后才能介入。

案例

最后呈现完整的DCF估值过程：假设企业今年的净利润为1亿元，预计今后4年每年的净利润增长率为10%，但净利润中需要支出20%用以维持企业的运转。4年后自由现金流能保持2%的年增长率，折现率按8%计算。第一年（今年）现金流 $=1$ 亿元 $\times(1-20\%)=0.8$ 亿元；第二年现金流折现值 $=1$ 亿元 $\times(1+10\%)\times(1-20\%)\div(1+8\%)=0.81$ 亿元；同样计算第三年为0.83亿元；第四年为0.85亿元；第五年自由现金流 $=1$ 亿元 $\times(1+10\%)^4\times(1-20\%)\div(1+8\%)^4=0.86$ 亿元，总计4.15亿元，第六年开始的永续价值 $=0.86$ 亿元 $\times(1+2\%)\div(8\%-2\%)=14.62$ 亿元，折现值 $=14.62$ 亿元 $\div(1+8\%)^5=9.95$ 亿元，该企业的内在价值 $=4.15$ 亿元 $+9.95$ 亿元 $=14.1$ 亿元。

投资规划

各种具体的投资方法仅仅是“术”，理念与规划才是真正的“道”。很多年轻人会说：我也知道价值投资是康庄大道，但刚踏入职场，基本生活、人际交往和结婚买房都需要钱，没有多余资金用来投资，怎么办？因此，笔者在此谈谈如何积累资金做好投资规划。

投资自己

这是最好的投资——一本万利，即进入职场后不断提升自己的业务水平，能力出众的员工与得过且过的“老油条”相比收入相差不小，这是未来稳定增长的现金流。

减少不必要开支

生活中开支要有计划，尽量在打折或有促销活动时集中购买，以此减少不必要开支，尤其是奢侈品，大件物品的购置事先考虑清楚是不是真的很需要（比如汽车）。

购置房产要慎重

（1）笔者不建议普通人挤入一二线大城市，高昂的房价可以将 10 多年的家庭收入消耗殆尽，除非您是绝对精英，较小城市无法发展事业，或者能说服老婆和丈母娘永远租房住；（2）购房时面积最好一步到位，事先要想清楚以后要几个孩子？老人是否要同住？学区如何？否则改善性换房时税收、装修都劳民伤财；（3）尽量高比例贷款，多余资金即便定投 ETF，其收益率也远远超过基准贷款利率。

多学习，勤钻研

首先，学习各种证券规则和交易策略（套利、动态再平衡、配对交易等）；其次，用少量闲置资金慢慢开始尝试并逐步提高自己的能力。如果想成为专业投资者实现财务自由，就要花精力学习行业、企业和财务报表。

假如您是含着金钥匙出生的“富二代”或“拆二代”，请直接忽略前 3 点，自行进入第四条。现在国内大部分年轻人的消费观点是有多少用多少，反正以后有养老金和医保。按目前中国的倒金字塔人口结构，等我们退休后有多少比例的年轻人在工作以支付我们的养老金呢？至于优质医疗的费用更是越来越贵。还有，当孩子大学毕业时，如果您已经实现了财务自由，在减轻家庭经济压力的同时还能助他事业起步，何乐而不为？我从来没觉得“拼爹”有什么不对，当年人家爹在拼的时候，你爹在干吗呢？

第五章

正确认识趋势交易（暨程序化交易）

要不要谈谈趋势投资？笔者犹豫很久，但是观察身边的亲朋好友，利用企业价值和交易规则进行投资与套利的人寥寥无几，更多的是使用技术分析在资本市场中博弈，他们自称为“交易者”。他们的目标就是快速获利，不在乎交易品种是什么，也不考虑价值，只要能低买高卖就行，具体战果如何就不多说了。因此，笔者认为非常有必要展示趋势交易的正确做法。

以“专业化”对抗“情绪化”

第一节　解读趋势交易原则

技术分析和趋势交易

市场惯用的技术分析

● 价值投资

价值投资就是当企业的市场价格低于其内在价值时买入，除了能赚取企业创造的利润外，甚至还能获得市场给予的过高估值的意外之财。但价值投资也有缺点：（1）价值回归的时间不确定，低估之后往往没有最低只有更低，对投资者的心理承受能力是个极大考验；（2）虽然可以通过分散投资来控制整体风险，但有些企业确实衰退了，投资者只能割肉止损。

● 技术分析

技术分析派与价值投资派形成了鲜明对比，他们认为：影响证券价格的任何因素，不外乎价值、政治和交易者心理等，最终都会反映在价格上，市场价格包容和消化一切因素。技术分析派由此推论，只要搞清楚价格变化就万事大吉了，投资果真如此简单吗？

如图5－1所示，打开任何交易软件，能看到如下3部分：K线图、成交量与MACD，由此可见MACD指标的使用范围之广泛。MACD全称“指数平滑异同移动平均线”，具体计算过程不赘述，其主要原理是将移动平均线用函数处理，让曲线更平滑，克服之前移动平均线出现信号过于频繁的缺陷。图中快线为DIFF值，慢线为DEA值，DIFF与DEA形成了两条快慢相间的移动平均线，两条线的交叉点提示了交易时机。MACD是中长期趋势的技术工具，最简单的使用方法：在DIFF快线自下而上穿越DEA

慢线形成“金叉”时买入；在 DIFF 线自上而下穿越 DEA 线形成“死叉”时卖出。

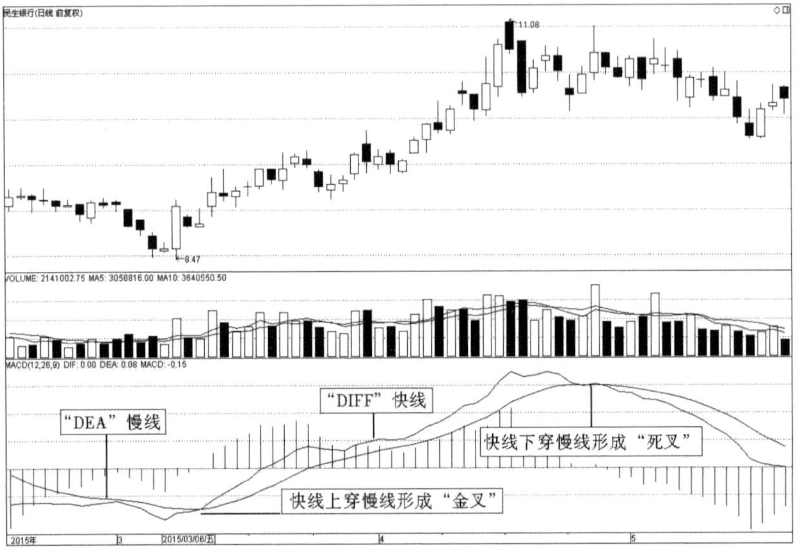

图 5-1　MACD 指标示意图

那么使用 MACD 指标的收益率如何？找个极端时段：如图 5-2 所示，这是 2015 年 4 月 28 日—10 月 28 日民生银行的走势图，如果按 MACD 指

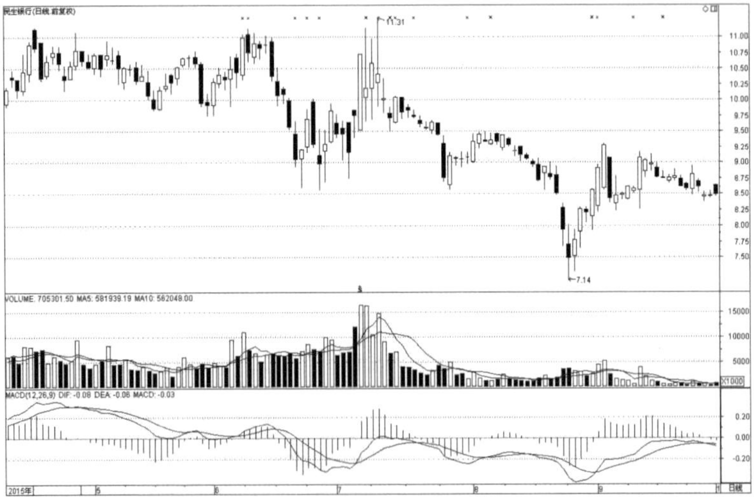

图 5-2　2015 年 4 月 28 日—10 月 28 日民生银行的 MACD 指标图

标提示的交易时机入场，总亏损幅度将近50%。当然，技术分析爱好者会指出：如此使用MACD指标太粗犷，比如应该加入O轴和顶底背离等辅助标准。但不管使用环节多细腻，能否解决以下问题：（1）MACD指标只有买入和卖出时机，买入后如何控制单次交易的最大亏损幅度？总的盈利能否覆盖总的亏损？（2）每次交易动用总资金的比例是多少？如果是重仓交易，投资者很难接受50%的亏损幅度。价值投资为避免全仓持有的单个企业的基本面出现意外引发暴跌而选择分散投资；技术分析面对的下跌基本都是由市场整体趋势引起，分散投资后股票还是会同跌同涨导致无法避免风险。技术分析派如果仅小仓位持有股票，风险是控制了，剩余的现金怎么办？即便市场上涨总资产的增幅也有限。

使用技术分析的人士也分两派：（1）预测价格涨跌来指导交易，比如江恩理论、波浪理论及大部分形态理论，您相信市场能预测吗？反正笔者不信；（2）不做预测只追随价格的涨跌变化，这就是下面将隆重推出的趋势交易。

趋势交易

任何证券无论上涨还是下跌都有自身的运动规律，它不以任何人的意志为转移，这就是趋势理论的基础。趋势是交易的核心，是价格何去何从的方向，趋势交易者信奉：趋势是自己的朋友，永远做趋势的追随者。但真正能理解趋势真谛的交易者并不多，通过追随趋势而获利的交易者更是寥若晨星。

- 种类

所谓趋势就是某个特定周期内价格的波动或运动方向，如图5-3所示，趋势的方向共有3种：（1）上升趋势，表现为依次上升的顶和底，价格在上升过程中不断突破前一浪的高点，在回调过程中却不跌破前一浪的低点；（2）下降趋势，表现为依次下降的顶和底，价格在下降过程中不断跌破前一浪的低点，在反弹过程中却不突破前一浪的高点；（3）震荡趋势（横盘），表现为一系列横向延伸的顶和底，也称“无趋势”，价格既无力突破前期高点，也无法跌破前期低点，就在箱形区域内震荡。

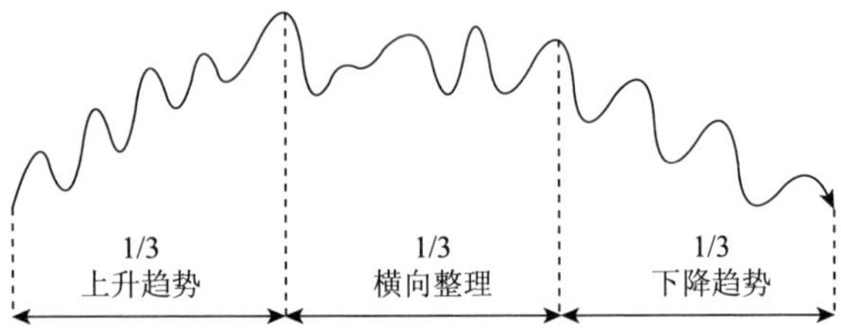

图 5-3　趋势方向示意图

• 周期

周期也是趋势理论中的重要概念，不同周期中趋势方向很可能不同，通过周期长短可将趋势分为 3 种：长期趋势（周期在 1 年以上）；中期趋势（周期为 1 个月至 1 年）；短期趋势（周期在 1 个月内）。判断趋势方向必须与周期相吻合，许多交易者经常疑惑：目前长期趋势向上，中期趋势向下，究竟应该买入还是卖出？这取决于您选择的交易周期，如果长期就是买入，如果中期就是卖出。趋势的产生、发展和结束是从量变到质变的过程，短期趋势随着时间的推移逐渐演化成中期趋势，中期趋势再慢慢演化成长期趋势。

• 理论基础

证券在经济增速、市场供求关系和交易者心理预期等综合因素的作用下形成了价格趋势，趋势交易的理论基础主要基于以下两点：（1）历史会重演，价格变化只有上涨、下跌或者震荡 3 种形式，趋势交易者并不预测未来，而是跟踪价格变化，只要历史重演趋势就会形成，“顺势而为”是对未来最好的预测；（2）价格沿趋势运动，比如某个周期内价格持续上涨或下跌，这种惯性很难改变，价格通常会继续按这个方向运动，直到外力出现改变了交易者的预期，才会造成趋势逆转。

• 前提

趋势交易两大前提：（1）所有证券都是筹码，没有任何价值，千万不要用“股价已经跌破净资产，PB 小于 1 倍跌无可跌”这类价值投资的理念来指导交易，对趋势交易者来说，价格在下跌趋势中没有最低只有更低，最低价等于零，上涨趋势中没有最高只有更高，最高价是无穷大；（2）趋势交易的最佳品种是期货，因为期货无论做多、做空，只要做对都能获利，而股票只能通过做多赚钱，下跌过程即便空仓也只能做到没有亏损而已，至于融券，目前国内券源不多，还要支付年化利率为10%的高利贷，还有期货的交易成本远低于股票。

大多数交易者最容易犯的错误就是按自己的主观意愿进行交易：市场上升就去猜测顶部并做空，结果市场偏偏继续上涨；市场下跌就去预测底部并出手做多，结果市场往往继续下跌。趋势交易就是价格形成向上的趋势时就做多，由于趋势有惯性，价格将继续上涨；而价格形成向下的趋势时就做空，同样由于趋势有惯性，价格会继续下跌。趋势交易者的最佳选择就是顺势而为，站在强者这边，保持仓位直至趋势出现反转信号。

● 研判工具

如何判断趋势出现的时机和方向？目前有多种分析工具，像支撑位、阻力位、移动平均线和趋势线等，甚至前面诟病的MACD指标都可以用来辅助判断趋势。比如，指标提示上涨趋势开始，开仓做多后会出现3种结果：（1）价格一路向上，直到上涨趋势结束的信号出现，交易者就可以心满意足地获利了结；（2）价格直接掉头，下跌至一定幅度，事先设计好的指标会提示交易者要割肉止损，接着如果出现下跌趋势交易者就反手做空；（3）价格不上不下开始震荡。

震荡走势的出现就是趋势交易者噩梦的开始：实际交易中做多后价格开始下跌，被动止损后做空；谁知价格却又快速上升，再次被动止损做多。就这样陷入震荡的“泥潭”，被市场左右开弓狂扇耳光，有没有办法避免这种情况的发生？许多教科书会指导说“横向震荡时，不要参与交易”，笔者每次看到这种说法就直接将书扔进垃圾桶。谁能确定横向震荡何时开始，何时结束？早知道接下来是震荡走势，高抛低吸不是赚得更爽？干吗不参与？趋势交易者要敢于直面震荡，交易系统要求止损就止损，不能回避。

趋势交易三部曲

顺势开仓

• 顺势的困惑

顺势开仓顾名思义就是顺着当前趋势开仓，上涨就做多，下跌就做空。顺势交易很好理解，但实际执行起来并不容易，因为有许多不确定因素，比如对趋势的判断。趋势交易永远只能跟随趋势形成后的惯性，绝不能在趋势还没有形成时就有抄底逃顶的主观想法，否则强大的惯性会将我们微薄的资金直接吞噬。顺势交易者的“心魔”：

（1）不相信趋势。中短期价格的涨跌本质上就是交易者的心理预期，而人的情绪总会持续一段时间，反映在价格上就会形成不同级别的趋势，交易者不可能刚才还处于恐惧状态，转眼又沉浸在贪婪中，除非被突如其来的重大事件逆转。

（2）没有完整的交易规则。顺势的本质是跟随，要顺势就要等待趋势明确，千万不能在趋势未明前抢跑，提前介入不是顺势，而是要让行情顺您的预测。交易前确定顺势规则，这是开仓的唯一标准，绝对不许自作主张。

（3）无法面对回调或反弹。任何证券的走势都是波浪形的，不会直上直下，出现回调或反弹很正常。有些交易者开多仓后遇到回调或者开空仓后遇到反弹，就手足无措不知如何应对。其实处理方式很机械：开仓后如果出现反向走势，触及止损点就止损，没触及就继续持有。

• 开仓的关键

（1）追随趋势的标准。判断趋势的方法有很多，但必须使用固定标准，使所有交易行为达到一致。顺势开仓就像守株待兔，时机出现之前只能等待。制定开仓标准也要恰到好处：趋势刚刚萌芽时介入最好；开仓过早趋势还在混沌中，价格上下颠簸很容易触及止损线而被迫平仓；有些交易者非要等趋势彻底明朗再出手，这就有些过犹不及了，因为趋势有可能已发展到尾声，甚至还可能会反转。

（2）确定趋势的周期。每位交易者的操作级别不一样，选择的交易周期当然也不同。有短、中、长3个趋势到底顺哪个势？交易者应该先确定自己的操作级别，就顺该级别的趋势。

（3）开仓标准不重要。价值投资是在价格低于内在价值时买入，因此开仓标准最关键，如果买入价足够低，以后就是赚多赚少的问题；而趋势交易的开仓标准是最不重要的环节，甚至有美国交易者用抛硬币的方法来决定开多仓还是空仓，然后用严格的止损、止盈和资金管理措施来控制风险，这样做也能获得长期稳定的正收益，当然收益率并不高。开仓标准不可能完全适应千变万化的各种走势，因此开仓不是趋势交易的核心，核心是开仓后如何优化处理持仓，当然如果有好的开仓标准那更是如虎添翼。

止损

- 为什么止损

价格走势最基本的特征是波动性和不可预测性，也是交易中风险的起源，这无法改变。交易永远没有确定性，所有分析预测仅仅是可能，据此而进行交易当然风险不小，因此要有强制措施防止风险无限扩大，止损的概念应运而生。由于期货交易的保证金制度有放大作用，亏损就像被鳄鱼咬住的腿，千万不要痴心妄想从鳄鱼嘴里拔出来，可能偶尔会侥幸逃脱一次，但更多的情况是越想拔出却被咬得越紧，而且您动哪里它就一起咬住，因此被鳄鱼咬住的最佳逃生方法只能是“壮士断腿”。

止损是保护本金的最有效方法，价格的飘忽不定衬托出了止损的重要性。成功的交易者拥有各自不同的交易系统，但重视止损却是共同特征。交易者要学会止损，千万别和亏损谈恋爱，止损远比盈利重要，无论何时保本第一、盈利第二，合理的止损原则是交易的护身符。止损的核心就是“不让亏损继续扩大，坚决执行止损原则”。

该止损时不执行会在亏损的泥潭中越陷越深，如果损失10%，剩余资金就需要盈利11%才能扳平，如果损失50%则需要盈利100%才能扳平。亏损比例是算术级的，但收益率则要呈几何级增长才能回本。因此，每次交易前预先设定可承受的损失范围，就是亏损多少就必须认赔出局。成功交易者只要嗅到危险气味就会立即止损出局，“留得青山在不怕没柴烧”，当趋势又出现时他们会再度进场；糟糕的交易者则舍不得止损，只会抱着亏损头寸默默祈祷。

● 止损之难

止损的重要性显而易见，但为何执行起来如此之难？止损是在趋势判断出现错误后，及时以小额亏损终止后面可能会来的巨大损失。但出于对亏损的本能逃避，大部分交易者在应该止损时往往拖延、逃避甚至六神无主。

（1）损失可以挺回来？糟糕的交易者面对亏损时优柔寡断、心存侥幸，放弃止损希望价格扭转将损失挺回来。止损额虽然小但也是割肉，他们根本不想亏损，而这往往是大亏的前奏，如果这次赌对，价格从亏损回到盈利，那下次肯定会继续赌。趋势交易是通过无数次交易来达到稳定盈利目的，而不是靠单次交易来决定交易的成败，出现亏损很正常，止损只是无数次交易中的损耗而已。在真正能稳定赢利的交易系统中，亏损次数的比例会超过50%，原因后文解释。任何交易都有最佳止损点位，交易者应当机立断严格执行，否则可能导致更大损失，不怕错只怕拖。

（2）频繁止损对吗？交易者因为止损不及时而遭受损失后，通常会吸取教训严格执行止损措施，但这又容易走向另一个极端，就是因止损幅度的设置不合理或没有规律而导致止损的频率过高。止损幅度太小时，明明顺趋势就等数钱了，结果盘中一个震荡反而止损了；止损幅度太大时，趋势中的震荡倒是拿您没辙，可总资金经得起几次如此大幅度的止损？至于没有规律的止损更不用谈了。错误的止损方法危害巨大，没有人能长期承受频繁止损的压力，而且当资金量越来越少时交易者会丧失自信心，更加难以正确执行止损措施。因此，交易前先要熟悉市场的规则和价格波动的特点，并制定不同的止损策略，比如选择总资金的2%作为止损额度。

● 止损的心态

止损标准必须在入场前就设计好，并养成良好习惯，开仓的同时就设置好止损点。价格打到止损点就必须出局，继续等待再度入场的时机，否则亏损出现后再手忙脚乱地考虑应该使用何种标准来止损，为时已晚。还有就是要理性面对来回止损的情况，有时刚止损价格就回来了，不止损反而不会亏损，这是许多交易者无法逾越的心理障碍。

有些交易者在具备一定交易经验后，对正常范围内的止损决策都能不折不扣执行，可是当行情激烈波动比如大幅反向跳空开盘，当时的价位远远超过止损点时，就会决策混乱。其实，只要符合止损要求，无论损失多大，都要毫不拖延立即执行。

止盈

- 重要性

开仓不重要止损很重要，但这只是趋势交易的第一步，更关键的是如何止盈，止盈就是能恰到好处地获利了结，学会止盈基本就掌握趋势交易的方法了。开仓后价格没有触及止损点，开始朝有利方向发展，使得账面上有不少浮动盈利，一定倍儿爽吧！交易者克服了止损的心理障碍后，再度面对的难题是如何处理浮盈，必须决定究竟是继续持有、加仓还是出场？

价格如果顺势发展，则财源滚滚又增加不少浮盈，交易者会无法遏制心中的贪欲继续持有；但价格反向发展时回吐了部分浮盈，又笼罩在恐惧中，还是趁早保住战果。如果这次离场过早，交易者会捶胸顿足发誓下次一定坚守；结果下次由于持有时间过长导致大笔浮盈回吐。总之，趋势交易者的情绪始终被市场价格牵着鼻子走，难以理性决策。止盈的最大误区就是总在计算浮盈的大小，纠缠在贪婪与恐惧中，干扰了交易心态。

止盈的作用是尽可能将浮盈最大化并最终落袋为安，“截断亏损，让利润奔跑”是每个趋势交易者的梦想。止盈原则是必须等待趋势结束后再退出，因为无法确定趋势结束前还会有多少空间与时间，贸然退出很可能就丧失了最后的“肥尾”。当然，等趋势结束后退出，虽然充分享受了趋势带来的利润，但也不可避免要付出代价，就是有相当一部分浮盈会回吐。

• 如何止盈

比如股指期货从2080点跌至2000点，顺势开仓标准提示2000点可开仓做空，止损点设置为反向5%，即指数突破2100点时止损，很幸运股灾来了，不但没被止损还“飞流直下三千尺”，直接跌至1800点不带喘口气的。止盈点可以有两种设置方法：（1）与止损一样反向5%，即指数突破$1800\times(1+5\%)=1890$点时止盈；（2）另行设置止盈条件，比如突破30日移动平均线时止盈。当然，上述两种方法只能选定其中一种。运气来了谁也挡不住，假设指数反弹到1850点时没有继续向上突破止盈点，而是下挫至1500点，这时止盈点随之也移动到1575点，政府救市后，当指数反弹突破1575点或30日移动平均线时平仓止盈。

止盈点不是一成不变的，而是在价格朝有利方向变动后跟随趋势不停单向移动，至于何时移动与如何移动就看交易者的设置标准，也可以把止盈点简单看作是移动的止损点。因此，设置止盈点大有讲究：距离趋势太近时一个小震荡持仓就被甩出来，太远时浮盈回吐的幅度又太大。

万一中途只是一个大震荡，止盈后指数又继续原来的趋势怎么办？当然是继续按顺势开仓原则开始又一轮交易。那再次做空的开仓价比出局时的平仓价要低岂不是很不划算？请记住本文反复强调的趋势交易原则：任何证券都是筹码没有价值，低买高卖只赚相对差价，绝对价格与我们无关，不要把价值投资的理念带到趋势交易中来。

股谚云“会买的是徒弟，会卖的才是师傅”，这个会卖既包括止损，也包括止盈。不少交易者熟练掌握止损割肉大法后，就自豪地宣称从此远离套牢，由于不善止盈，要么来回坐电梯，要么轿子刚抬起就慌慌张张窜下来。止盈时要忘记开仓价，既能追随趋势“上九天揽月”，也能随时降落“下五洋捉鳖”。

资金管理和执行力

资金管理

在趋势交易中，仓位控制有很大讲究，两位交易者即便资金量、进场点和出场点完全相同，仅仅因为交易仓位不同最终结果可能就有天壤之别——一个盈利另一个却亏损。刚学会顺势开仓、止损和止盈的交易者就像刚从驾校毕业的学生，还无法把车开得既安全又快速，良好的资金管理能保证连续止损时资金的回撤率最小，而捕获到大趋势时能持有较多头寸。

资金管理是指资金配置问题，包括投资组合搭配、总资金风险承受度、设定交易规模和仓位调整等。期货交易采用保证金制度，可以把本金放大几倍甚至十几倍进行杠杆交易，而且期货市场中的价格波动很大、很频繁，价值投资理念不适合期货市场。资金在杠杆作用下发挥出的威力使资金管理至关重要，顶尖交易者并不是每次交易都获利最多，而是在不利情况下总资金的回撤率最小，他们都是风险厌恶者，绝对不会让资金处于失控状态。

- 管理原则

（1）降低交易风险性，就是总资金的回撤率越小越好，需要注意：第一，分散交易不相关的证券品种，每个品种引发的资金回撤的时间和程度都不相同，这样总资金的回撤幅度相对较小和平滑；第二，分散采用不同的交易策略，也能达到前一项的效果；第三，将止损设置在较小额度，因为无法预料会连续出现多少次止损，因此只能控制每次的止损额；第四，多次止损后总资金量减少，开仓头寸要相应缩减。

（2）胜率（盈利次数/总交易次数）<50%，趋势交易会出现大量小额止损，从屈指可数的大趋势中获得盈利首先要弥补这些亏损，才能计算出真正的盈利。要追求利润最大化，就必须在大趋势中重仓，但事先不可能知道哪次交易是大趋势，因此趋势交易就需要在浮盈基础上不断加仓。那不是平均成本越来越高？比如开仓做多，价格向有利方向不断走高，按加仓规则再加 3 次仓，最后止盈出局。与不加仓比较，第一次仓位双方利润相同，后面 3 次就是多赚的，如果趋势足够大能加仓 6 次、9 次呢？

- 重要性

高效的资金管理就是做错时低仓位小幅度亏钱，做对时高仓位大幅度赚钱。当然资金管理也不是万能的，如果交易系统无法取得长期正收益率，那资金管理再好也无法盈利，赌场与彩票的庄家都拥有长期正收益率，才能成为市场赢家。资金管理只能改变资金运行的轨迹与幅度，但无法逆转方向。

良好的资金管理让交易者在连续止损后还有足够本金，仍能留在市场中继续游戏。至于采用何种方式，则要结合具体的开仓、止损和止盈方法来区别对待，对所能承受的最大亏损制定明确额度，结合投资周期长短，将总亏损额度作为最宝贵的“资源”合理分配，没有万能的资金管理方式可以适合任何交易系统。投资者应结合自己的交易风格，通过资金管理将风险与收益平衡在合理范围内，实现稳定的长期收益。

执行力

- 心魔难控！

趋势交易以交易系统和资金管理为基础，终极目标是以最小损失换取最大利润，然而许多趋势交易者呕心沥血却依然难逃失败厄运，关键在于执行力不够强大。再好的交易系统如果不能彻底执行就是纸上谈兵，该开仓时不敢开，该止损时不止损，该止盈时不止盈，该空仓时偏偏手痒，执行力在趋势交易中大于一切。

铁血执行预先设计的交易系统看似简单其实很难，因为心魔难控：虽然跌破止损点但眼看就要反弹，系统却让止损，结果止损后果然反弹；预测趋势就要结束应该止盈，系统不允许，等到执行止盈时利润却回吐不少；还有震荡中连续几次甚至十几次止损，这种状况出现您还有信心执行既定的交易系统吗？

- 执行要点

铁血的执行力是趋势交易的关键，制定交易系统时应该深思熟虑，而不是执行规则时。执行力包括：**（1）速度**。期货交易的速度至关重要，决定交易的成败，要求第一时间操作，许多交易者执行既定规则时缺乏紧迫感，最后不是贻误战机就是扩大损失，当然交易系统本身也应该简洁明了，不需要复杂判断就能迅速执行；**（2）力度**。就是对交易系统执行的决心，即便突发情况超过原定止损幅度，也要毫不犹豫执行，交易系统的每个步骤都是整体策略的组成部分，不能随意更改，市场价格剧烈波动时，交易者情绪高度紧张，容易受其影响而失去客观判断，随机应变式的判断和执行既不理性也不客观。

执行力就是有所为有所不为：不符合交易规则时要不动如山，符合规则时要果断出击，第一时间无条件执行，不能等更不能抱有丝毫幻想。执行力是连接战略目标与现实收益的桥梁，是交易计划与成果的纽带，趋势交易三分战略七分执行。任何违反纪律而导致的损失都是咎由自取，即便偶然侥幸获利也要引起反思。执行力挑战人性，许多踌躇满志的交易者就被挡在这最后一关，因为他们做不到如此自律，因此大多数人天生就不适合趋势交易。

大名鼎鼎的海龟法则

1983 年，美国著名期货交易者理查德·丹尼斯与比尔·埃克哈特在新加坡度假时进行争论，焦点在于成功的趋势交易者究竟是天生造就还是能够后天培养。丹尼斯相信将普通人培养成伟大交易员就像海滩上养殖海龟那么容易，而比尔则认为遗传与天性决定交易员能否成功。

为了给这场争论一个结论，丹尼斯与比尔在报纸上刊登大幅广告，招聘交易学员。广告称：经过短暂培训后，新手将被提供真实账户进行交易。因为丹尼斯与比尔是当时世界著名的交易员，因此广告发出后有 1000 多位申请人前来应试。丹尼斯从中精选出 10 个人，后来又增加了 3 名共 13 人，这些人在此之前基本都没有期货交易经历，之后他们被邀请至芝加哥进行了为期两周的培训。这 13 位学员因此被称为“海龟”，1984 年初海龟们开始用小额账户进行交易，1 个月后海龟们证明了自己能力，丹尼斯给他们中的大多数人提供了 50 万至 200 万美元的资金。海龟成为交易史上最著名的实验，因为在随后 4 年中海龟们取得了年复合增长率达 80% 的骄人战绩。

交易界都认为这个实验很明显丹尼斯赢了，笔者却不这么认为：首先，有部分海龟失败后被淘汰出局；其次，即便成功的海龟们使用了同一套简单的交易法则，但收益率却参差不齐，说明优秀交易者是可以被培养的，但不是每个人都行。下节将详细介绍丹尼斯传授的那套完整法则，简称“海龟法则”。为了让您理解得更深刻，每一段都分成两部分：一是原文，二是笔者注解。虽然本文已经将原文改良不少，但由于翻译原因导致部分原文晦涩难懂，可以先看注解再回头重新理解，如果能完全读懂海龟法则，那么基本就能掌握趋势交易的精髓了。

第二节　详解海龟法则

投资标的与 N

完整的交易系统

【原文】良好的机械交易系统可以自动运行整个交易程序，替代交易者做出每个必要的决策，有了它交易者更容易保持策略的统一性，因为系统的整套法则已经明确而严格地限定每个操作细节，交易者的主观判断和交易技巧毫无用处。

如果您知道自己的交易系统能够长期盈利，就更容易在不利时期坚持遵守信号，根据系统的命令采取行动。如果依赖的是自己的判断，那可能会发现需要勇往直前时缩手缩脚，而应该小心翼翼时却莽撞激进。如果您有一个有效的交易系统，而且能够坚定不移跟随它，尽管连续止损和巨大盈利也会激起内心的思想斗争，但千锤百炼的机械性交易系统能赋予交易者信心、统一性和纪律性，这也是许多顶尖交易者成功的秘诀。

海龟交易系统是个完整的交易系统，法则覆盖交易的每个环节，不给交易者留下任何主观思考的余地。它具备完整交易系统的所有成分，包含交易所需的每项决策：

1. 市场——交易什么？第一项决策首先要决定在什么市场上交易什么，如果只在很少的几个市场中进行交易，就大大减少了抓住趋势的机会，当然您肯定不想在交易量太小或者趋势不明显的市场中进行交易。

2. 头寸规模——交易多少？有关交易多少的决策绝对是最基本的，但交易者往往会忽视或错误处理这个问题。头寸规模对分散化和资金管理策略都有影响。分散化旨在将风险分散到不同工具中，同时通过提高成功交易的概率来提高盈利水平。恰当的分散化要求交易者在多种不同工具上投入类似甚至相同的“赌注”。资金管理实际上就是控制风险，以免风险过大让您在迎来大趋势之前被迫出局。应该买卖多少是交易中最重要的问题。许多新手在单项交易中投注过大，即使他们的交易策略有效，也增加了破产的风险。

3. 入市——何时买卖？何时买卖的决策通常称为“入市决策”，自动运行的系统产生入市信号，明确规定入市的价格和市场条件，这些信号会提示何时做多或做空而进入市场。

4. 止损——何时退出亏损的头寸？长期来看，不会及时止损的交易者不可能成功，想要控制损失，最重要是在入市前就确定退出标准。

5. 离市——何时退出赢利的头寸？许多号称完整的交易系统并没有明确解决盈利头寸的退出问题。但盈利头寸的退出时机对最终收益率至关重要，任何不能说明盈利头寸如何退出的交易系统都不完整。

【笔者注解】一个完整的交易系统如果在以上 5 个环节都有具体详细的规则，那交易者还要思考什么？根本不需要自己判断与决策，只要机械执行就行。

市场：海龟交易什么

【原文】海龟们只交易具有流动性的期货，确定能够参与交易的期货品种的主要标准就是流动性一定要充足，海龟们在最具影响力的美国期货交易所买卖期货合约。由于交易规模高达数百万美元，海龟们无法选择那些每天只能交易几百张合约的市场，因为那意味着发出的指令会造成市场大幅波动，只有承受巨大损失才能买卖头寸，因此海龟们只在流动性最好的市场进行交易。海龟们有权否决任何一种商品期货交易，但是某个海龟一旦排除某个市场，就再也不能进入这个市场，因为要保持交易一致性。

【笔者注解】证券市场的流动性至关重要，对趋势交易者来说更是“生命线”，比如没有流动性的证券品种，行情表上可能会出现买入价10元，卖出价11元，交易者想马上买到就要支付11元，需要立刻卖出只能回收10元，不算手续费已经亏损10%，这被称为“冲击成本”，如果资金量较大，为流动性支付的冲击成本将更大。

N的含意

【原文】海龟们会根据交易品种的绝对波动幅度来调整头寸规模，等于将头寸的绝对波动幅度标准化。意味着一个特定头寸在某天的波动幅度（以绝对美元金额来衡量）与其他品种头寸基本相同。

原理：如果一个交易品种价格波动性较强，这个合约持有量就少些；如果另一个品种价格波动性较弱，合约持有量就大些，总之价格的波动性与头寸规模相互抵消。将这种波动性进行标准化处理非常重要，这样不同交易品种在盈亏概率上变得相同，提高了交易品种分散化的效果。即便某个交易品种波动性较弱，一次大趋势也能让海龟们打个大胜仗，因为这个合约波动性越弱，海龟们持有的合约数量就越多。

【笔者注解】这段比较生硬，比如两个证券A与B，A的价格波动幅度是B的3倍，就可以认为A的风险和收益率都是B的3倍，如果持有A证券10万元，那么对应B的持有量就是30万元，不同证券通过计算波动性的比例，也就是风险与收益的比例，来确定应该投入的资金量比例。

【原文】海龟们用丹尼斯称之为“N”的概念来表示交易品种的波动性，N是真实波动幅度的20日移动平均值，现在更普遍地被称为“真实波动幅度均值”（ATR）。N代表交易品种在20天的平均波动幅度，包括开盘跳空的情况在内，N的单位就是市场价格的单位。

每日真实波动幅度（TR）=max（H－L，H－PDC，PDC－L），其中：H是当日最高价；L是当日最低价；PDC是前个交易日的收盘价。N=（19×PDN+TR）/20，其中：PDN代表前个交易日的N值，TR代表当日的实际范围，由于公式中需要前个交易日的N值，首次计算N的时候不能使用这个公式，只能计算真实波动幅度的20日简单平均值。

【笔者注解】每日真实波动幅度的计算过程稍微复杂些，分成两种情况：（1）前日的收盘价包含在当日最高价和最低价的区间内，每日真实波动幅度=当日最高价-当日最低价；（2）前日的收盘价不包含在当日最高价与最低价的区间内，比如前日收盘价为8元，当日跳空低开，最高价为7元，最低价为6元，每日真实波动幅度=（当日最高价-当日最低价）+跳空的差价=(7元-6元）+(8元-7元）=2元，如果跳空高开也同理计算。

至于N的计算，笔者到现在也没弄明白为啥弄得如此复杂，其实如此烦琐的计算结果与简单的20日TR平均值没多大差别，如果您实在搞不懂这个计算公式，就理解成20日TR平均值吧。

【原文】确定头寸规模的第一步就是计算绝对波动幅度，这需要根据价格波动性（N值）才能计算出：绝对波动幅度=N×每点价值量。

海龟们把头寸分为一个个单位，称之为“头寸单位”，头寸规模有多少头寸单位要根据市场的波动性调整，目的：总资金的1%=头寸单位×绝对波动幅度=头寸单位×（N×每点价值量）。

如表5-1所示，这是美国燃油期货2002年11—12月的价格、实际范围及N值（单位为美元）。12月6日的头寸规模计算如下：前日12月4日N=0.0141美元，账户规模=100万美元，每点价值量=42，000（1手燃油合约规定为42，000加仑），头寸单位大小=(100万×1%)÷(0.0141×42,000)=16.88。由于不可能交易非整数合约，因此头寸单位为16张合约。海龟们每周计算一次并调整各种期货合约的N值和头寸单位大小。

表5-1　2002年11—12月美国燃油期货价格、实际范围及N值

日期	最高价	最低价	收盘价	实际范围（TR）	N
11月2日	0.7220	0.7124	0.7124	0.0096	0.0134
11月4日	0.7170	0.7073	0.7073	0.0097	0.0132
11月5日	0.7099	0.6923	0.6923	0.0176	0.0134
11月6日	0.6930	0.6800	0.6838	0.0130	0.0134
11月7日	0.6960	0.6736	0.6736	0.0224	0.0139
11月8日	0.6820	0.6706	0.6706	0.0114	0.0137

续表

日期	最高价	最低价	收盘价	实际范围（TR）	N
11月11日	0.6820	0.6710	0.6710	0.0114	0.0136
11月12日	0.6795	0.6720	0.6744	0.0085	0.0134
11月13日	0.6760	0.6550	0.6616	0.0210	0.0138
11月14日	0.6650	0.6585	0.6627	0.0065	0.0134
11月15日	0.6701	0.6620	0.6701	0.0081	0.0131
11月18日	0.6965	0.6750	0.6965	0.0264	0.0138
11月19日	0.7065	0.6944	0.6944	0.0121	0.0137
11月20日	0.7115	0.6944	0.7087	0.0171	0.0139
11月21日	0.7168	0.7100	0.7124	0.0081	0.0136
11月22日	0.7265	0.7120	0.7265	0.0145	0.0136
11月25日	0.7265	0.7098	0.7098	0.0167	0.0138
11月26日	0.7184	0.7110	0.7184	0.0086	0.0135
11月27日	0.7280	0.7200	0.7228	0.0096	0.0133
12月2日	0.7375	0.7227	0.7359	0.0148	0.0134
12月3日	0.7447	0.7310	0.7389	0.0137	0.0134
12月4日	0.7420	0.7140	0.7162	0.0280	0.0141

【笔者注解】这里的头寸单位就是国内期货的多少手，比如郑州商品交易所的品种郑糖（SR），规定其最小交易单位1手=10吨，10吨就是每点价值量。假如郑糖计算出N=20元/吨，绝对波动幅度=N×每点价值量=20元/吨×10吨=200元，就是1手郑糖的20日平均波动幅度为200元。

假如准备交易郑糖的总资金为10万元，则总资金10万元的1%为1000元=200元/手×头寸单位，那么计算出应该交易的一个头寸单位就是5手，其实就是1%的总资金=一个头寸单位总手数的20日平均波动值，这样就能通过客观计算来确定交易头寸单位。通过N值来进行资金管理是趋势交易史上里程碑式的发展。

头寸规模与入市

头寸规模的重要性

【原文】将风险分散到不同的交易品种中，同时通过增加交易的成功率提高盈利水平，适当的分散要求交易者在多种不同交易品种上投入类似甚至相同的“赌注”。海龟系统用市场波动性来衡量每个交易品种的风险水平，然后用这个风险量度标准来建立头寸单位，提高多样化收益，并且增加赢利交易弥补亏损交易的可能性。注意：这种分散没有足够的资金很难实现，前面账户如果只有10万美元，单位大小就是1张合约，因为1.688取整为1，对于资金量较小的账户，调整的精确性太低，会减弱分散效果。

【笔者注解】趋势交易需要一定的资金量才能进行合理的资金管理，否则要么达不到最低1手的交易量，要么勉强达到1手但后续无法使用加仓策略，要么无法通过多品种交易来分散风险。

【原文】由于海龟们用单位规模来衡量头寸大小，而头寸规模要根据波动性风险进行调整，所以头寸规模实际上成了单个头寸和整个头寸组合的风险衡量指标。海龟法则在四个层面上限制交易总量，控制总体风险。无论是在没完没了的亏损期还是在翻天覆地的价格动荡中，这些限制都能把亏损最小化。

1987年10月股市崩盘惊天动地，美联储一夜之间降息几个百分点，海龟们已经大举抛空利率类合约，比如欧洲美元、短期国库券及债券，第二天损失惨重。大多数海龟账户净值损失40%～60%，如果没有最大头寸限制损失会更大。

四个层面上的限制如下：（1）每个单一品种最多4个头寸单位；（2）高度相关市场在一个方向上最多6个单位（即6个多头或空头单位），高度相关市场包括，燃油和原油、黄金和白银、短期国库券和欧洲美元等；（3）低度相关市场在一个方向上最多10个单位，低度相关市场包括，黄金和铜、白银和铜，以及许多因头寸限制而不能交易的谷物组合；（4）单向交易在多头或空头方向上最多12个单位，因此理论上最多同时持有12个单位的多头头寸和12个单位的空头头寸。

海龟们用“满仓”这词表示已经达到某个层面的头寸规模上限，因此“满仓日元”就表示持有4个单位的日元合约，完全满仓表示某个方向上的头寸单位已经达到12个。

【笔者注解】海龟法则严格控制不同市场和方向的交易头寸，即便遭遇百年一见的极端动荡情况，这样的资金管理方式能让您在遭受重创后仍有足够本钱东山再起。

【原文】调整交易规模。有时市场会连续几个月没有趋势，这时账户净值很可能遭受巨大损失，而在大幅赢利后，您可能会扩大头寸规模。1983 年 2 月首次交易时很多海龟得到 100 万美元的账户规模，然后账户规模在每年初进行调整，上调还是下调要看丹尼斯对交易者的评价，调整幅度与这个账户上年度盈亏状况紧密相关。

每当海龟们损失初始账户的 10%，丹尼斯就把账户规模减小 20%。比如 100 万美元的初始账户亏损 10%，即 10 万美元，那账户规模就会下调至 80 万美元，直到账户净值恢复年初水平。如果海龟们再亏损 10%，80 万的 10% 即 8 万美元，总亏损达到了 18 万美元，海龟们就要把账户再压缩 20%，只剩 64 万美元的规模。根据盈亏状况调整账户规模可能还有更好的方法，以上只是海龟们的方法。

【笔者注解】数学比较棒的同学们肯定一眼就看出这种资金管理模式不划算，无法理解。账户亏损 10% 头寸规模相应也缩小 10% 就行了，为什么要缩小 20%？笔者也是实际操作后才明白原因：资金管理首先要保证总资金的回撤率足够小，其次才是资金增长。这种“资金缩骨法”在连续止损时能更大限度保护本金，市场一旦出现震荡走势，那么在交易中只能反复止损，这种状况会维持多久谁也不知道。

假如只是与账户规模同步缩小头寸，则 100 万元的资金账户亏损 10% 后剩余 90 万元，再亏损 10% 后剩下 81 万元，如此连续亏损 5 次 10% 后，本金仅剩余 59 万元，而海龟的资金管理模式则还能剩余 66.38 万元，趋势交易中止损次数要大于盈利次数，遭受连续止损是家常便饭，这两种完全不同的资金管理方式导致最后剩余的本金差别巨大。

入市

【原文】交易者评判某个交易系统时，通常都认为入市策略应该最重要，然而他们会吃惊地发现，海龟们所用的是以唐奇安通道突破系统为基础的非常简单的入市系统。

海龟们使用两种有所差异但也彼此相关的入市系统，他们称之为“系统1”和“系统2”。海龟们可以自由决定如何在这两个系统之间分配资金，有些海龟只用系统2，有些在两个系统各投入50%的资金，还有的采用其他组合。系统1是以20日突破为基础的偏短线系统；系统2则是以55日突破为基础的较简单的长线系统。

【笔者注解】海龟法则中的入市系统非常简单，也说明在趋势交易中入市策略确实并不是特别重要的环节。

【原文】突破是指价格超越过去一定时期内的最高价或最低价，因此价格超越过去20日的最高价或最低价后，海龟们在突破发生时会立即入市交易，而不会等到每日收盘或次日开盘。如果开盘价跳空直接越过突破价，海龟们就在开盘时入市。

系统1法则：只要价格超越前20日的最高价或最低价一个最小单位，海龟们就会马上行动。如果价格超越前20日的最高价，海龟们就买入一个头寸单位开始做多；如果价格跌破前20日的最低价，就卖出一个头寸单位开始做空。

但假如上次突破结果是盈利的交易，那么系统1的突破入市信号就会被忽略。注意：对法则来说，上次突破就是指市场的上次实际突破，不管交易者当时采取突破交易还是根据法则而忽略了那次突破。那什么是亏损型突破？如果突破日之后直接止损就被视为亏损型突破。

上次突破的方向与法则无关，因此无论上次突破是向上还是向下，只要是亏损型突破，那么目前的新突破（也不管向上还是向下）就会被视为有效入市信号。不过如果某次突破因为这条法则而被忽略，那么交易者将在55日突破点入市，这是为了避免错过重大趋势，这个55日突破点被视为保障性突破点。如果上次突破是亏损型，那么新突破点（也就是20日突破点）将更接近于当前价格，如果上次突破是盈利型，那么新突破点可能离当前价远得很，因为那是一个55日突破点。

系统2：只要价格超越前55日的最高价或最低价一个最小单位，海龟们就入市。如果价格超越55日的最高价，海龟们就买入一个头寸单位开始做多；如果价格跌破55日的最低价，就卖出一个头寸单位开始做空。对系统2来说，所有突破都被视为有效信号，无论上次突破是亏损还是盈利。

【笔者注解】入市策略如此简单，估计会让您大跌眼镜吧？如果只使用系统2“无脑执行”就行，如果使用系统1就要注意：上次突破交易是盈利的就先放弃20日突破点，如果真是大趋势可以在价格突破55日最高（低）价时再继续入市。至于突破后的跳空可以直接开仓，比如股指期货20日最高价位为2000点，最小单位为0.2点，理论上向上突破2000点后的做多价应该是2000.2点。如果价格上涨得太快，等交易者反应过来已经2002点了，可直接开多仓。这个2002点－2000.2点＝1.8点有个专门的名称叫“滑点”。

【原文】逐步建仓。海龟们在突破时首先建立一个头寸单位，然后按1/2N的价格逐步扩大头寸，这1/2N的间隔以第一份头寸的实际成交价为基础，而不是以系统提供的理论突破价为标准。之后这个过程将继续下去，直到头寸规模达到上限，如果市场足够活跃，海龟们可能一天内就加满4个头寸单位。

统一性：丹尼斯要求海龟们坚定不移地遵守入市信号，因为一年的大部分利润很可能就来源于那两三次大趋势的赢利。哪怕忽略或错过其中一个信号，年收益率就可能大打折扣。表现最好的海龟们都是入市法则的坚定信徒，而那些表现较差和被淘汰的海龟们则无法始终如一地坚持法则。

【笔者注解】比如做多原油期货，计算出N＝1.20元，则1/2N＝0.60元，55日理论突破价＝28.24元。第一个头寸单位实际买入价为28.30元；第二个头寸单位加仓价＝28.30元＋0.60元＝28.90元；第三个头寸单位加仓价为29.50元；第四个头寸单位加仓价为30.10元。

止损与离市

止损

【原文】交易行业有句老话：“有老的交易者，也有不怕死的交易者，但从来没有不怕死的老交易者。”不使用止损十有八九会破产，所以海龟们必须使用止损。面对亏损头寸，可以坚守阵地寄希望于失而复得；也可以止损退出承认这次交易失败。对大多数人来说，始终抱着亏损头寸要比止损容易得多。

遵守交易法则，退出亏损头寸是生死攸关的要点，不会止损的交易者长期都无法成功。包括巴林银行、长期资本管理基金等著名失败者在内，几乎所有失去控制的致命交易都与不能防微杜渐及时控制损失有关。要控制损失，最重要的是在入市前就确定退出标准，一旦市场价达到止损标准就必须退出，犹豫和摇摆终将酿成灾难。

【笔者注解】止损的重要性就不再啰唆了，为确保止损得以执行，开仓后可直接在期货交易软件中下达条件单。比如，股指期货在3000点时开仓做多，止损点预设在2980点，直接下达条件单——如果IF1603 < 2980，市场价卖出平仓，这样系统就会自动止损，免得交易者到时下不了手。目前，市场上普通股票的交易系统还没有下达条件单的功能。

【原文】设置止损。海龟们根据头寸风险来设定止损标准，任何一笔交易的风险程度都不能超过总资金的2%。因为1N的价格波动表示账户净值的1%，容许风险为2%的最大止损就是价格波动2N。海龟的止损标准就是2N：对于多头头寸止损价比入市价低2N；对于空头头寸止损价比入市价高2N。

为了将整体头寸风险控制在最低水平，如果海龟们按1/2N的价格间隔增加头寸规模，那么之前头寸单位的止损点也将相应调整1/2N。就是整个头寸的止损点将与最新添加的头寸单位相差2N距离。当然后来加仓的头寸如果价格变化太快而导致间隔大于1/2N，止损标准也会有所变化。

【笔者注解】海龟法则先有止损标准（等于总资金的2%），然后再计算N值，最后确定头寸规模。至于后加仓位与止损价的关系举例说明如下：

例如做多原油期货，N = 1.20元，1/2N = 0.60元，2N = 2.40元，55日突破价 = 28.30元，入市价和止损价的单位都是元。

	入市价	止损价
第一个头寸单位	28.30	25.90（28.30 - 2.40）

	入市价	止损价
第一个头寸单位	28. 30	26. 50
第二个头寸单位	28. 90	26. 50（28. 90 - 2. 40）

	入市价	止损价
第一个头寸单位	28. 30	27. 10
第二个头寸单位	28. 90	27. 10
第三个头寸单位	29. 50	27. 10（29. 50 - 2. 40）

	入市价	止损价
第一个头寸单位	28. 30	27. 70
第二个头寸单位	28. 90	27. 70
第三个头寸单位	29. 50	27. 70
第四个头寸单位	30. 10	27. 70（30. 10 - 2. 40）

假如第四个单位因为市场跳空高开而在 30. 80 元成交，结果就变成：

	入市价	止损价
第一个头寸单位	28. 30	27. 70
第二个头寸单位	28. 90	27. 70
第三个头寸单位	29. 50	27. 70（30. 10 - 2. 40）
第四个头寸单位	30. 80	28. 40（30. 80 - 2. 40）

由于趋势交易不考虑交易目标的内在价值，都是顺势加仓，虽然成本提高了，但是止损价也同时提高，进行贴身保护，海龟法则只加 4 次仓。如果还看不出明显区别，笔者举个更极端的实例：交易对象为外汇期货中的欧元对美元，虽然该外汇波动性小，但是杠杆最大可以加到 30 倍左右，交易者将总资金分成 100 份，每份 1%，每次开仓与加仓均为总资金的 1%。比如做多，每超过一根 K 线的最高价就加一次仓，当然止损或止盈价也会移动跟随，5 次以内的加仓交易还有可能止损，由于总投入最多只有 5%，亏损幅度不会太大，超过 5 次加仓一般都有盈利，最高纪录为一个大趋势中连续加仓 51 次，总资金直接翻 8 倍，当然这种情况几年难遇一次。

【原文】海龟们还学习另一种叫作“双重损失”的止损策略，这种策略可以实现更高收益率，但更难执行，因为它所造成的止损次数要比一般策略多得多，胜负比率会大大降低。双重损失策略中每笔交易的风险上限不是2%而是0.5%，就是价格波动上限是1/2N。一个头寸单位止损退出后，交易者在价格恢复到最初入市价时重新建立这个单位，有些海龟运用这种方策略取得良好成效。双重损失还有好处：增加新头寸单位时不需要调整原先头寸单位的止损点，因为最大4个头寸单位的全部风险加起来不会超过总资金的2%。

如果使用止损策略，上述原油期货交易将变成：

	入市价	止损价
第一个头寸单位	28.30	27.70

	入市价	止损价
第一个头寸单位	28.30	27.70
第二个头寸单位	28.90	28.30

	入市价	止损价
第一个头寸单位	28.30	27.70
第二个头寸单位	28.90	28.30
第三个头寸单位	29.50	28.90

	入市价	止损价
第一个头寸单位	28.30	27.70
第二个头寸单位	28.90	28.30
第三个头寸单位	29.50	28.90
第四个头寸单位	30.10	29.50

由于海龟交易系统的止损以N为基础，所以与市场波动性息息相关，更具波动性的交易品种有更大止损范围，但每个头寸单位的合约数量也相对较少，这统一了所有交易的风险水平，加强了分散效果和风险管理的稳健性。

【笔者注解】这种双重损失策略对交易者的执行力要求更高，因为止损次数更多、胜率更低，但是每次止损的金额也更小，最后的收益率更高。还有，使用双重损失策略的开仓头寸规模与2N止损策略一样，因为两种方法都以总资金的1% =头寸单位×（N×每点价值量）为标准，因此万一遇到突发极端事件反向大幅跳空也不会爆仓。

离市

【原文】交易行业还有个古老说法“落袋为安永远不会破产”，海龟们显然不同意这种说法，趋势交易者最常见的错误是过早退出盈利头寸，也就是过早落袋为安。

价格不会直上直下没有波动，因此要想抓住大趋势，必须允许价格偶尔朝不利方向变动。趋势初期这往往意味着10% ~30%的利润化为乌有，反而转为小亏损；趋势中期或许眼睁睁看着80% ~100%的利润下降至只剩30% ~40%。这种情况下兑现利润的诱惑很强烈。

海龟们知道盈利的退出时机足以决定整个交易的成败。海龟法则大多数突破点的入市都不会引发趋势，说明海龟的大多数交易都是亏损，如果少数盈利的交易无法赚到足够多的利润来弥补这些亏损，整个交易系统就会失效，每个有效的交易系统都有自身的最佳退出点。

海龟法则如果总在利润为1N时退出盈利头寸，而在2N止损点退出亏损头寸，那么盈利次数必须是亏损次数的两倍才能达到盈亏平衡。交易系统的各个组成部分之间存在复杂关系，如果不考虑入市、资金管理及其他因素，就没法考虑正确的退出策略。盈利头寸的退出策略是交易系统最重要的问题之一，也最不受重视，然而它完全可以决定整个交易的成败得失。

系统1采用10日突破退出法则：对多头头寸来说，在价格跌破过去10日最低价时退出；对空头头寸来说，在价格超越过去10日最高价时退出。总之，如果价格发生了不利于头寸的反向10日突破，所有头寸单位必须退出。系统2采用20日突破退出法则：对多头来说，在价格跌破过去20日最低价时退出；对空头来说，在价格超越过去20日最高价时退出。只要价格发生了不利于头寸的反向20日突破，所有头寸单位都要退出。

对大多数交易者来说，海龟系统退出策略可能是整个系统中最难忍受的环节，必须等待10日或20日新低或新高才能退出，这往往意味着巨额利润的50%甚至100%瞬间蒸发。因此交易者总有提前退出的强烈冲动，需要极强的纪律性才能坚守阵地，忍受利润消失，直到抓住真正的大趋势。

【笔者注解】海龟法则的止盈策略看似很简单，但要不折不扣地执行却很困难，因为要遵守法则，所以只能眼看着原本大幅盈利的头寸缩水甚至全部回吐，没有经历过这个过程的交易者无法体会其中暗藏的巨大痛苦，但也必须坚持法则，因为这次利润回吐，下次市场极有可能会加倍补偿。

主要看执行力

【原文】这就是完整的海龟交易系统法则，您可能觉得并不复杂，但仅仅知道这些法则并没什么用，必须有遵守法则的能力。记住丹尼斯的话："我说过很多次，你们可以把我的交易法则登在报纸上，但没人会遵守它们，关键是统一性和纪律。几乎每个人都能列出一串交易法则，而且并不比海龟法则差多少，但它们不能给别人信心，而唯有对法则充满信心，才会坚持这些法则，即使遭遇逆境。"

海龟的表现也许就是对这段话的最好诠释：部分海龟并没有赚钱，不是海龟法则无效，而是他们不能也没有遵守这些法则。海龟法则很难坚持，因为它以捕捉相对罕见的大趋势为基础。而大趋势难得一见，因此在盈利前可能要等上好多个月甚至一年。漫长等待中很容易对海龟法则产生怀疑，忍无可忍放弃这个交易系统。您可能会想：如果法则不再有效怎么办？如果市场已经变了怎么办？如果这些法则有漏洞怎么办？如何确信这个交易系统一定有效？

想要改变法则的冲动也是个问题，有些海龟为降低交易系统风险，对法则做轻微调整，但结果往往适得其反。比如有时候交易者建立头寸不像法则规定得那么快（每隔1/2N一个单位），这似乎更为保守，但实际上头寸补充较慢，市场回调就更容易触及止损点，造成意外损失。而快速行动会让头寸安然度过市场回调，避免触发止损。特定状况下，这种微小变化足以对交易系统的收益率产生重大影响。

要坚持交易法则，建立对系统的信心非常重要，无论什么交易系统，必须亲自用历史交易数据检验系统。别人说有效没有用，必须自己完成这个任务，仔细研究交易记录，把系统的交易方式、损失程度和频率记得滚瓜烂熟。

如果您知道过去20年曾有过许多旷日持久的亏损期，就更容易忍受历时8个月的亏损期。如果您知道迅速增仓是系统盈利的关键环节，就更容易遵守法则快速行动。

【笔者注解】只有对交易系统了如指掌，才能对系统有信心，最后铸造出铁血的执行力！

第三节　构建自己的趋势交易系统

趋势交易系统的构建要点

交易系统

别把交易系统想得太神秘，当然也不要理想化，其实交易系统无非就是将交易理念量化，形成完整具有精确交易点的系统，因此是先有理念才有交易系统，构建系统时不可颠倒顺序。

由理念延伸出来的优秀交易系统必须能清晰定义趋势，不同交易系统使用的交易周期不相同，价格的波动特点也不同，对于趋势与震荡的定义必然也不同。周期越小趋势交易越困难，用各种方法确定趋势的开始与结束，同时尽可能把那些小震荡过滤掉。而另一些无法回避的假突破震荡，则是交易中必然要接受的止损，除去这些小亏损后的大趋势必然会让投资者收获颇丰。

良好的资金管理系统能实现对总资金回撤率的严格控制，要完全掌握交易系统可能导致的连续亏损次数与金额大小，明确出现极端情况后账户上剩余的资金能否正常进行交易，如果不能则表示小概率事件后，交易能力受到致命打击，这种资金管理方法完全不可取。

完整的趋势交易系统应该包括交易体系和风险控制两方面，并具有以下特征：（1）稳定，表现为总资金长期收益率的稳定性，在捕获住大趋势时资金能快速增长，但决不会出现因某次交易而引起巨大亏损，可能造成重大损失的交易都被严格的止损拦截了；（2）枯燥，交易系统经过验证可行之后，每天只是枯燥执行，不需要交易者自己决策，虽无趣但有效；（3）简单，交易的制定与执行全部程序化，交易者只要将交易系统付诸实施并加以监控就可以了。

入市设计

交易系统的入市策略设计，应与交易者的周期和风格相适应，最简洁实用的入市设计思路是趋势跟踪，实质就是追涨杀跌或美其名曰顺势而为。趋势跟踪交易系统中最简单直接的法则就是突破。

- 通道突破

最经典的就是海龟交易法则，入市信号设计为价格突破最近 N 根 K 线的最高或最低价。从长期实战效果来看，这种入市设计虽然简单，但永远不会失效或过时，越是简单越能适应各种复杂情况。

- 均线突破

这种设计思路中比较简单的是使用两根移动平均线，短期均线向上突破长期均线时做多，短期均线向下突破长期均线时则做空。复杂些的思路使用 3 根均线，比如克罗均线由 4 日、9 日、18 日这 3 条均线组成，而鳄鱼组线由 5 日、8 日、13 日这 3 条均线组成。

- 形态突破

主要是经典技术形态突破，比如“头肩顶”和“头肩底”突破、“M”头和“W”底的突破、趋势线突破、三角形突破、楔形突破和旗形突破等，K 线形态组合突破以“酒田战法”最为经典，比如红三兵、希望之星等。

• 技术指标

常用的技术分析指标比如 MACD、KDJ、RSI、BOLL 和 SAR 等,① 均可独立构建简单的趋势跟踪系统入市策略，至于使用系统默认的还是优化后的参数，这就“仁者见仁，智者见智”了。但在决定使用某个技术分析指标作为入市策略前，一定要对该指标的运用做到炉火纯青。

离市设计

• 止损

止损是交易系统设计中最不可或缺的环节，可以锁定亏损、降低风险，进而保住本金。交易前应该先设定好止损点，这个点位不容许模棱两可，并且要彻底执行。入市必然是交易者基于某个技术原因来判断趋势开始，而价格一旦反向突破止损点则说明这个趋势已经夭折，这个头寸还有必要持有吗？当然要果断止损出场。止损主要有以下两种方式：

（1）资金量化止损，就是每次交易入市后立刻设定固定的止损金额，预埋止损条件单，确定这笔交易最多可能亏损多少，控制所能承受的最大损失金额，目的是量化风险。比如 2% 就是海龟们每次交易所能接受的最坏结果，一旦损失达到 2%，则没有任何理由阻止他们离场。

（2）技术形态止损，就是依据 K 线组成的形态来设定止损点，比如“M”的头和“W”的底，形态遭到破坏的位置就是止损点的设定位置，入市后就以该点位或该点位加减 N 个头寸单位为标准下达止损单，但这种方法的缺点是对损失金额的控制没有量化止损那么精确。

• 止盈

趋势交易一般采用移动跟踪止盈方式，这是最基本的出场机制，其原理是：价格向有利方向发展时，止盈点也亦步亦趋跟随，将浮盈逐步锁定，在过滤部分震荡走势的基础上能实现利润的最大化，常用以下两种方式：

---

① KDJ 为随机指标，RSI 为相对强弱指标，BOLL 为布林线指标，SAR 为抛物线转向指标。

（1）移动高低点，先确定交易品种的“近期低点”和“近期高点”，持有多仓在价格跌破近期低点时就止盈，持有空仓则在价格突破近期高点时也止盈。如果趋势不断向有利方向发展，那这个近期高点、低点也会随行情发展不断推移。

（2）移动平均线，该指标会随趋势的发展不断走高或走低，能起到让利润奔跑的效果，比如价格沿着60日移动平均线移动，做多时价格跌破这条平均线就止盈，做空时价格突破这条平均线也止盈。

• 损益两平

这种出场机制的宗旨是保存实力，理论基础是入市后价格顺势向有利方向发展了一段距离，这个距离可以是固定的某个点位或者技术分析中的某个形态，当价格顺利站上（或跌破）这个关键位置后，应该继续顺势发展，如即刻回调，便有理由怀疑这是假趋势。此时将止损点移至开仓价，如果趋势继续则持有头寸，即便真的逆转也可以保本出场。

• 停滞出场

交易者有时会发现开仓入市后，行情一直没脱离成本区（也称“停滞区”），这部分头寸始终在小赢小亏之间徘徊，但最终结局大多数是打到止损点而出局。因此有交易者提出“时间清仓”概念，即以时间作为离场的因素，比如N根K线过后，如果既没有出现趋势，也没有触及止损位，说明市场并没有形成明显趋势，此时应该主动离场。具体方法：（1）进场后第N根K线还没有脱离成本区域，此时不管有无获利直接出场；（2）第N根K线如果还没有脱离成本区域，就开始用很紧迫的移动止损法出场，比如前一根K线的低点。

• 收盘前出场

这种出场方式有个专门名称叫“日内交易”，因为交易时间内的止损都在可控范围内，即便价格急剧变化最多也就有些滑点。海龟法则采用如此谨慎的资金管理方式，主要是为防止出现第二日大幅度反向跳空开盘的情况，这才是趋势交易的头号杀手。而日内交易则不管当日收获如何，收盘前一律出场，优点是由于止损都在可控范围内，因此头寸规模可以加大也就是可以上更高的杠杆，当然收益率也更大，缺点是只能捕捉日内较小级别的趋势。

资金管理

● 概率游戏

先玩个掷骰子游戏：本金 1 万元，掷出 1 点、2 点、3 点和 4 点算赢，掷出 5 点、6 点算输，看起来很美妙吧？如果直接把 1 万元全押一把定输赢，骰子落地——结果输了，就会身无分文再也没有机会进行第二次游戏，尽管这个游戏规则的天平是如此偏向您，但现在却永远失去机会了。绝大多数交易者都像是在玩这个极具诱惑却又危险重重的游戏，这种将所有资金孤注一掷的交易方式更像赌博，正确的投机方式应该是在有一定胜算的情况下承担一定的风险。

游戏继续，这次您学乖了每次只肯下注 2500 元，可是运气实在背，出现了“输、输、输、输”的情况，最后还是被淘汰。那如果把每次下注的资金降低至 100 元，连输 100 次的可能性为多少？因此，要想确保在游戏中不被淘汰，唯一的办法就是减少每次下注的资金。

资金管理又称“单量控制”，是对每次交易头寸数量的分配，以及如何增减头寸单位，犹如战争中指挥官对“投入兵力”的安排。期货交易的资金管理方式与股票投资的侧重点有所不同：股票投资注重资金的“横向投入”，即对持股品种的分散投资，也就是“选股”；而期货交易更注重资金的“纵向安排”，在期货市场中交易哪个品种或合约不重要，只要流动性充足就行，关键是资金分批投入的时机。

● 管理方式

资金管理的终极目标：（1）控制总资金的回撤率；（2）做到大头寸赚钱，小头寸亏钱。而重中之重是控制总资金的回撤率，即把连续最大亏损幅度控制在可承受范围之内。

资金管理方法：（1）根据每次交易的止损金额大小和所允许的最大亏损额度，确定每次交易的头寸规模；（2）使用“复合头寸”策略，即使用多策略、多品种和双向交易组合来分散风险，控制总资金的回撤率；（3）使用顺势加仓策略来扩大战果。

资金管理最容易出现的两种致命失误：（1）连续盈利时，交易者自信心膨胀，盲目扩大交易规模，最后演变成小头寸盈利，大头寸亏损，无法收场；（2）连续亏损时，内心充满恐惧，信心完全丧失，再无决策之勇气，单纯亏损部分资金倒是还能重整旗鼓再战江湖，若军心丧失则根本无法逆转困局，更有甚者连续亏损后方寸大乱，急于扳回本金，应该空仓时却强行入市交易，最终被扫地出门。

- 头寸规模

资金管理像一架天平，一边是风险另一边是利润，合理的头寸规模能让两者保持平衡。比如，以初始资金的 2% 为最大止损金额，在风险被限定后，头寸越大抵御震荡的能力越弱，不能经受震荡就无法进行大周期级别的交易。日内交易价格波动不大，优势就在于能持有足够大的头寸规模，因此头寸规模大并不等于高风险；而在日线或周线周期内用小规模头寸则会有意想不到的效果，可以使交易者处于正确的大趋势中，不会因为震荡而被洗出去。

许多交易者认为不同交易周期中的理念、方法应具有一致性，但实践证明：趋势交易系统所应用的周期越长则越有效，周期越小则震荡越多，伪入市信号也越多，好不容易捕获住了大趋势，最终的盈利未必能弥补数量众多的止损。任何一个设计简单的日线以上级别的趋势交易系统，长期收益率必然是稳定的正期望值，当然还要承受较大幅度的、阶段性的资金回撤，无法理性看待回撤是普通交易者难以取得成功的主要原因，但这并不意味着趋势交易系统无效。

程序化交易

认识程序化交易

程序化交易（Program Trading）产生于 20 世纪 70 年代的美国，最初只是组合交易的另一种称呼，只要同时交易的股票数量达到15只以上，就算程序化交易。随着网络技术的应用，程序化交易逐渐演变成根据事先设计的交易模型，利用计算机瞬间完成对行情趋势的判断，并自动下达买卖指令的交易手段。

程序化交易的前提是设计好交易系统，交易系统是对交易理念的描述，两者在本质上一致，即利用交易软件提供的函数、语法及编辑平台，将交易理念编写成交易模型，就是将交易理念量化后交给计算机自动执行。程序化交易与手工交易无非就是执行手段的不同，而交易理念和方法则都是相通的。

程序化是初学者较好的入门途径，因为程序化策略包含入场、出场、加减仓和资金管理等交易系统的各个组成部分，可以系统感受和学习趋势交易的精髓；程序化为进阶者提供历史回测和数据检验，为验证和完善交易系统提供平台支持；程序化对高手而言是提高效率的好帮手，可以同时监控多个市场的交易品种，执行各种不同的交易策略，并能以最快速度下单。

学好编程确实很难，但是程序化编程也不是那么令人望而生畏，从程序化语法学起，比如文华的“麦语言”是几个程序化主流平台中语法最简单的，学起来比较容易。自己的交易系统一旦经过历史数据检测后，能证明其在以往较长周期内大概率获取正收益，就可以将其程序化，这样在交易过程中就能严格执行既定规则。

如果能设计出年化收益率持续在30%以上的交易系统，更重要的就是解决执行力和风险管理问题。如果交易理念和执行力没有被严格贯彻和强化，那么再好的交易模型也无法稳定盈利，如果交易系统本身是完整和规范的，那么用不用程序化交易只是形式问题。

程序化交易的优缺点

• 优点

程序化交易体现设计者的理念，但是由计算机去执行，相对于传统的人工交易有许多优点：

（1）交易过程中可以克服人性的弱点——贪婪与恐惧，在人工交易过程中许多交易者在机会来临时由于恐惧而错失机会，该止损时由于侥幸心理放任亏损扩大，但程序化交易可以严格执行交易策略，该买则买、该卖则卖、不贪婪不恐惧、胜不骄败不馁，完全避免了交易中的情绪化。

（2）精确进行风险管理，风险管理是决定交易策略是否可行的重要指标，保证金制度将风险放大了好多倍，如果没有控制好风险后果将不堪设想。程序化交易可以精确设定风险管理的范围，可以精准设定入市和出场的规则，可以严格执行止损和仓位控制的指令，最终能否盈利和盈利多少则完全取决于交易策略的好坏。

（3）综观全局提高效率，程序化交易利用计算机的强大功能，能在瞬间感应价格的变化，迅速判断出趋势方向并下达交易指令，显著提高交易效率。人工交易由于精力有限，即使水平再高，最多只能同时关注几个合约的走势；而程序化交易可以突破人类的生理极限，同时对所有品种进行分析和判断，充分把握每次交易机会。

（4）组合交易减少回撤，对于资金量较大的交易者来说，多种策略的组合可以减少总资金的回撤率，但是当组合交易策略的数量越来越多时，传统的人工交易难以满足要求，程序化交易就是唯一的选择。

● 缺点

虽然程序化交易有不少优点，但也不是万能的，有不少明显的缺点：

（1）程序化交易的无奈。计算机终究不是人脑，有些抽象的技术分析方法无法用程序写出来，尤其是形态化的东西，比如头肩顶、头肩底等，这些形态看似简单，但要把它用程序加以量化则是难上加难，这就把一部分趋势交易系统挡在门外了。

（2）不稳定性。程序化交易不可能包打天下，总会在有些时候出现不适应，应该把它仅仅作为一种工具来看待。程序是交易者设计的，其盈利能力直接反映设计者的水平。程序实际上是设计者交易理念、方法和经验的积累与沉淀，谁也无法保证这种方法能永远适用，程序化交易系统不可能一劳永逸，而要通过不断调整来适应市场的变化。

（3）程序化的局限。目前，程序化交易的技术门槛较高，无法平民化，虽然编程软件越来越好但总还有缺陷，国内知名的软件平台有时也无法完全反映交易者的理念。编写程序还是有些技术难度，不是任何人都能轻松胜任的，即便是资深的软件工程师，也不可能随心所欲用程序反映出任何交易者的思路。

历史检测

将趋势交易系统程序化后，如何验证系统的准确性？只能通过计算机检测历史数据来加以验证，如果结论是长期收益率为正期望值的可行性模型，那么恭喜您可以进行实战。由历史数据检测得到的良好结果作保证，即便交易者在以后的实际操作中出现了连续止损的现象，也能波澜不惊坚决执行。至于如何使用程序化交易软件进行历史数据检测，可以向期货公司的技术人员寻求帮助，比编辑程序简单得多，这里不做解释。

为什么有些交易系统检测历史数据时收益率惊人，而一旦投入实战后却表现平平甚至连连亏损呢？许多交易者认为是由于操作者没有严格执行交易系统的规则，或者是历史数据出现错误造成的。其实，最重要的原因是检测时使用了不恰当的方法，就是交易系统在检测中的高收益只是假象，实战中的表现当然无法尽如人意。

- 成本设置理想化

忽略了检测条件中的3项成本：（1）交易手续费用；（2）调整好头寸比例，期货实行保证金制度，实战中不可能全仓操作；（3）设置合理的滑点，刚入门者都会忽视这点，造成滑点的原因可能是网络延迟，也可能是行情波动剧烈。

比如，沪深300股指期货的最小变动点位是0.2个点，某个交易模型检测出各项指标都不错，但没有设置滑点，最后历史数据检测的结果是每次交易的平均盈利是0.8个点，则这个模型根本就没有实战价值。因为实际交易中滑点总是朝不利于交易者的方向滑动，每次交易都有0.4~0.8个点的滑点，基本把利润都吃掉了。但如果某个模型检测出每次交易的平均盈利是2.0个点，则不但完全能覆盖滑点，还有不错的收益率，因此检测数据时必须要设置合理的滑点。

● 测试价位无操作性

数据测试中可以选择开盘价、最高价、最低价，以及指令价、收盘价。明眼人一看就知道实战中前3者没有可操作性，许多交易者在后两者中会选择指令价，这是一个误区。比如，海龟法则的入市原则是发生突破就执行，同时设置止损点，在测试时就可以用指令价。

但有些模型是永远持有头寸，不是做多就是做空，没有空仓的时候，那么这些模型就只能用收盘价来测试。比如，以K线的60日移动平均线为标准，站上就做多，跌破就做空。假设目前60日移动平均线位于2000点，那当日的K线就围绕2000点上下波动，如果按指令价来执行，一会儿平多仓开空仓，一会儿又平空仓开多仓，如果价格震荡10次就反复操作10次？那未来一段时间一直这样震荡呢？因此，这种模型只能使用收盘价来测试，这样即便连续几天在均线附近震荡，最多每天收盘前操作一次。

● 参数过度优化拟合

交易模型的设计中必然含有若干参数，凭借计算机超强的数据处理能力，根据历史数据优化这些参数，可以挑选出收益率最高的参数，但真正实战时却发现这些参数的效果不是一般的差。原因在于检测时交易系统会挑选出特别符合这段历史走势的程序，再用优化后的参数去拟合这段历史行情，总能找到特别吻合的程序化交易系统，收益率自然令人非常满意。

那如何才能做到既优化参数又不过分拟合？关键在于选择的历史数据，检测周期既要时间足够长，又要交易次数足够多。周期长这样就包含过去各种价格走势，无法只拟合其中一段时间，那为什么还要交易次数足够多？如果检测过去10年时间，但该程序的交易次数总共才20次，不照样能用过度优化的参数去拟合吗？

● 胜率

初学者非常看重这个指标，但是在实战中成功的程序化模型，胜率不可能超过50%，通常都在30%～45%。因为未来价格走向无法预知，可能是流畅的单边趋势，也可能是长期的横盘震荡走势，交易模型只追随趋势而不具备预测功能。况且，任何交易品种都是震荡走势时间长于单边趋势时间，若刻意拟合某段历史行情而设计出胜率很高的模型，则将来很难适应未知的价格走势。

- 资金收益率与回撤率

这两个指标的值为多少才算合格？这要将交易者的风险偏好程度考虑进来，比如：风险偏好程度较高，就会要求更高的资金收益率；而风险偏好程度较低，则更关心总资金的回撤率。笔者的要求是两个30%：即在总资金回撤率小于30%的前提下尽可能让年化收益率大于30%。总资金回撤率对交易者心理的压力极大，总资金回撤率在50%以上的交易系统，测试时可能感觉轻描淡写，但实战中必然令交易者惶惶不可终日，高度怀疑交易系统的可靠性。

交易系统的局限性

正确认识程序化

交易系统相当于战争中的武器，当然威力越大越好。市场上存在各种各样的交易系统，但实战效果很难说，除了要避免各种数据检测陷阱外，还要明确一个简单原则：市场价格瞬息万变，如果用很复杂的系统去应对市场可能会适得其反，而且也不利于交易者快速进行决策和操作；用简单高效的交易系统去顺应价格的主要趋势，才能不被大量的随机因素所左右。

历史测试的积极意义：能简便快捷地评估交易系统的优缺点，同时可以适度优化参数。但是，交易系统最终还要经得起实盘的考验，任何没有经过实战验证的交易系统都是纸上谈兵。要知道每个交易模型都有其适用范围，因此在实际操作过程应根据交易品种、行情特点等具体信息来选择合适的模型，并随时根据市场变化对模型的参数进行相应调整，以达到最佳效果。

为什么不可能有一套放之四海而皆准的交易系统？原因如下：（1）市场规则在变，如果以后取消涨跌停板和 T+1 交易制度，那么历史数据的测试效果会明显不同；（2）市场品种在变，不断淘汰旧品种，推出新品种推出；（3）市场主流的交易理念在变，从刚开始时的投机炒作，到价值投资的盛行，以前曾经与市场走势很匹配的交易理念，现在可能已成历史；（4）市场环境在变，对于我国这种新兴市场，市场环境的变化幅度较大，这个因素能从根本上改变整个市场的价格运行规律。

资金和心理的巨大压力

虽然本章详细讲解了如何使用趋势跟踪交易系统，但笔者并不鼓励普通投资者进行趋势交易，因为绝大多数人不适合。撰写本章的目的是让您明白趋势交易的正确做法，不要在市场上随便使用某个技术分析指标去追涨杀跌，真正的趋势交易者始终要面对资金和心理两方面的巨大压力。

比如，您踏入职场后经过努力积攒了些辛苦钱，然后精心设计了一个长期收益率为正期望值的程序化交易系统，准备开始投入交易。交易前请设想一下，结果会有两种可能：（1）一开始就捕获住了大趋势，有足够盈利做安全垫，以后虽然总资金在交易过程中可能有回撤，但亏损不到本金，不经意间就发现自己变成千万或亿万富翁，从此过上幸福的生活；（2）一开始就遇到震荡行情来回止损，左一刀右一刀，总资金上来就损失20%，那可是加班加点赚来的血汗钱啊！那您还相信系统吗？还能继续割肉吗？反正我是肯定下不了手了。

而价值投资不一样，以低于内在价值的价格买入，即便被套内心也不会煎熬，因为您知道只要资金是闲钱，总有一天价格会回到价值之上，价值投资者只需要抵御住暴利的诱惑就行。但在趋势交易者心中，标的没有价值，资金只是数字，止损更是常规，投资者自问能做到吗？有些趋势交易者为了确保铁血的执行力，甚至相互交换账户进行交易，因为不是自己的资金止损不心疼。

由于趋势交易需要进行多品种、多策略的混合交易来减少总资金回撤率，因此最初投入的资金量也不能太小。笔者的规划是先开始价值投资，在获得了相当的盈利基础后，再抽出小部分资金进行趋势交易，这样做会让心理压力会小很多。趋势交易还有一个缺点就是容纳的资金量有限，因为入场与出场时都需要在瞬间完成交易，如果资金量太大滑点就不容易控制。

趋势与价值水火不容

无论价值投资还是趋势交易都有成功者，人类的贪婪推动了资本市场的飞速发展，有人就想能不能把两者结合起来以取得更大的收益率，答案很确定——不可能，因为两者的理论基础完全对立。价值投资是先确定投资目标的内在价值，然后在价格低于价值时买入并持有，等待价格高于价值时再抛出；而趋势交易的前提就是标的没有任何价值，只赚价差，没价值什么事。

价值投资者眼中没有趋势，趋势交易者眼中没有价值，这是双方追求的最高境界，他们之间没有桥梁。如果您还有这种鱼与熊掌兼得的想法，一定要搞个超级组合出来，最终只能得到个“四不像”。

兼顾价值与趋势如何交易？（1）买入。选择价格在内在价值左右的投资目标，等待价格突破后出现趋势，因此在选择入场时机这方面两者倒是可以兼容。（2）止盈。买入后趋势来了一路持有，直到触发止盈点而出场，价值与趋势双方皆大欢喜。（3）止损。麻烦来了，由于正确的趋势交易法胜率低于 50%，大部分交易要止损，跌到止损点，趋势交易者要止损，价值投资者不同意，价格在价值以下干吗止损？双方都有理，怎么破解？

目前双方唯一可以相互融合的就是在价值投资中使用趋势交易的止盈策略，价值投资的标的虽然已经明显高估，但价格还在上涨，此时可以用趋势交易中跟踪止盈的方法贴身保护浮盈，一旦跌破止盈点就迅速离场，达到利润最大化。